Sc/. 2010

Uwe Holmer

DER MANN,
BEI DEM HONECKER WOHNTE

SCM Hänssler

SCM

Stiftung Christliche Medien

3. Auflage 2009
Bestell-Nr. 394.582
ISBN 978-3-7751-4582-4

© Copyright der deutschen Ausgabe 2009 by
SCM Hänssler im SCM-Verlag GmbH & Co. KG · 71088 Holzgerlingen
Internet: www.scm-haenssler.de
E-Mail: info@scm-haenssler.de
Umschlaggestaltung: Jens Vogelsang, Aachen
Titelbild: Johannes Holmer
Fotos im Innenteil, wenn nicht anders angegeben: privat
Satz: typoscript GmbH, Kirchentellinsfurt
Druck und Bindung: CPI – Ebner & Spiegel, Ulm
Printed in Germany

Die Bibelverse sind folgender Ausgabe entnommen:
Lutherbibel, revidierter Text 1984, durchgesehene Ausgabe in
neuer Rechtschreibung, © 1999 Deutsche Bibelgesellschaft, Stuttgart.

Inhalt

Vorwort

Ich habe mir angewöhnt, manche Menschen als »lauter« zu bezeichnen. Dieses Wort ist heute fast unbekannt. Wir kennen nur noch sein Gegenteil, zum Beispiel »unlauteren Wettbewerb«. Aber ich finde kein besseres Wort für bestimmte Menschen, denen ich begegnet bin. Zu ihnen gehören meine Eltern, manche Freunde und auch Pastor Holmer. Lautere Menschen strahlen etwas aus, verbreiten eine Atmosphäre der Klarheit und Reinheit. Niemand würde wagen, in ihrer Gegenwart einen zweideutigen Witz zu erzählen. Man hat zu ihnen unbedingtes Vertrauen und weiß einfach – der belügt mich nicht, der kennt keine Tricks, der ist ehrlich. Und so einer ist Uwe Holmer. So habe ich ihn kennengelernt und genau so begegnet er uns in diesem Buch. Er ist kein theologischer Windhund, der sich vom Zeitgeist in die Sackgasse eines schwächelnden Liberalismus treiben lässt. Er ist ein Kind, Zeuge, Diener, Mitarbeiter Gottes ohne Wenn und Aber. Alles, was er in seinem Leben erlebt, verbindet und deutet er mit seinem Glauben, den er oft in einer geradezu kindlichen Direktheit bezeugt. Ich sehe nicht, dass es in unserer von Zweifeln, Orientierungs- und Gottlosigkeit geprägten Welt viele Menschen gibt, die mit solcher Geradlinigkeit ihren Glauben an Jesus leben. Aber gerade das ist es, was dieses Lebenszeugnis so wertvoll macht, bis hin zu dem Traktat, mit dem er seinen Bericht abschließt. Ungewöhnlich für eine Biografie, aber so ist er eben, der Pastor Uwe Holmer. Er schreibt: »Zurückblicken macht dankbar.« Das Lesen dieses Buches auch.

Dr. Theo Lehmann

Einführung

Wieder einmal war ich von einem Fernsehsender zu einem Interview eingeladen worden. Als das beendet war, meinte der Redakteur:»Wir haben jetzt Feierabend, sitzen aber noch ein wenig zusammen bei einer Tasse Kaffee und einem Brötchen. Setzen Sie sich doch dazu.« So saßen wir fünf Personen beieinander und plauderten. Plötzlich sagte der Chef:»Nun haben wir ja mal einen Pastor hier! Sagen Sie, da gibt es doch bei den Christen solche Gesetze, dass man nur eine Frau haben soll?«

Ich:»Ja, das 6. Gebot: Du sollst nicht ehebrechen.«

Er:»Und das halten Sie für gut?«

Ich:»Ja.«

Er:»Sagen Sie bloß, Sie haben immer nur eine Frau gehabt.«

Ich:»Ja!«

Er:»Sagen Sie, kommen Sie vom Mond oder wo kommen Sie her? Sie passen ja überhaupt nicht in diese Gesellschaft!«

Ich lächelte ihn an und sagte:»Aber meine Frau ist glücklich und ich auch – und unsere Kinder noch mehr!«

Danach fuhr der Redakteur mich in mein Hotel. Nun waren wir allein, und ich fragte ihn:»Sind Sie verheiratet?«

Er:»Nein.«

Ich:»Leben Sie mit jemandem zusammen?«

Er:»Ja.«

Ich:»Sind Sie glücklich?«

Er:»Nein.«

»Sehen Sie« sagte ich, »das ist der Unterschied: Ich bin mit Gottes Geboten ›vom Mond‹ sehr glücklich und meine ganze Familie auch. Sie aber werfen dies alles als völlig altmodisch über Bord. Sie halten sich für frei, sind stolz auf Ihre Freiheit – und sind unglücklich!« Er sagte nichts mehr. Aber ich spürte: Er war nicht ärgerlich, sondern er kam ins Grübeln: Wie kann das sein, dass wir uns so frei und modern vorkommen, dass unser Leben dabei aber nicht glücklich verläuft? Und die Christen sind mit den alten Geboten Gottes glückliche Leute.

Uwe Holmer und Frau

Ich dankte an diesem Abend Gott, dass er uns seine Gebote gegeben hat, klar und unmissverständlich und sehr direkt. Es hat mein Leben reich gemacht, dass ich den ernst nehme, der diese Gebote gegeben hat. In Verantwortung vor Gott will ich Vater und Mutter ehren, nicht ehebrechen, nicht lügen, nicht stehlen. Ich will es mir auch nicht erlauben zu sagen: Ich kann auch anders. Gerade die Entschiedenheit des göttlichen Willens soll auch meinen Willen mit der Entschlossenheit erfüllen, in Wahrheit und in Liebe zu leben.

Davon will ich in diesem Buch reden, nämlich dass ich manches Mal angesehen wurde als »armer, weltfremder Tropf« – und in

Wirklichkeit war ich reich. Ich hatte nur einen bescheidenen äußeren Reichtum, war innerlich aber immer reich und zufrieden. Gott hat mir diesen Reichtum geschenkt und mich freundlich geführt, »auf rechter Straße«, in der fröhlichen Gewissheit: Der Weg ist gut. Das Ziel ist klar. Es geht nach Hause.

Gott hat mich auch hineingeführt in mancherlei Konfrontation und Opposition. Oft mussten wir als Familie gegen den Strom schwimmen. Aber gerade daraus hat Gott Gutes erwachsen lassen, zum Teil einfach nach dem Motto: »Was mich nicht umbringt, das macht mich stark.« Es hat sich erwiesen: Seine Wahrheit ist stärker als die Lüge. Seine Liebe ist stärker als Verblendung und Hass. Reichtum und Stolz der Welt erwiesen sich am Ende als Armseligkeit. Wer jedoch auf Gott vertraut, dem gehören Leben und Seligkeit. So soll denn die Antwort an den TV-Redakteur das Motto dieses Lebensberichtes sein: »Aber meine Frau ist glücklich und ich auch – und unsere Kinder noch mehr.« Immer wieder stand mir beim Schreiben dieses Berichtes vor Augen, wie gut es ist, mit Gott zu leben, und wie gut er es mit jedem von uns Menschen meint.

1. Kindheit und Jugend

Ich sitze als kleiner Junge hinter unserem zweistöckigen Mietshaus und spiele im Straßensand. Es ist Sommer. Die Fenster stehen weit offen. Meine Mutter ist beim Abwaschen und singt mit ihrer hellen Stimme die Lieder, die wir in der Landeskirchlichen Gemeinschaft singen:

O Liebe, goldner Sonnenschein, fürs arme Menschenherz
strahlst du nur hell in mich hinein, versüßt ist jeder Schmerz;
das Dunkel weicht, die Nacht entflieht, wenn warm die Sonne scheint;
und Freud und Lebenswonne zieht hinein ins Herz, das weint.
O Gotteslieb so voll und frei, von alters her und immer neu.
Sie quillt für mich, sie quillt für dich und zieht uns alle hin zu sich.
Ein anderes lautet so: *Wenn Friede mit Gott meine Seele durchdringt,*
ob Stürme auch drohen von fern,
mein Herze im Glauben doch allezeit singt:
Mir ist wohl, mir ist wohl in dem Herrn.

Durch meine Kindesseele zieht ein tiefes Glücksgefühl. Ich freue mich, eine zufriedene, singende Mutter zu haben. Sie liebt mich und ich liebe sie. Immer ist sie für uns fünf Geschwister da. Mehr Glück brauche ich nicht.

Unsere Eltern waren im Jahre 1928 als frisch verheiratetes Ehepaar von Heide in Schleswig-Holstein nach Wismar in Mecklenburg umgezogen. In Heide war der junge Ehemann arbeitslos geworden. In Wismar hatte er Arbeit als Korrektor beim Hinstorff Verlag gefunden. Im Februar 1929 wurde ich ihnen als ältestes von fünf Geschwistern geboren. Sie wohnten noch nicht lange in Wismar, die Ehefrau war noch dabei, das »Nest« zu bauen und die Stadt zu erkunden. Da sagte sie zu ihrem Mann: »Ich habe auch schon die ›Christliche Gemeinschaft‹ gefunden.« Eine gläubige Frau in Heide hatte ihnen von Jesus erzählt und ihnen beim Abschied ans Herz gelegt: »Ihr braucht innere Orientierung für euer Leben. Sucht in Wismar die ›Christliche Gemeinschaft‹ auf und haltet euch dazu.« So gingen sie hin, gingen wieder hin, und der Prediger wurde auf sie aufmerksam. Er stellte die Verbindung zu einem älteren gläubigen Ehepaar her. Das wurde eine lebenslange, wertvolle Beziehung, eine Glaubensverbundenheit, die auch die Lebensprobleme des jungen Paares umschloss. So wurden sie zu Seelsorgern und Helfern für unsere ganze Familie, Paten im ursprünglichen Sinne des Wortes. In der Christlichen Gemeinschaft kamen meine Eltern schon Ende des Jahres 1928, etwa drei Monate vor meiner Geburt, zum Glauben an Jesus. Sie bekehrten sich von einem selbstbestimmten zu einem von Jesus geführten Leben. Für mich bedeutete das, dass ich schon von Mutterleib und von Kindesbeinen an in die Landeskirchliche Gemeinschaft kam und mich dort immer wohlfühlte. Mehr noch: Die schönen Lieder haben schon früh meine Seele geprägt, und bei den Versammlungen und Missionsfesten freute ich mich an der Gemeinschaft der Mitglieder und Besucher. Bald empfand ich sie alle wie meine Onkel und Tanten und auch mich als dazugehörend.

Schon früh erzählte meine Mutter mir von Gott, meinem Schöpfer, und von Jesus, dem guten Hirten. Und als sie mir eines Tages die schwere Wahrheit sagte, dass jeder Mensch einmal sterben muss, erzählte sie mir auch, dass wir zum Himmel berufen sind und dass wir, wenn wir zu Jesus gehören, ganz gewiss dort hineinkommen werden. Von da an war mein tiefer Wunsch: Ich will in den Himmel kommen. Nichts im Leben soll mir wichtiger sein. So senkten meine Eltern die Ewigkeit in mein Herz. Ich fand nicht eher Ruhe, bis ich gewiss wusste: Ich gehöre zu Jesus. Und wenn ich sterbe, komme ich zu Gott in den Himmel. Doch bis ich darin letzte Klarheit fand, dauerte es noch einige Jahre. Ich kann aber sagen: Wohl den Eltern, die ihr geistliches Erziehungsamt verantwortlich wahrnehmen. Und wohl den Kindern, denen die Eltern schon früh Jesus lieb machen, der uns Geborgenheit schenkt und der uns freundlich durchs Leben führen will, sodass es von Reinheit und Liebe, Wahrhaftigkeit und Ehrlichkeit bestimmt ist!

Und dann durfte ich eines Tages mit meinem zwei Jahre jüngeren Bruder in den Kindergottesdienst gehen, später auch mit den jüngeren Geschwistern. Manchmal gingen wir mit anderen Kindern vom Stadtrand in die Stadt. Aber dort trennten wir uns, denn die Spielkameraden wollten nicht mit in den Kindergottesdienst. Sie gingen ins Kinderkino und sahen Mickey-Maus-Filme. Gern hätte ich ja auch mal einen Mickey-Maus-Film angesehen. Aber die liefen immer gerade in der Kindergottesdienstzeit. So bin ich nie ins Kinderkino gekommen, lernte aber schon früh, einen eigenen Standpunkt zu haben. Dabei hat es uns allerdings auch unser Prediger Johannes Schellhase sehr leicht gemacht. Schon in der ersten Kinderstunde, die er als neuer Prediger mit uns hielt, sang er sehr fröhlich mit uns die Lieder:»Solang mein Jesus lebt ...« und »Weil ich Jesu Schäflein bin, freu ich mich nur immerhin ...«. Überhaupt suchte er gern fröhliche Lieder aus. Auch erzählte er so frisch und lebendig, dass ich zu meinen Eltern sagte:»Da gehe ich wieder hin.« Die Kinder und Jugendlichen, auch die Alten, haben unseren Prediger geliebt. Und wir spürten: Er liebt auch uns. Schon da habe ich gemerkt, wie wichtig es ist, dass ein Prediger der Frohen Botschaft froh und freundlich auf die Menschen zugeht. Ich kann nicht sagen, dass unsere Eltern uns gezwungen hätten, in den Kindergottesdienst zu gehen. Sie machten uns aber Gottes Wort lieb und wichtig. Unser Vater erklärte uns einfach:»Immer wenn wir Gottes Wort hören und beten, kommt etwas von göttlicher Kraft in unser Leben hinein.«

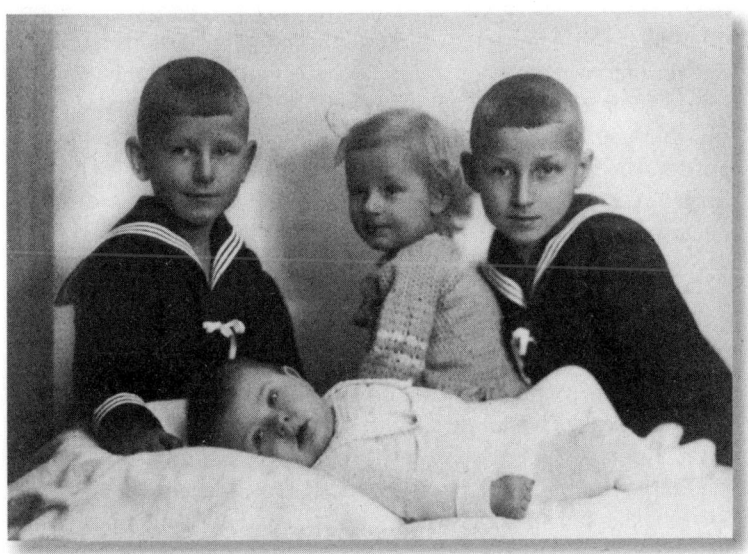

Die vier ältesten von fünf Geschwistern (Uwe rechts)

Ich war gerade erst ein Teenager, da durfte ich schon in den »Jugendbund für entschiedenes Christentum« gehen, den »EC«. In den »Weihestunden« sprachen wir immer einmal wieder das Gelübde des EC, in dem es hieß: »Ich will jeden Tag Gottes Wort lesen und beten. Von dem Besuch meiner Kirchgemeinde oder Gemeinschaft sollen mich nur solche Gründe abhalten, die ich vor meinem Herrn und Meister verantworten kann.« Das habe ich von Herzen mitgesprochen und praktiziert. So kommt es, dass ich mein Leben lang wohl kaum einen Tag ohne Gottes Wort begonnen habe. Es wurde mir zum geistlichen Kompass und zur Kraftquelle in der Nazizeit, in der Zeit des verordneten Sozialismus, und es ist mir bis heute Richtschnur geblieben. Es gehört für mich zu den Wundern des Wortes Gottes, dass es jedem Menschen in jeder Lage und in jedem Alter den Weg weisen und ihn mit innerer Kraft erfüllen kann. Allerdings habe ich auch erlebt, was Corrie ten Boom sagt: »Das Wort Gottes ist so schwer zu verstehen, dass auch ein kluger Professor es nicht begreifen kann – ohne den Heiligen Geist. Und es ist so einfach, dass auch ein Kind es verstehen kann – durch den Heiligen Geist.« Eines ist mir ganz gewiss: War das Wort Gottes schon gegenüber den Irrlehren der braunen Ideologie und dann auch wieder gegenüber denen der roten Ideologie der untrügliche Wegweiser, so ist es mir heute noch unentbehrlicher, im Widerstand gegen den liberalen Zeitgeist, der Gott beiseiteschiebt und den Menschen mit seinen Wünschen und Begierden in den Mittelpunkt stellt. Gottes Wort lehrt uns »theozentrisch« zu denken. Es rückt Gott ins Zentrum und gibt den Durchblick durch die Verführungskünste des Bösen. So wurde mit der Zeit aus mir nicht nur ein Schüler, sondern auch ein fröhlicher Lehrer des Wortes Gottes.

Im Denken an meine Jugendzeit stehen mir besonders drei Ereignisse vor Augen. Sie prägten auch mein späteres Leben. Ab dem Alter von 10 Jahren musste jeder Junge zur Hitlerjugend und jedes Mädchen zum BDM (Bund deutscher Mädel). Wer nicht ging, wurde, wie zum Beispiel der Sohn unseres Pastors, mit der Polizei in die »Pflicht-HJ« abgeholt. Weitaus die meisten aber gingen gerne, ich auch. Da war »wenigstens etwas los.« Dort wurde Sport getrieben. Es wurden Geländespiele gemacht und viele fröhliche Volkslieder gesungen. Dass dort auch Soldaten- und Nazilieder gesungen wurden, war uns nicht anstößig.

Und die Uniform trugen wir gern. Der Sohn des Bankdirektors und der Sohn des Arbeiters marschierten im gleichen Schritt. Wir schwärmten von Kameradschaft und Parolen wie »Gemeinnutz geht vor Eigennutz«. Unser »Fähnleinführer« war der Sohn eines Kommunisten. Der Vater stand gegen seinen Sohn und der Sohn gegen den Vater. Meine Eltern waren anfangs nicht gegen den Nationalsozialismus und gegen Hitler, hatte er doch allen Arbeitslosen Arbeit gegeben und Deutschland aus der wirtschaftlichen Depression heraus wieder zu nationalem Selbstbewusstsein geführt. Ja, er hatte sogar erklärt, er sei für ein »positives Christentum«, was vielen Christen in Deutschland den Blick für den dämonischen Charakter Hitlers versperrte. Aber nach und nach gab es einfach zu viele Ereignisse, die auch bei meinen Eltern Zweifel erweckten. Eines Tages, ich war wohl 15 Jahre alt, kam ich von der Schule nach Hause. Meine Mutter stand in der Wohnstube und hatte »Das Schwarze Korps«, die Zeitung der SS, in der Hand. Sie sah mich an und sagte: »Geh bloß nicht mal zur SS.« Ich entgegnete: »Die SS – das sind die zackigsten Soldaten. Die kämpfen wenigstens. Sie lassen sich nicht gefangen nehmen. Die kämpfen bis zuletzt!« So hatte ich es in der HJ gelernt. Meine Mutter aber sagte: »Ja, aber sie müssen auch Juden erschießen und Gefangene erschießen.« Ich war sehr betroffen. Nein, das wollte ich nicht. Ich liebte doch Abraham und David und Jesus und das Volk Gottes. Plötzlich spürte ich, dass ich schon viel zu lange den Gegensatz zwischen Nationalsozialismus und biblischem Christentum verdrängt hatte. Meine Mutter schob eins nach: »Am besten meldest du dich überhaupt nicht freiwillig zu den Soldaten.« Das tat ich dann auch nicht. Aber schließlich waren es in meinem Jahrgang nur ganz wenige Hitlerjungen, die sich noch nicht freiwillig gemeldet hatten. So bekamen wir Letzten den »dienstlichen Befehl«, uns freiwillig zu melden. Als ich nach einiger Zeit auch das nicht getan hatte, wurde ich vor etwa 100 Hitlerjungen beschimpft, blamiert und »wegen Befehlsverweigerung« degradiert. Ich erhielt wieder den Befehl, mich sofort freiwillig zu melden. Ein Schreiber saß schon im Hintergrund, um die »freiwillige Meldung« entgegenzunehmen. Doch als ich nun vor allen Hitlerjungen unterschreiben sollte, weigerte ich mich noch einmal – denn ich sollte mich zur SS melden. Ich tat es nicht. Es gab ein langes Hin und Her. Schließlich begnügte man sich damit, dass ich mich zum »Heer« meldete. Einige Tage danach musste ich noch einmal vor acht Hitlerjugendführern erscheinen und ein Verhör über mich ergehen lassen. Aber ich war froh! Mochte daraus werden, was es wollte. Ich hatte meinem Gewissen gehorcht und fühlte mich frei und leicht. Daraus ist mir eine Devise erwachsen, die sich auch später immer wieder bewährt hat: »Handle nach deinem Gewissen – und du bist frei!« Heute bin ich tief dankbar, dass meine Mutter mich damals durch ein einziges Gespräch aus der Verführung der Hitlerjugend herausgeholt hat. Und ich kann nur erschrecken darüber, wie leicht auch wohlmeinende Jugendliche sich fanatisieren lassen. Eltern sollten das wissen und die Erziehung ihrer Kinder nicht arglos irgendwelchen religiösen oder politischen Ideologen überlassen. Ich hatte eine Mutter zu Hause, die nicht nur über das leibliche Wohl, sondern auch über die geistliche Entwicklung ihrer fünf Kinder wachte.

Dabei muss ich auch an ein anderes Ereignis denken, das mich prägte: Der Krieg war vorüber. Wir wurden wieder in die Schule gerufen. Doch im Unterricht gab es noch viele Ausfälle und Vertretungsstunden, weil die alten Nazilehrer von der Schule entfernt worden waren. Da fiel es kaum auf, wenn ein Schüler nicht zum Unterricht kam. Und so ging ich viel lieber auf den alten Flugplatz und baute aus den Flugzeugwracks Funkgeräte aus, um mir ein Radiogerät zu basteln, zumal wir sofort nach dem Einmarsch der sowjetischen Truppen alle Radiogeräte hatten abgeben müssen. Eines Tages jedoch sagte mein Schulfreund: »Heute hat der Klassenlehrer alle aufgeschrieben, die fehlten. Wer keinen Entschuldigungszettel bringt, fliegt von der Schule.« Da saß ich in der Klemme. Schließlich sagte ich zu meinem Freund: »Ich gehe zum Lehrer und sage, ich habe geschwänzt.« Er meinte: »Du bist verrückt. Der schmeißt dich raus.« Aber ich ging doch zum Lehrer, denn ich wusste ganz genau: Wenn ich mir einen Entschuldigungszettel fälsche, werde ich darüber nicht ruhig. Lieber wollte ich einen Rausschmiss riskieren, als ständig in meinem Gewissen bedrückt zu sein. Der Lehrer war sehr verärgert und hat mich noch längere Zeit misstrauisch beobachtet. Aber er hat mich nicht von der Schule entfernt. Ich kam mir zwar vor dem Gang zum Lehrer sehr kläglich vor und das Bekenntnis ist mir unglaublich schwergefallen. Und doch bin ich danach nach Hause »geschwebt.« Mir war sehr leicht und froh ums Herz. Wieder hatte sich mir erwiesen: »Handle nach deinem Gewissen – und du bist frei.«

Ein drittes Erlebnis: Eines Tages, im Jahre 1947, erzählten sie in der Schule, dass der Vater eines Klassenkameraden verhaftet worden sei. Er besaß das größte Hotel unserer Stadt. Man hatte bei ihm eine Steuerprüfung durchgeführt und »Steuerhinterziehungen« entdeckt, ob wirklich oder fingiert, wusste man nicht so genau. Der Vater wurde so lange gefangen gehalten, bis er bereit war zu unterschreiben, dass sein Hotel »volkseigen« würde. In anderen Fällen machte man diesen Umweg gar nicht erst, sondern enteignete sofort. Für mich hatte sich damit das sozialistische System demaskiert. Es war mir klar: Man kann nicht mit Unrecht gute Verhältnisse auf Erden erreichen. Ich kann diesem Staat nicht vorbehaltlos dienen. Durch mein Hören auf Gott waren mir seine Gebote zur absoluten Norm geworden. Ich muss zwar als Staatsbürger meinem Land dienen und der Regierung gehorchen, wo sie Gutes tut. Gutes gab es ja durchaus auch. Ich muss aber Widerstand leisten, wo Unrecht geschieht, und das war leider vielfach nötig. Diese Einstellung prägte meine Haltung zum DDR-Staat grundsätzlich.

Meine Eltern mit uns fünf Geschwistern, oben rechts Uwe.

Eines ist mir noch wichtig im Blick auf meine Kindheit und Jugend: Wir lebten einfach und bescheiden, doch empfanden wir es nicht so. Wir hatten, was wir brauchten, und bedauerten uns keineswegs als arm. Aber das, was wir heute besitzen, das wäre uns damals als Luxus erschienen. Wer hat damals schon an ein Badezimmer oder gar an eine Dusche gedacht? Und erst recht nicht an ein Auto! Als unsere 3-Zimmer-Wohnung für die auf sieben Personen angewachsene Familie zu klein wurde, wurden wir beiden Ältesten auf dem Boden untergebracht. Eine Dachkammer wurde ausgebaut. Das Dach wurde von innen mit Brettern verschalt. An Wärmeisolierung dachte man damals noch nicht. So war es im Sommer schön warm und im Winter so kalt, dass unser Atem auf dem Oberbett zu Eis gefror. Wir beiden Brüder haben gerne dort oben gewohnt. Mein ganzes Leben lang hatte ich nun den Vorteil, dass ich mich über jeden kleinen Fortschritt im Wohnkomfort freuen konnte. Und Fortschritte gab es durchaus auch in der DDR. Man durfte nur nicht sehnsuchtsvoll nach dem »Westen« schielen. Wer das tat, der fühlte sich schnell benachteiligt. Wer dagegen nach dem Osten schaute, konnte sehen, wie reich wir waren. Wenn ich nun aber an unsere Kinder und Enkel und ihre Freunde denke, so empfinde ich fast Mitleid mit ihnen. Sie wissen oft nicht, wie reich sie sind. Für sie ist all der Wohlstand »normal« und selbstverständlich und durchaus kein besonderer Grund zum Danken. Deshalb empfinde ich es bis heute als meine Aufgabe, meine Enkelkinder das Danken zu lehren und sie zu ermutigen, von ihrem Reichtum einen gehörigen Teil abzugeben an Menschen, die Mangel leiden. Sie sollen nicht nur reich sein. Sie sollten sich auch reich fühlen. Nur zufriedene Menschen können danken. Und nur dankbare Menschen können zufrieden sein. Durch Undankbarkeit verbaut man sich selbst den Weg zum Glück.

Mit Genügsamkeit und Dankbarkeit hängt noch eine andere Tugend zusammen: die Demut. Ich überblicke nun fast siebzig Jahre deutscher Geschichte. Es ist mit Händen zu greifen, dass unser Volk in dem Maße, in dem es reich geworden ist, auch gottlos wurde. Muss das so sein? Wo ist die Ursache? Reiche Leute fühlen sich sicher. Für Unglücksfälle haben sie teure Versicherungen. Es geht ihnen gut – wozu brauchen sie Gott? Es geht ihnen wie Heinrich Heine.

Er hat von sich berichtet: Als er »gesund und feist war« und »im Zenith seines Fettes« stand, habe er über Gott und die Gottesfurcht gespottet. Als er aber »der Barmherzigkeit Gottes bedürftig wurde, ist er zurückgekehrt, zu dem Gott seiner Väter.« Sind wir Deutschen »feist« geworden, selbstsicher, stolz? Ja, wir sind äußerlich reich und innerlich sehr arm geworden. Was ist zu tun? Ich will auf den Apostel Paulus hören, der uns ins Stammbuch schreibt: »Was hast du, das du nicht empfangen hast?« Und ich will es an meine Kinder und Enkel weitergeben: Alles ist Geschenk von Gott. Dass ich in Deutschland geboren wurde, ist nicht mein Verdienst. Es gibt überhaupt keinen Anlass zu Selbstgefälligkeit und Stolz. Deshalb will ich Dankbarkeit und Demut lernen. Jesus hält die Demut offenbar für eine Kardinaltugend. Er sagt: »Lernt von mir, denn ich bin sanftmütig und von Herzen demütig« (Matthäus 11,29). Nur demütige Menschen sehen klar. Und nur in der Demut wachsen alle anderen Tugenden.

Das Ereignis, mit dem meine Kindheit ihren Abschluss fand, ist meine Bekehrung. Schon lange beunruhigte mich die Frage, ob ich nun wirklich ein Christ war oder ob da noch etwas fehlte. Ich betete täglich. Ich gehörte zu den aktiven Mitgliedern des Jugendkreises. Ich sang im Chor mit. Und wenn meine Klassenkameraden gefragt worden wären, wer in der Klasse ein Christ sei, hätten sie auf mich gezeigt. Da konnte doch eigentlich nichts mehr fehlen. Und doch nagten in mir der Zweifel und die Ungewissheit. Und dann hatten wir in unserer Landeskirchlichen Gemeinschaft eine Evangelisationswoche mit Lothar Szusdziara, einem kraftvollen Evangelisten. An vielen Beispielen machte er klar, dass der Mensch Freude und Gewissheit im Glauben haben kann und dass er sie erhält, wenn er sich bekehrt, wenn er sein Leben unter die Herrschaft von Jesus stellt. Ich aber fragte mich: »Wovon soll ich mich eigentlich bekehren?« Die Beispiele, die er vor uns hinstellte, von Ehebrechern, Trinkern, Dieben und Mördern, trafen mich nicht. So beschloss ich: Ich will mich nicht bekehren, aber ich will von heute an so entschieden ohne Sünde leben wie irgend möglich. Doch da fiel mir ein: Das hatte ich schon öfter gesagt – und es war nie etwas geworden. Da wurde mir plötzlich klar: Ich bin trotz aller Frömmigkeit nicht gut genug für den Himmel. Ich brauche eine bessere Gerechtigkeit. Ich brauche die vollkommene Gerechtigkeit, die Jesus Christus am Kreuz für mich erworben hat. Meine Sünden standen vor mir, die ich natürlich als frommer Mensch immer versteckt und verdrängt hatte. Und plötzlich wurde mir klar: Vergebung gibt es nur für Sünder, Gnade nur für Verurteilte. Ich muss alle meine eigene Gerechtigkeit wegwerfen, muss mich vor Gott als Sünder bekennen und um Vergebung bitten. Und auch das war mir klar: Ich muss nun die Entscheidung meines Lebens treffen und mich ganz und gar Gott anvertrauen. Ich will ihm sagen: Hier hast du mich für Zeit und Ewigkeit. Ich will dir gehören und gehorchen und dir dienen. Mach mit mir, was du willst. Und damit ich mir an dem Punkt nicht selber etwas vormachte, habe ich den Evangelisten um ein Beichtgespräch gebeten. Ich habe im Gebet mein Leben Jesus anvertraut und von dem Seelsorger den Zuspruch Gottes erhalten: »Dir sind deine Sünden vergeben. Du gehörst Jesus Christus. Du darfst ihm dienen. Du bist Gottes Kind in Ewigkeit.« Als ich kurz vor Mitternacht nach Hause ging, machte ich Luftsprünge vor Freude. Ich wusste: Nun habe ich Frieden mit Gott. Und wenn ich einst sterbe, weiß ich, ich komme zu ihm. Ich habe ein Zuhause im Himmel. Diese Freude ist mir geblieben, mein ganzes Leben lang. Sie floss in meine Seele ein. Sie floss in meine Familie ein und sie machte meinen Dienst hell und fruchtbar. Es gab später auch schwere Stunden in meinem Leben. Und doch blieb diese Freude tief im Herzen und hat getragen, wo anderes zerbrach. Aber jede echte Bekehrung ist nicht nur ein Ereignis, das Vergebung und Frieden mit Gott und Freude und Gewissheit schenkt. Sie stellt einen Menschen zugleich in den Dienst für Gott. Paulus sagt von den Christen in Thessalonich, sie hätten sich bekehrt »zu Gott von den Abgöttern, *zu dienen* dem lebendigen und wahren Gott und *zu warten* auf seinen Sohn vom Himmel...« (1. Thessalonicher 1,9f.). Wie wunderbar weitet die Umkehr zu Gott den Horizont eines Menschen! Sie macht frei von den Anklagen des Gewissens und der Sorge um uns selbst. Sie stellt hinein in die großartige Zukunft von Gottes Reich. Und sie beruft zum Dienst für die Mitmenschen. Meine Bekehrung fiel in die Zeit des Abiturs. Und so ist es fast natürlich, dass für mich aus der Gnade, die ich erfahren hatte, auch die Berufung zur Verkündigung der Frohen Botschaft kam. Nun wollte ich meinen Mitmenschen weitersagen, was mich froh und gewiss gemacht hat, am besten gleich vollzeitlich.

Da dieses Ereignis für mein ganzes Leben entscheidend war, habe ich darüber immer einmal wieder nachgedacht. Als ich das dritte Kapitel im Philipperbrief las, erkannte ich: Ich habe Ähnliches erlebt wie der Apostel Paulus, nämlich die Bekehrung eines Frommen. Alkoholkranke und Ehebrecher bekehren sich von einem oft sehr kaputten Leben. Ihre Bekehrung ist meist dramatisch. Und doch fehlt solch einer Bekehrung noch die biblische Tiefe, wenn sie nur die Bekehrung von der Knechtschaft des Alkohols oder die Abkehr von einem unmoralischen Leben ist. Gott will mehr: Unser ganzes Leben soll neu werden, und zwar dadurch, dass wir uns »bekehren zu Gott, weg von den Abgöttern, zu dienen dem lebendigen und wahren Gott und zu warten auf seinen Sohn vom Himmel«. In diesem Sinne müssen sich auch Fromme bekehren, und zwar von einem selbst geführten und selbstgerechten Leben zu einem Leben unter der Führung von Jesus, von dem Vertrauen auf die eigene Gerechtigkeit zu einem Vertrauen auf die Gerechtigkeit von Christus. Paulus drückt das so aus: Ich hatte viele fromme Verdienste, auf die ich stolz war. Aber als Jesus mir begegnete, merkte ich: Das trägt nicht. Ich war trotz allem ein verlorener Sünder. Ich musste alle eigenen Verdienste wegwerfen und als »Dreck« betrachten. Nur so, leer und arm, konnte ich meinen Bankrott erklären und von Jesus Gnade erbitten. Sehr treffend hat Zinzendorf das so ausgedrückt:

> *Christi Blut und Gerechtigkeit,*
> *das ist mein Schmuck und Ehrenkleid.*
> *Damit will ich vor Gott bestehn,*
> *wenn ich zum Himmel werd eingehn.*

Es macht wirklich froh und gewiss, wenn man leben darf in der Überzeugung: Meine Seligkeit hängt nicht davon ab, ob ich im Leben gut genug war, sondern davon, dass Jesus mir eine Gerechtigkeit erworben und geschenkt hat, die vollkommen ausreicht für den Himmel.

Manchmal frage ich mich: Was wäre eigentlich aus mir geworden, wenn ich mich vor dieser »Bekehrung eines Frommen« gedrückt hätte oder wenn ich schon vor meiner Umkehr gestorben wäre? Ich weiß es nicht. Aber genau das ist der Punkt. Seit meiner Umkehr weiß ich es. Die willentliche, deutlich ausgesprochene Unterstellung meines Lebens unter die Herrschaft Jesu brachte Klarheit in dieser Frage. Sie war eine Entscheidung ähnlich dem Ja vor dem Standesbeamten, ein Schritt nach vorn, für den es kein Zurück geben sollte. Nun muss nur noch gelebt werden, was diese Entscheidung besagt: alle Tage unter der Führung von Jesus leben.

So kann ich für mich sagen: Die Bekehrung brachte mir Gewissheit. Gewissheit, dass meine Sünden vergeben sind und nichts mehr zwischen Gott und mir steht; Gewissheit, dass ich Frieden mit Gott habe und sein Kind bin; Gewissheit, dass ich Teilhaber an der großen Zukunft von Jesus Christus bin. Sie brachte mir auch Klarheit über Sinn und Ziel meines Lebens: Gott zu dienen und meinem Nächsten. Diese Gewissheit ist ein hohes Gut. Ich halte sie geradezu für das Kennzeichen paulinischen, evangelischen Christseins. »Ich bin gewiss, dass weder Tod noch Leben, weder Gegenwärtiges noch Zukünftiges ... mich scheiden kann von der Liebe Gottes in Christus Jesus« (Röm. 8). Erst durch meine Bekehrung wurde ich ein froher Christ, der bereit war, seinen Glauben zu bekennen. Nun »hatte« ich etwas, das ich andern weitersagen konnte. Nun sang ich die fröhlichen christlichen Lieder von Herzen mit. Das Liederbuch des »Jugendbundes für entschiedenes Christentum« kannte ich fast auswendig. Diese frohen Lieder drückten aus, was ich empfand.

Ich bin mir sicher: Ich hätte viel verpasst, wenn ich mich um die Entscheidung gedrückt hätte, mich einmal klar als Sünder zu erkennen und um Gottes Gnade und Vergebung für mich zu bitten. Manches Mal hat später ein Frommer vor mir gesessen und gesagt: Ich bin in den Glauben hineingewachsen, aber ich habe keine Gewissheit. Dann durfte ich ihm sagen: Mach es wie Paulus! Glaube, dass deine Gerechtigkeit vor Gott nur »Dreck« ist. Wenn dich noch irgendwelche Sünde drückt, bekenne sie und bitte um Gottes Vergebung. Und dann sag es im Gebet: Herr Jesus, hiermit unterstelle ich mein ganzes Leben deiner Herrschaft – heute! Dieser einfache Entscheidungsschritt, am besten in Gegenwart eines Zeugen, hat so manchem zu Gewissheit im Glauben geholfen.

Übrigens verband mich später eine herzliche Freundschaft mit Lothar Szusdziara, durch den auch meine Frau zum Glauben gekommen war. Seine Predigten waren immer wertvoll für mich. Ich lernte gern von ihm. Seine anschauliche, eindrückliche Verkündigung war mir ein Vorbild. Es war eine große Zahl vor allem junger Menschen, die nach dem Krieg im Osten Deutschlands durch ihn zum Glauben fanden, unter anderen zum Beispiel auch Willi Buchwald, dessen späterer Missionsdienst in Deutschland und in der Welt reich von Gott gesegnet war und der noch heute in Argentinien vielen Straßenkindern ein Zuhause bietet.

Während der Oberschule gab es eine Zeit, in der ich einfach nicht lernen mochte. Am liebsten wäre ich von der Schule abgegangen und hätte Autoschlosser gelernt. Aber meine Eltern waren »uneinsichtig«. Dass ich nun auch einzelne Enkelkinder habe, die ebenfalls nicht gerne lernen, berührt mich sehr. Ich denke, das haben sie von mir geerbt. Zugleich hoffe und bete ich für sie. Denn schließlich ist es mit dem Lernen doch noch bei mir geworden. Es fügte sich nämlich, dass ein Klassenkamerad einen Narren an mir gefressen hatte. Immer wieder lud er mich ein, die Hausaufgaben mit ihm zu machen. Aber meist wich ich ihm aus. Schließlich ging er dazu über, mich nachmittags zu besuchen. So wurde es mir schwer, ihm auszuweichen, und ich machte mit. Meine Leistungen besserten sich und im gleichen Maß wuchs bei mir die Freude am Lernen. Schließlich wurde ich noch Zweitbester in der Klasse. Immer wieder danke ich Gott, dass er mir diesen beharrlichen Freund geschickt hat. Wie fatal hätte ich den guten Plan Gottes für mein Leben durchkreuzt, wenn ich weiterhin dem Lernen ausgewichen wäre!

Als ich 1948 das Abitur machte, gab es noch einen Hauch von Demokratie in der »Ostzone«. Auch wir Christen durften studieren, weniger Bemittelte sogar mit einem Stipendium, was auch ich erhielt. Nach dem Abitur standen wir Schulabgänger noch ein wenig zusammen und fragten einander, was wir machen wollten. Ich sagte, ich würde Theologie studieren. »Theologie, willst du etwa Pastor werden?«, fragte mich einer. Als ich bejahte, sagte er: »Sonst warst du ja immer ein ganz vernünftiger Kerl. Aber hast du noch nicht begriffen, dass bei der Kirche nichts mehr zu holen ist?« Ich konnte nur erwidern: »Ich glaube, dass dort die Wahrheit ist und dass letztlich die Zukunft Jesus gehört.« Später traf ich einen Mediziner, mit dem ich in Jena zusammen studiert hatte. Er war inzwischen ein angesehener Arzt geworden. Ich sagte: »Fritz, wir haben nun schon zwanzig Jahre Dienst hinter uns. Hast du dir mal klargemacht, dass wir höchstens noch einmal so lange vor uns haben?« Er antwortete: »Wenn ich daran denke, dass ich das, was ich jetzt tue, noch mal so lange tun muss, dann steht es mir bis hier.« Und dabei hielt er sich die Hand an den Hals. Ich konnte nur sagen: »Und ich möchte immer weitermachen.« Diese Freude am Pfarrdienst ist mir geblieben, auch über den Beginn meines Rentenalters hinaus. Ich finde es einfach großartig, dass ich die Botschaft meines wunderbaren Herrn hauptamtlich in die Welt hineintragen durfte und dafür auch noch Gehalt bekam. Heute diene ich ihm ehrenamtlich und habe ebenfalls keine finanziellen Sorgen. Da denke ich dann an meine geistlichen Geschwister, die Missionare und Missionarinnen, und freue mich, immer auch etwas von meinem finanziell guten Auskommen an sie weitergeben zu können.

Ist »bei der Kirche nichts mehr zu holen«? Gewiss, auch in ihr gibt es mancherlei Schuld und Versagen und Selbstgefälligkeit. Und doch habe ich das Arbeitsklima in ihr immer als viel besser empfunden als in den meisten weltlichen Betrieben. Selbst meine kirchlichen »Gegner« gingen mit mir immer noch »human« um! Ich habe in ihr aber auch viel herzliche Gemeinschaft mit den wirklich Gläubigen erfahren. So habe ich gern »bei der Kirche« gearbeitet. Vor allem aber: Ich war ja nicht »Diener der Kirche«, sondern Diener Gottes, um seine rettende Botschaft zu verkündigen. Und solch ein Diener konnte ich in der Kirche mit aller Freimütigkeit sein. Wie viel gute Frucht hat das gebracht!

2. Studium

Im Oktober 1948 begann also mein Theologiestudium in Rostock. Die Geschwister der Landeskirchlichen Gemeinschaft freuten sich einerseits mit mir, andererseits hatten sie auch große Sorge. Sie sagten: »Uwe, die Theologie ist gefährlich. Es haben schon etliche das Studium aufgegeben, weil dort nicht nur Glaube, sondern auch Unglaube gelehrt wird. Lass dir nicht nehmen, was du hast!« So begann ich das Studium mit einer großen Portion Vorsicht und Skepsis. Später habe ich für mich das Prinzip entwickelt: Erforsche genau, was in der Bibel steht, und sei »kritisch gegenüber der Kritik«. Lass dir nie eine kritische Hypothese für ein »wissenschaftliches Ergebnis« verkaufen. So kam ich durch. Dabei hat mir geholfen, dass fast alle Dozenten zu einem theologischen Problem nicht nur ihre eigene Meinung lehrten, sondern auch Professoren erwähnten, die anderer Auffassung waren. So konnten wir uns ein eigenes Urteil bilden. Gemäß meinem Prinzip »kritisch gegenüber der Kritik« fand ich immer auch Theologen, die davon überzeugt waren, dass die biblischen Wunder tatsächlich geschehen sind und dass die Heilige Schrift vertrauenswürdig ist. Ja, ich sah, wie manche kritische These nach ein paar Jahren wieder verworfen worden war. So konnte ich meine Überzeugung, dass das biblische Zeugnis echt und wahr ist, auch im Studium bewahren. Erschüttert war ich allerdings, dass eine gute Handvoll Studienanfänger wie ich aus der Landeskirchlichen Gemeinschaft gekommen waren, aber im Laufe des Studiums der »Gemeinschaft« den Rücken gekehrt hatten. Der eine hatte »die Taufe entdeckt«, der andere »die Kirche« und mehrere hatten entdeckt, dass Pietismus und Gemeinschaft einfach zu »sentimental«, zu »wissenschaftsfeindlich« und zu »schlicht« seien, also theologisch nicht ganz ernst zu nehmen. Ich aber hatte in der Landeskirchlichen Gemeinschaft mein geistliches Leben erhalten. Und wenn ich auch Fehler und Schwächen bei ihr entdeckte, sie war meine geistliche Mutter und ich bin ihr bis zum heutigen Tag verbunden geblieben.

Erwähnen muss ich jedoch auch, dass ich zunehmend dankbar war für mein Theologiestudium. Ich lernte die Bibel gründlich kennen und von daher auch, theologische Probleme zu durchdenken. Im Laufe der Jahre hat sich mir immer mehr die Überzeugung von der Allmacht und Größe Gottes verfestigt. Sollte der, der die ganze Welt geschaffen hat mit ihrer Vielzahl von Schöpfungswundern im Großen wie im Kleinen, sollte der so in die Naturgesetze dieser Welt eingebunden sein wie wir Menschen? Sollte er nur getan haben können, was in dieser Welt möglich ist? Nein, ihm ist jedes Wunder möglich, auch das der Auferstehung Jesu und seiner Wiederkunft in Macht und Herrlichkeit. Angesichts der Größe des Schöpfers aller Welten erscheint mir das Gottesbild manches klugen modernen Theologen einfach zu klein. Nicht Gott ist zu klein, als dass er die in der Bibel berichteten Wunder nicht vollbracht haben könnte, sondern unser Horizont ist zu klein, zu sehr dieser Welt verhaftet. Das ist die Hauptfrage in der heutigen Theologie: Ist es so, wie Bultmann und seine Schüler sagen – das Weltbild des Neuen Testaments ist ein mythisches, die Wunder, die uns hier berichtet werden, sind Mythen und können dem Menschen von heute mit seinem modernen, an den Naturgesetzen ausgerichteten Weltbild nicht mehr zugemutet werden? Dann wäre Gott den Naturgesetzen unterworfen und könnte nur tun, was diese zulassen. Es ist mir je länger je mehr unverständlich, was solche modern-rationalistische Theologie in der Ausbildung von Pastoren zu tun hat. Nicht nur nach meinem Eindruck, sondern nach meiner Erfahrung hat diese Theologie manchem angehenden Pastor die Kraft des Glaubens und die Gewissheit in der Verkündigung geraubt. Ob unsere Bischöfe nicht mehr wissen, was ihr Wächteramt von ihnen verlangt? Sie und alle Pastoren sind doch auf Bibel und Bekenntnis verpflichtet. Die Bibel aber berichtet von dem Gott, der weit über dieser Welt und ihren Naturgesetzen steht. Er hat sie doch erst geschaffen mit ihren tausendfachen Wundern. Nichts ist ihm unmöglich, auch nicht die Schöpfung eines neuen Himmels und einer neuen Erde.

Hier muss jeder Theologe und jeder Christ sich entscheiden: Will ich mich der Klugheit anvertrauen, die von den Menschen ausgeht, die begrenzt ist und immer mal wieder von neuen Ideen beiseitegeschoben wird? Oder will ich dem vertrauen, was von

Gott ausgeht, was Menschen mit Gott erlebt haben und wofür sie ihr Leben drangaben: der Botschaft Gottes, die die Menschen zwar »Torheit« nennen, die aber die entscheidende Hilfe für Leben und Sterben ist? Für mich hat sich im Laufe des Studiums die innere Berufung gefestigt, dass ich die Frohe Botschaft von Jesus predigen soll, und zwar *»nicht mit klugen Worten, damit nicht das Kreuz Christi zunichte werde. Denn das Wort vom Kreuz ist eine Torheit denen, die verloren werden; uns aber, die wir selig werden, ist es eine Gotteskraft«.* Und auch das andere Wort des Apostels Paulus aus dem ersten Brief an die Korinther, Kapitel 1, hat sich bei mir sowohl in der Verkündigung als auch im persönlichen Leben bewährt: *»Wovon wir aber reden, das ist dennoch Weisheit … nicht eine Weisheit dieser Welt, auch nicht der Herrscher dieser Welt, die vergehen, sondern wir reden von der Weisheit Gottes, die im Geheimnis verborgen ist, die Gott vorherbestimmt hat vor aller Zeit zu unserer Herrlichkeit.«* Die Weisheit Gottes, die er vor aller Zeit vorherbestimmt hat zu unserer Herrlichkeit, beinhaltet zwar als dunklen Hintergrund die Tatsache, dass Sünde, Tod und Teufel schreckliche Wirklichkeiten sind und unser Leben zerstören, dass aber Jesus sie mit seinem Tod und seiner Auferstehung besiegt hat. Das habe ich an mir und vielen anderen erlebt. Ich wäre ein Narr, wenn ich das nicht verkündigen würde oder wenn ich es zwar verkündigte, insgeheim aber denken würde, das seien alles nur Mythen. Nein, es sind erfahrbare Wirklichkeiten. Und das gibt mir Freude, Mut und Zuversicht für Leben und Dienst, wie es jeder erfährt, der das von Herzen glaubt.

Mit besonderem Eifer lernte ich neutestamentliches Griechisch. So kann ich das Neue Testament in der Ursprache lesen. Das ist mir eine große Hilfe zu exegetischer[1] und theologischer Klarheit. Dankbar bin ich auch, dass ich in der Mitte meines Studiums nach Jena wechseln durfte. Dies hat mir den Blick erweitert, sowohl was Land und Leute als auch was die Theologie betrifft.

1949, ein Jahr nach Beginn meines Studiums, erkrankte ich an Lungentuberkulose und musste für zehn Monate in eine Heilstätte. Nach einigen Wochen festen Liegens im Bett durfte ich, wie andere »Fortgeschrittene« auch, täglich in die offene Liegehalle gehen, wo wir unsere Lungen an der frischen Luft festigen sollten. Als ich dort mit meiner Decke unter dem Arm bei den etwa dreißig anderen erschien und mir ein leeres Bett suchte, hieß es: Hier wird nur aufgenommen, wer ein Gedicht aufsagt oder ein Lied singt. Als diese Forderung am 2. und 3. Tag wiederholt wurde, sagte ich: »Gut, ich singe ein Lied.« Und dann sang ich (natürlich auswendig):

> *Fröhlich zieh ich meine Straße hier durch dieses Pilgertal.*
> *Meinen Herrn ich nimmer lasse. Er beschirmt mich überall.*
> *Mag manch wilder Sturm auch toben, der mich zu verderben droht,*
> *gläubig blicke ich nach oben, bin getrost in Not und Tod.*
> *Heil fand ich in Jesu Wunden, bin von Sünd gewaschen rein,*
> *Fried und Ruh hab ich gefunden, drum kann ich so fröhlich sein…*

Als ich schloss, war es ganz still. Und dann sagte jemand: »Ja, singen müsste man können.« Ich nahm das als eine etwas verlegene, aber positive Antwort und war froh, meine »Visitenkarte« abgegeben zu haben. Dabei fand ich dann gleich auch einen Freund, einen älteren Mann aus der methodistischen Kirche, mit dem mich seitdem eine herzliche Freundschaft verband. Ein Lied kann viel ausrichten, aber echt muss es sein und froh – und möglichst auswendig. Ich habe den Eindruck, dass heute in der Christenheit nicht mehr so viel gesungen wird und kaum noch auswendig. Auch an Jubiläen, bei Festen und Geburtstagen sollten wir viel singen, unserm Gott zur Ehre und zum Dank. Die Freude des Glaubens will doch ihren Ausdruck finden! Singen macht das Gemüt hell und fördert die Gemeinschaft. Und: Singen ist eine besonders eindrückliche Art der Verkündigung der Frohen Botschaft von Jesus.

Es wurde mir sehr wertvoll, durch dieses Lied gleich einen selbst betroffenen, betenden Freund gefunden zu haben. Von ihm habe ich viel gelernt, auch den Besuch bei Bettlägerigen und Sterbenden. Gemeinsam erlebten wir dort die Bekehrung eines Volkspolizisten und SED-Genossen, der bald darauf im Frieden gestorben ist. Er sagte mir am Tage vor seinem Tod: »Ich muss Gott danken, dass ich so krank geworden bin. Ohne das hätte ich meinen Glauben nicht wiedergefunden.« Die Schwester, die in der Sterbenacht bei ihm gewesen ist, war tief bewegt von dem getrosten Sterben dieses Funktionärs.

Zwei Erlebnisse aus dieser Zeit stehen mir besonders vor Augen:

Wir lagen damals mit 7 Männern in einem Krankensaal. Ein Mitpatient hatte für einen Tag Urlaub. Als er fort war, wurde er zum Gesprächsthema. Ich war noch nicht lange in dem Zimmer. Aber andere meinten ihn gut zu kennen und zählten alles Schlechte auf, was sie angeblich von ihm wussten. Dabei übertrieben sie so sehr, dass ich versuchte, auch an gute Seiten von ihm zu erinnern. Aber das ließen sie nicht gelten. Ich fand es ungerecht, wie sie nur negativ über ihn urteilten, und sagte das auch. Da meinte jemand: »Was bist du denn für einer? Du bist wohl genauso wie der!« Ich schwieg, und die Sache war für mich erledigt. Am Abend aber bin ich im Waschraum. Da kommt der Urlauber herein, schlägt mir auf die Schulter und sagt: »Du warst gut zu mir. Wir wollen Freunde sein.« Ich war erstaunt: »Wie kommst Du darauf?« Er erklärte: »Der Rudi hat mir alles erzählt, was heute bei euch los war. Du hast gut von mir geredet.« Wir sind dann tatsächlich Freunde geworden. Später hat er sogar seinen Sohn nach mir genannt und mich um die Patenschaft gebeten. – Wie wenig gehört dazu, ein gutes Verhältnis zu seinen Mitmenschen zu finden, in diesem Fall nur ein bisschen Respekt und Gerechtigkeitssinn! –

Es war Besuchstag gewesen. Danach sagten wir zu einem Mitpatienten: »Du hast einen hübschen Jungen.« Er erwiderte: »Ja, er ist nun fünf Jahre alt, und ich bin glücklich über ihn und meine Ehe. Ich will euch aber mal etwas über diesen Jungen erzählen. Es war noch in der Zeit, als ich mit meiner Frau befreundet war. Da erzählte sie mir eines Tages, sie sei schwanger. Das traf uns wie eine Bombe. Das durfte nicht sein. Was würden die Eltern sagen, und erst die Großmutter! Wir dachten, wir müssen die Schwangerschaft irgendwie beenden!« Er erzählte weiter: »Tagelang lief ich herum mit nur einem Gedanken: Wie kriegen wir das Kind weg? Und dann hatten wir als Baubetrieb ein Projekt in der Klinik. Ich musste zu einer Besprechung mit dem Arzt. Danach bat ich um ein persönliches Gespräch. Ich schilderte ihm meine Not und Ratlosigkeit und bat um einen Weg, das Kind wegzumachen. Er fragte: Lieben Sie Ihre Freundin? Wollen Sie sie heiraten? Ich antwortete: Ja, aber jetzt noch nicht. Er: Warum nicht jetzt? Warum wollen Sie Ihr eigenes Kind und das Ihrer Freundin töten? Heiraten Sie doch und freuen Sie sich auf Ihr Kind.« Unser Zimmergenosse sagte: Ich war verdutzt. So einfach sollte die Lösung sein? Vor lauter Sorge und Scheu, es den Verwandten zu sagen, war ich tagelang wie vernagelt herumgelaufen, immer nur mit dem einen Gedanken: Das Kind muss weg. Und nun fiel es mir wie Schuppen von den Augen. Wir heirateten und wurden darüber froh. Wie bin ich dem Arzt dankbar, und wie freuen wir uns über dieses Kind!« Mir wurde an diesem Bericht unseres Mitpatienten deutlich, wie wichtig ein verständnisvoller und verantwortlicher Rat sein kann. Manchmal müssen wir »gute Hoffnung« vermitteln. Hier wurde Lebensfreude daraus.

Ich weiß, dass bei diesem Thema viele Menschen traurig werden, weil sie sich anders entschieden haben. Eva Strittmatter berichtet in dem Gedicht »I n t e r r u p t i o « von ihren Gewissensnöten nach einer Abtreibung und sagt dort wörtlich:

> *»Mag auch Gott mir verzeihen – ich verzeihe mir nicht.*
> *... Es hat mich angerufen, es hat mich angefleht,*
> *ich sollt es kommen lassen, ich hab mich weggedreht*
> *... Das schwere Recht der Freiheit hab ich für mich missbraucht*
> *und hab mich für immer gefesselt, in Tiefen mich getaucht,*
> *in Trauer bis zum Irrsinn, es brodelt noch neben mir.*
> *Die unsühnbare Sünde unterscheidet mich vom Tier.«* [2]

Wie gern würde ich der Dichterin sagen: Gott ist größer als unser Herz! Die unsühnbare Sünde ist gesühnt am Kreuz Jesu Christi. Bekennen Sie Ihm Ihre Sünde. Er hat fest versprochen, sie zu vergeben! Viele Menschen haben erlebt, dass die Vergebung von Jesus sie herausgeführt hat aus der Gewissensnot. »Wie bin ich froh, dass diese Last jetzt weg ist« – mit diesen Worten stand mancher von seinen Knien auf und sein Gesicht war hell. Nun sage noch einer, Christenglaube mache traurig!

Auch wir theologischen Studienanfänger mussten mehrere Semester hindurch Marxismus-Leninismus studieren, also den sogenannten »dialektischen und historischen Materialismus« und die »politische Ökonomie«. Der Einfachheit halber geschah das zusammen mit Studienanfängern anderer Fakultäten, also mit Philologen, Philosophen und anderen. So saßen wir etwa 25 Theologiestudenten in einem großen Hörsaal zwischen vielen anderen

Studienanfängern. Eines Tages erklärte uns der Dozent, dass auf dem letzten Parteitag der SED beschlossen worden sei, in der DDR werde der Sozialismus aufgebaut. Sozialismus hieße, es gebe kein privates Eigentum an den wesentlichen Produktionsmitteln mehr. Alles sei inzwischen zu Volkseigentum geworden. Dadurch gebe es aber auch keinen Konkurrenzkampf und kein unnützes Gegeneinander mehr. Nun würden unsere Betriebe alle in Einmütigkeit zusammenarbeiten. Das würde einen ungeheuren Aufschwung geben, zugleich aber auch ein friedliches Miteinander aller sozialistischen Staaten. Da sehr bald auch weitere Staaten die großen Vorteile dieser sozialistischen Wirtschaftsweise erkennen würden, würde sich der Friede unter den Völkern immer weiter ausbreiten. Das würde den Wohlstand in der Menschheit in enormer Weise vermehren. Die letzte Stufe der gesellschaftlichen Entwicklung sei dann der Kommunismus. Ihm sei eigen, dass der Mensch nicht mehr, wie im Sozialismus, nach seiner Leistung entlohnt werde, sondern dass jeder nach seinen Bedürfnissen bekäme, was er brauche. Dann sei auch das sozialistische Bewusstsein so weit entwickelt, dass keiner mehr wolle als die andern und jeder jedem gönne, was er braucht. Damit werde Friede und Wohlstand auf der ganzen Erde herrschen. Der Dozent fuhr fort: »Und dann bauen wir uns den Himmel auf Erden.« Nach einer Kunstpause ergänzte er: »Und dann stirbt die Kirche von ganz allein.« – Da saß nun unsere kleine Theologenschar inmitten der anderen Studenten, und wir spürten deutlich, wie sie uns anschauten: Ihr armen Theologen! Nun müsst ihr auch noch studieren, wann es mit euch zu Ende ist. Ich konnte nur still für mich beten: »Herr, ich glaube, was du gesagt hast: ›Fürchte dich nicht, du kleine Herde! Denn es hat eurem Vater wohlgefallen, euch das Reich zu geben.‹ Und du hast auch gesagt, die Pforten der Hölle sollen deine Gemeinde nicht überwältigen. Du hast deine Gemeinde durch alle Verfolgungen in allen Jahrhunderten hindurch bewahrt. Du wirst es auch in Zukunft tun.« Wir hatten dem Marxismus nichts entgegenzusetzen als diesen Glauben. Der Sozialismus rüstete damals (1950) mächtig auf. An vielen Straßen, Ecken und Plätzen hingen Transparente wie: »Der Sozialismus ist allmächtig, weil er wahr ist«, oder: »Ohne Gott und Sonnenschein bringen wir die Ernte ein«. Aber genau den Worten von Jesus entsprechend haben wir erlebt, dass die großen Siegestöne der Partei von Jahrzehnt zu Jahrzehnt schwächer wurden. Die großen Parolen und die kleine Wirklichkeit drifteten immer weiter auseinander. Schließlich verschwanden die großen Parolen. Die Erfolgsmeldungen in den Zeitungen glaubte kaum noch jemand. Und schließlich zerbrach das System ganz, das der Kirche das Ende vorausgesagt hatte. Der Glaube an Jesus, nein, Jesus selbst hatte sich wieder einmal als die stärkere Wirklichkeit erwiesen. Und die, die ihm vertrauten, waren zu Segensträgern und Friedensboten im Volk geworden. Allerdings wurde uns auch wieder einmal vor Augen geführt, dass Christsein nicht ohne Konflikte mit der Welt gelebt werden kann und dass zwischen Pfarramt und Partei wohl mancherlei Kämpfe aufbrechen würden. Hier würden guter Wille und Intelligenz allein nicht ausreichen. Hier würden die Kräfte nötig sein, die von Gott ausgehen: Waffen des Lichtes, Arbeit in der Liebe, Ausharren in der Hoffnung, Widerstand und ein klares Bekenntnis.

3. Ehe und Familie

Wenn ich von meiner (ersten) Ehe schreiben soll, muss ich früh beginnen. Schon als Junge mochte ich Mädchen gern, habe überhaupt das weibliche Geschlecht verehrt und geschätzt, übrigens bis heute hin. Daher verbot es sich mir, mich in ein Mädchen einfach »nur mal so zum Spaß« zu verlieben. Ich fürchtete, in diesem Mädchen Gegenliebe zu erwecken und sie dann zu enttäuschen. Unser »Jugendbund für entschiedenes Christentum« wurde von Mädchen und Jungen besucht. Das empfand ich als bereichernd und schön. So konnten wir einander auf ganz natürliche und unverbindliche Weise kennenlernen. Mir war aber klar: Heiraten sollte ich erst, wenn ich meine Berufsausbildung so gut wie abgeschlossen hatte. Ich fühlte mich einfach noch nicht in der Lage und auch noch nicht reif genug, eine Frau lebenslang an mich zu binden.

Sigrid Schwiesow

So hieß es für mich zu warten, bis die Richtige kommt und bis ich das Ende meines Studiums absehen konnte. Heute sehe ich, dass dieses Warten viel dazu beigetragen hat, die Persönlichkeit von uns Jugendlichen zu formen, vor allem auch Spannungen zu ertragen und Wünsche einmal hintanzustellen. Die Zeit während der Oberschule und des Theologiestudiums war lang genug, um viele Mädchen kennenzulernen. Durch diese Warte- und Reifeperiode hatten wir eine lange, schöne Jugendzeit, geprägt von dem Wunsch, Jesus zu dienen und fernstehende Jugendliche zu gewinnen. Später sah ich, dass mancher Jugendkreis durch Liebeleien und Eifersüchteleien kränkelte oder sich sogar auflöste. Gelegentlich jedoch saß ich in meiner Studentenbude in Jena und meine Gedanken schweiften ab nach Rostock und Teterow in Mecklenburg, während ich doch eigentlich lernen sollte ...

Dort in Teterow arbeitete ein liebes, hübsches Mädchen und leitete eine kleine Gärtnerei. »Du magst sie gern – aber sie weiß es nicht. Was, wenn sie dir nun einer wegholt?«, dachte ich. Ich hatte noch nicht die innere Klarheit, sie zu fragen, ob sie sich ein Leben mit mir vorstellen könnte, und so betete ich: »Herr, du kannst sie für mich aufheben. Wenn aber ein anderer sie nimmt, war sie wohl nicht die Richtige.« Kann Gott bei so viel Zurückhaltung zwei Menschen dann doch noch zusammenführen und glücklich machen? Er kann! Ein Freund von mir hatte wohl schon gemerkt, dass ich auf die Sigrid Schwiesow ein Auge geworfen hatte. Er lud sie und mich zu seiner Hochzeit ein. Als ich sie am nächsten Morgen nach Hause brachte – es ging gerade die Sonne auf –, hatte ich die innere Gewissheit: Jetzt darf ich sie fragen, ob sie ihr Leben mit mir teilen wolle.

Zwei Probleme waren allerdings noch zu klären: Sie sagte, sie habe den inneren Ruf, in die Mission zu gehen. Mir hatte vorher schon an ihr gefallen, dass sie ein brennendes Herz für Jesus hatte und gern andere Menschen zu ihm mitnehmen wollte. Ich antwortete, dass sie auch in Mecklenburg als Pfarrfrau Missionarin sein könnte, zumal es kaum noch möglich war, aus der DDR heraus in die Mission ausgesandt zu werden. Das ist sie dann auch geworden: Missionarin in Mecklenburg. Ich bin sehr froh, dass wir beide unseren Pfarrdienst so verstanden haben. Menschen für Jesus gewinnen – dieses Ziel hat unser Leben und unseren Dienst reich gemacht.

Aber es gab noch eine Schwierigkeit. Unsere Übereinkunft geschah im Mai 1953. Damals hatte der Kampf der Partei gegen die Kirche, besonders gegen die Junge Gemeinde, einen Höhepunkt erreicht. Einige Pastoren und Vertreter der Gemeinden saßen im Gefängnis, unter anderem Studentenpfarrer Schmutzler in Leipzig und auch Jugenddiakon Fritz Hofmann in Magdeburg. So sagte ich ihr, sie müsse damit rechnen, dass auch ich einmal eingesperrt würde. Als sie mir versicherte, sie denke, dass sie es dann mittragen und mich in meinem Bekenntnis nicht hindern werde, war der Weg frei zur Verlobung am 4. Juli 1953. Ihre Mutter, die überhaupt kein Kirchenmitglied war, war zwar nicht begeistert von einem Theologen als Schwiegersohn. Aber schließlich meinte sie, einen Pastor zu heiraten sei immer noch besser, als Missionarin zu werden.

In diese Zeit fällt ein Ereignis, das gravierend in unsere Familie eingriff. Im Juni 1953 flohen meine Eltern mit vier Geschwistern über Berlin in ihre westliche Heimat. Mein Vater, obgleich er nur Büroangestellter war, hatte ohne Angabe von Gründen seine Arbeit verloren. Doch hatte ihm ein Kollege hinter vorgehaltener Hand mitgeteilt, man wisse, dass er im Vorstand der Landeskirchlichen Gemeinschaft sei, dass alle seine Kinder sich zur Jungen Gemeinde hielten und dass ein Sohn Theologie studiere. Er werde keine Arbeit mehr finden. So entschlossen meine Eltern sich, wie viele andere auch, zur Flucht. Natürlich bat meine Mutter mich unter Tränen: »Junge, komm doch mit.« Mir aber war klar: Hier werden Pastoren gebraucht. Ich muss in der DDR bleiben. Nie haben meine Eltern oder ich diesen Schritt später bereut. Aber unsere Familie war dadurch natürlich geteilt. Mir wurde der Weggang meiner Familie dadurch erleichtert, dass gerade zu der Zeit zwischen der Frau meines Herzens und mir klar wurde, wir sollten gemeinsam durchs Leben gehen.

Übrigens wäre ich beinahe wirklich einmal in Haft gekommen, dann aber für längere Zeit. 1951, ich studierte noch in Rostock, fragte mich der Leiter der Stadtmission, Prediger Thiel, ob ich wohl den 16-jährigen Hartmann nach Berlin bringen würde. Er war bei seiner Mutter in Rostock aufgewachsen. Sein Vater lebte im Westen. Nun war die Mutter gestorben, und der Stadtmissionar hatte ihr auf dem Sterbebett versprochen, sich um den

Jungen zu kümmern. Aber das wurde schwierig. Hartmann verbrachte viele Stunden bis in die Nacht hinein mit zweifelhaften Freunden in Kneipen, obwohl er eine Lehrstelle hatte. So merkte der Stadtmissionar, dass ihm der Junge entglitt. Der Vater war bereit, ihn bei sich aufzunehmen. Nur musste er dorthin gebracht werden. Hartmann kannte mich und war daher bereit, mit mir zu fahren. Ich bekam noch einige Bescheinigungen und Anträge mit, und so fuhren wir los. Natürlich musste ich alle Schreiben der Stadtmission vor der Polizeikontrolle im Zug verbergen. Trotz Kontrolle kamen wir ungehindert nach Westberlin. Die Mauer wurde ja erst 1961 gebaut. Im Johannesstift in Spandau konnten wir übernachten. Am nächsten Morgen musste ich dort aufs Sozialamt. Hartmann konnte nicht mit. Er hatte am Vortag auf der Toilette des Zuges Wasser getrunken und hatte nun heftigen Durchfall. Ich war ganz froh, denn nun war er an Zimmer und WC gebunden. Er hatte schon einige Male gemeint, ob wir nicht doch lieber wieder umkehren sollten. Aber dann hatte doch wieder das interessante Leben im Westen gelockt. So ging ich allein zum Amt mit meinen Bescheinigungen und der Bitte des Stadtmissionars, den Jungen zu seinem Vater zu bringen. Als der gemütliche, gut beleibte Abteilungsleiter meine Papiere gelesen hatte, lachte er und sagte: »Wissen Sie, was Sie da tun? Sie treiben Menschenraub! Verschleppung eines freien Bürgers der DDR zu den kapitalistischen Klassenfeinden, in die Hände von amerikanischen Sabotage-Organisationen!« Wir mussten beide lachen. Aber ich machte mir da erst klar, wie heikel meine Mission war. Der Beamte jedoch half uns. Am nächsten Tag konnte ich Hartmann zu einer Dienststelle bringen. Der Diensthabende bat mich, mich von Hartmann zu verabschieden; dann ging er mit ihm fort. Mir wurde jedoch mulmig, als ich sah, dass er den Jungen in ein Gebäude brachte, in dem man eingeschlossen wurde. Ob Hartmann jetzt schon seinen Schritt bereute? Und doch war ich froh. Nun würde Hartmann zu seinem Vater kommen.

Knapp zwei Jahre später erfuhr ich Folgendes: Hartmann hatte es bei seinem Vater nicht lange ausgehalten. So hatte er sich auf den Weg zurück nach Rostock gemacht. Er war jedoch noch auf der westlichen Seite der Grenze vom Bundesgrenzschutz aufgegriffen und zu seinem Vater zurückgebracht worden. Nun kümmerten sich die Behörden fürsorglicher um ihn, sodass er dort langsam Wurzeln schlug und ein ganz ordentlicher Mensch geworden ist. Was aber wäre geworden, wenn er auf der östlichen Seite von der Deutschen Volkspolizei gefasst worden wäre oder sich in Rostock zurückgemeldet und seine Geschichte erzählt hätte?

Zu der Zeit wurde die mecklenburgische Kirche erschüttert von dem Geschick der Katechetin Margarete Reuter, die in einer Kinderstunde von dem Buch »Die Schwestern im Memelland« erzählt hatte. Das Buch war schon vor 1933 geschrieben worden, hatte also nichts mit Faschismus und Antikommunismus zu tun. Dennoch wurde ihr das als »Revanchismus, als Kriegs- und Boykotthetze« ausgelegt. Denn dass im nun sowjetischen Memelland einmal auch Deutsche gelebt hatten, sollte in der DDR möglichst nicht erwähnt werden. So wurde dieser harmlose Vorgang künstlich hochgespielt. Nach einem Vierteljahr Einzelhaft wurde sie im Mai 1953 zu acht Jahren Gefängnis verurteilt. Obgleich im Juni 1953 von der Partei ein »neuer Kurs« gegenüber der Kirche verkündet worden war, war sie noch bis Ende 1955 inhaftiert, also noch mehr als zwei Jahre. Der wahre Grund für ihre Verhaftung war wohl folgender: Margarete Reuter, jetzt Wegener, war bald nach dem Krieg Neulehrerin gewesen, hatte diesen Dienst aber quittiert und war Katechetin geworden, hatte also vom Sozialismus zur Kirche gewechselt. Welch ein reaktionäres »Verbrechen«! Und dann hatte sie so lebendige Kinder- und Jugendstunden gehalten, dass viele kleine und große Kinder zu ihr kamen, statt in die Pionier- oder FDJ-Gruppen zu gehen. So hatte die FDJ-Sekretärin sie denunziert, um sie aus dem Wege zu schaffen. Alle, die ihren Weg nach der Entlassung verfolgten, freuten sich sehr, dass sie später Pfarrfrau wurde und so im geistlichen Dienst blieb. Ebenfalls im Mai 1953 wurde in Rostock der Katechet Büdke in einem Schauprozess auch zu acht Jahren Gefängnis verurteilt.

Wenn meine Aktion, den Hartmann nach Westberlin zu bringen, den Behörden bekannt geworden wäre, wäre das sicher ebenso oder noch drastischer hochgespielt worden. Ich aber durfte weiter studieren.

Als Verlobte

Zwei Jahre waren wir verlobt, Sigrid als Bibelschülerin in der Frauenmissionsschule »Malche«, danach als Sekretärin in Rostock und ich zur Beendigung meines Studiums in Jena. Wir sahen uns selten, aber jeder Brief war uns wertvoll. Diese Zeit, in der ich Sigrid in ihren Briefen kennenlernen konnte, hat sie mir immer schöner und begehrenswerter gemacht. Manchmal frage ich mich, ob sie mir genauso begehrenswert geworden wäre, wenn wir in dieser Zeit mehr räumliche und körperliche Nähe gehabt hätten. So war unsere Hochzeit am 05.08.1955 dann wirklich auch »Hoch-Zeit«, mit innerem Jubel und ohne schlechtes Gewissen.

An unseren Hochzeitstag erinnere ich mich noch sehr deutlich. Meine Braut wurde nebenan angekleidet und geschmückt. Ich zog mir gerade meinen schwarzen Anzug an, da kam mir der Gedanke: Es ist doch eigentlich ein großartiges Vertrauen, das Sigrid mir entgegenbringt. Sie gibt sich heute ganz in meine Hand. Davon, ob ich liebevoll und treu bin, hängt nun ihr Leben ab. Wenn ich je treulos sein sollte, zerstöre ich ihr ganzes Leben. Wenn ich aber liebevoll bin, kann ihr Leben sehr schön werden. Und ich betete: »Herr, schenke mir Verantwortung vor dir und gib, dass ich alles tue, damit ich sie nicht enttäusche und auch dich nicht.«

Schon kurz nach unserer Verlobung hatte ich ein Lehrstück von meiner zukünftigen Frau erhalten: Wir gingen in ihrer Wohnstraße an einem Nachbarhaus vorbei. Es war Sommer. Die Fenster standen auf. Da hörten wir, wie ein Mann mit der Faust auf den Tisch schlug und seine Familie anschrie. Meine Braut schaute mich an und sagte: »Ich glaube, wenn du mich mal so anbrüllen würdest, würde bei mir etwas kaputtgehen.« Ich war verwundert, denn wenn ich mit meinen Mitstudenten diskutierte, konnte es schon mal heftig zugehen. »Das ist doch völliger Quatsch« und noch kräftigere Ausdrücke fielen da schon einmal. Aber nun merkte ich, dass sie als Frau viel tiefer und auch verletzlicher empfindet als ich. Ich habe es mir gemerkt und sie wohl nie in unserem Leben angeschrien. Wie gut war es, dass meine Frau mir rechtzeitig sagte, was ihr Freude und was Not machen würde! So musste sie sich nachher nicht allzu oft beklagen. Im Nachhinein sehe ich noch deutlicher: Die Verlobungszeit und auch die erste Ehezeit war für uns deshalb so wichtig, weil wir in ihr bewusst lernen wollten, was Liebe heißt. Liebe heißt, den andern glücklich zu machen, auf seine Wünsche und Bedürfnisse einzugehen, sein Wohlergehen zu suchen. So nahm ich mir ernstlich vor, niemals in unserer Ehe ein Tyrann zu sein, sondern offenen Herzens auf meine Frau zu hören beziehungsweise das Gespräch mit ihr zu suchen. Auch ein Wort von Hermann Oeser ist uns wichtig geworden: »Recht behalten haben ist für den Liebenden das traurigste Geschäft.« Die Rechthaberei stammt aus unserem Egoismus und nimmt der Ehe Glanz und Glück. Sich entschuldigen und um Verzeihung bitten, wo man etwas falsch gemacht oder sich geirrt hat, ist ein wichtiger Schritt zu einem immer neuen herzlichen Miteinander.

Und dann lag unser Erstgeborener im Körbchen. Eines Tages sagte meine Frau zu mir: »Der Kleine ist dran. Würdest du ihn schon einmal wickeln? Ich gehe noch mal ins Bad.« Das tat ich. Darin war ich »firm«, denn ich war ja das älteste von fünf Geschwistern gewesen. Also ging ich ans Körbchen und nahm unseren Sohn heraus, um ihn auf den Wickeltisch zu legen. Meine Frau aber schaute von der Tür noch einmal zurück. Da sagte sie: »So kannst du das doch nicht machen!« Ich war verdutzt und meinte: »Er fällt nicht runter. Ich habe ihn ganz fest mit beiden Händen.« »Nein«, sagte sie. »Er hat doch noch geschlafen. Möchtest du so geweckt werden? Da kommt jemand, nimmt dir die Decke weg und trägt dich wie ein Paket auf den Tisch!« Später hat sie mir gezeigt, wie sie es macht. Sie trat ans Körbchen und sagte: »So mein Kleiner. Nun hast du genug geschlafen. Jetzt kriegst du etwas zu essen. Aber vorher machen wir dich noch sauber.« Dabei streichelte sie ihm das Bäckchen und ließ ihm Zeit, »zu sich zu kommen«. Er streckte Arme und Beine, blinzelte mit den Augen und schaute seine Mutter an. Sie erzählte weiter mit ihm. Später beim Baden sang sie mit ihm, und ich dachte: »Das kann sie besser.« Gern war ich ihr gelehriger Schüler. Niemand kann mir jedoch erzählen, der Unterschied zwischen Mann und Frau sei nur eine Erziehungssache. Meiner Frau jedenfalls hat Gott Gaben gegeben, die ich nicht hatte. Gerade weil sie mich ergänzte, war sie mir besonders lieb und wert. Dass sie umgekehrt behauptete, auch von mir einiges zu lernen, hat mir gezeigt, wie ergänzungsbedürftig wir Menschen sind.

Eine fröhliche Familie – mit den Eltern fängt das an.

Sigrid hat mir auch in meinem pfarramtlichen Dienst viel geholfen. Wie war ich froh, wenn wir beide uns aufs Motorrad setzten
und zu Bibelwochen in die Dörfer fuhren. Sie hatte ihre Gitarre
auf dem Rücken. Meine hatte ich über die Brust gespannt. Und
dann sangen wir unsere schönen alten geistlichen Volkslieder.
Bald sang die Gemeinde den Refrain mit. Manche Leute kamen
besonders gern wegen des Singens. »Wenn de beeden singn – dat
is schöner as in de Oper«, sagte da schon mal jemand. Aber am
wichtigsten war doch, dass meine Frau mich sehen lehrte, und
zwar die Menschen in ihrer Erwartung und in ihrer Not. »Hast du
darauf geachtet«, fragte sie mich dann, »Herr N. N. hat so schwer-
mütige Augen. Der hat ein Problem.« So kam ich durch meine Frau
den Menschen viel näher. Das evangelische Pfarrhaus ist besonders dann von großem Einfluss auf die Menschen, wenn auch die
Pfarrfrau ihren Stand als von Gott gegebenen Dienst annimmt.
Dass das nicht bezahlt wird – was stört das den, dem die Liebe
Jesu im Herzen brennt?

Zehn Kinder hat Gott uns geschenkt. Und nicht eines hätten wir für Millionen weggegeben. Doch ist es keineswegs so, dass uns alle Kinder von Anfang an »Wunschkinder« waren. Das wurden sie zum Teil erst im Laufe der Schwangerschaft. Grund für ein anfängliches Seufzen war nicht eigentlich, dass Kinder Arbeit machen und Kräfte kosten. Mehr als das bedrückten uns die strafenden Briefe der Schwiegermutter – bis wir mit einem »biblischen Befreiungsschlag« vollen Frieden fanden. Als sich wieder einmal nach einem Jahr ein Kind anmeldete und wir bedrückt waren, sagte meine Frau: »Das letzte Mal habe ich mich geärgert und damit die Schwangerschaft belastet. Die Bibel sagt, Kinder sind eine Gabe des Herrn und Leibesfrucht ist ein Geschenk (Psalm 127, Vers 3). Lass Oma reden. Es ist unsere Sache, und ich will mich freuen über diese Gabe Gottes.« Plötzlich waren wir froh. Nun war auch dieses Kind ein »Wunschkind«. Die Schwiegermutter war in die Schranken gewiesen, hat sich aber später dann doch auch sehr über jedes ihrer Enkel gefreut.

Wie gern haben unsere Großen miteinander gespielt.

Und nun wage ich einmal eine Behauptung, die natürlich maßlos übertrieben ist, aber dennoch eine Wahrheit enthält: Es ist leichter, zehn Kinder zu erziehen als ein Kind. Wo es aber doch gelingt, ein Einzelkind gut zu erziehen, da haben die Eltern und Großeltern ein hohes Maß an Disziplin und Weisheit bewiesen. Es ist nämlich unglaublich schwer, ein Einzelkind so zu erziehen, dass es kein Egoist wird, sondern sich sozial einordnen kann. Geschwisterkinder dagegen lernen auf natürliche Weise abzugeben, zurückzustecken, nachzugeben, zu streiten und sich zu versöhnen. Eltern mehrerer Kinder müssen mit viel mehr Nachdruck darauf bestehen, dass die Kinder gehorchen, da sonst der ganze Laden durcheinandergerät. Es singt sich schöner, es spielt sich leichter und es ist viel bunter am Tisch einer größeren Familie. Was haben wir gesungen, zig Lieder – und alles auswendig! Später hatten wir auch einen Familienposaunenchor, an den sich schnell andere Kinder und Jugendliche anschlossen. Und wenn mal wieder ein Baby im Körbchen lag und versorgt werden musste, was in der ersten Ehezeit in jedem Jahr so war, sagte die Mutter zu den größeren Kindern einfach: »Geht in den ›Park‹.« Der Vorgarten unseres Pfarrhauses war nämlich tatsächlich wie ein kleiner Park und rundum eingezäunt. Dort spielten die Kinder und lernten voneinander Kluges und Dummes. Durch jedes Kind wurde unser Familienleben reicher. Manches konnte man auch gleich »en gros« besorgen, zum Beispiel die Gute-Nacht-Geschichte bei den drei älteren Jungen, die sich natürlich ein Zimmer teilten, und dann bei den vier nachfolgenden Mädchen.

Ja, und dann das tägliche Bibellesen! Wir hatten in der Biografie von Erich Schnepel gelesen, dass er sehr schnell von dem Vorlesen einer Andacht oder eines Kalenderblättchens abgekommen sei. Er hatte gespürt, die Kinder schalteten dabei ab. So machten wir es wie Familie Schnepel: Wir setzten uns um den Wohnzimmertisch, lasen jeder einen Vers des täglichen Bibelabschnittes, und dann gab es eine kurze Erklärung vom Vater oder von der Mutter, später gelegentlich auch einen Austausch. Es wurde noch gebetet – und dann ging es ab in die sozialistische Schule oder an den Esstisch, je nach Schulbeginn der verschiedenen Klassen. Die Auslegung bestand oft nur aus einem einzigen wichtigen Gedanken, der aus dem Text erhoben wurde. Aber das reichte, da wir ja jeden Tag lasen. Dieses relativ kurze, aber tägliche Bibellesen hat uns stark geprägt, auch uns Eltern. Wir mussten ja immer erst selbst über Gottes Wort nachdenken, um ihm einen für unser Leben wesentlichen Gedanken abzugewinnen. Für eine unserer Töchter war dieses Bibellesen der Anlass, sich für ein Leben mit Jesus zu entscheiden, aber für jeden von uns war es wertvoll.

Wie bin ich heute froh, dass wir damals erst auf Gott hörten, bevor die sozialistische Welt auf die Kinder einstürmte. Wahrscheinlich haben die Kinder auch dadurch die atheistische Schule ohne großen Schaden oder sogar mit innerer Stärke überstanden. Ich habe mich oft über die pädagogische Weisheit meiner Frau gefreut und sie dabei gern auch unterstützt. Denn dass die Erziehung Sache beider Eltern ist, war uns selbstverständlich. Dass wir dabei lieber mal etwas »strenger« und konsequenter waren als zu lax, zugleich aber liebevoll, hat sich bewährt. »Streng« hieß in diesem Falle: konsequent auf dem bestehen, was jeweils getan oder gelassen werden muss. Wo das schon im zarten Kindesalter eingeübt wurde, war die Erziehung um ein Vielfaches leichter. Liebe und Verständnis können sich da viel deutlicher entfalten. Und Strafen können viel seltener und viel geringer ausfallen.

Sehr wichtig war uns, dass wir den Tag abends mit unseren Kindern abschlossen. Wir sagten meist: »Kommt, wir wollen noch ›Schluss machen‹.« Das geschah in den ersten Jahren am Körbchen des Babys und am Bettchen der Kinder, indem wir mit ihnen beteten und ein Abendlied sangen. Da die Kleinen schon früher ins Bett gehen mussten, setzte meine Frau sich meist an ihr Bett. Oft lasen sie dann noch einen Abschnitt aus der Kinderbibel oder auch mal eine Geschichte, sprachen noch über das Tagesgeschehen, auch über die Fragen und Probleme der Kinder, beteten, meistens auch die Kinder, und sangen ein Abendlied. Natürlich war das gelegentlich auch meine Aufgabe. Aber meine Frau konnte es besser, kindgerechter. Deshalb vertrauten die Kinder auch eher meiner Frau ihre Fragen, Probleme und Ängste an. In diesen Abendgesprächen lernten sie auch, ihre Ängste an Gott abzugeben. Es ist ein großes Geschenk, wenn ein Kind weiß: Jesus ist mein Guter Hirte. Ich darf ihm all meine Unsicherheit sagen, darf zuversichtlich und mutig sein. Sein »Stecken und Stab trösten mich«. Solch ein Vertrauen schafft stabile Persönlichkeiten. In diesen stillen Abendstunden war dann auch die Gelegenheit, dass die Kinder ihr persönliches Verhältnis zu Jesus klären konnten. Unser Ältester berichtet[3]: *Der erste entscheidende Wendepunkt in meinem Leben liegt sehr lange zurück. Ich war vielleicht vier oder fünf Jahre alt. Ich stamme aus einem christlichen Elternhaus. Mein Vater ist Pastor und in der Gemeinde fand eine Kinderevangelisationswoche statt. Eine Kindermissionarin (Dorothea Vogt) hielt für uns Kinderstunden. Ich hatte schon manches von Jesus gehört. Aber sie verstand es, uns Kindern das Evangelium lieb zu machen. Sie sagte auch etwas vom Ernst des Evangeliums und dass es darum geht, ob wir einmal beim Heiland sind oder nicht. Damals war der Wunsch in mir ganz stark, dass mein Leben wirklich Jesus gehören sollte. Das besprach ich dann auch mit meiner Mutter. Und sie sagte zu mir: »Wenn das wirklich dein Wunsch ist, dann kannst du das heute dem Herrn Jesus sagen, und er wird es ganz ernst nehmen.« Wir haben dann zusammen gebetet. Ich habe Jesus mit meinen kindlichen Worten mein Leben anvertraut, und ich bin heute gewiss, dass Jesus dies Gebet ernst genommen hat. Sicher war damit längst nicht alles getan. Aber ein kleines Pflänzchen war in meinem Leben entstanden und, Gott sei Dank, es durfte wachsen und hat schon manchen Lebenssturm überstanden.*

Im Übrigen halte ich es für selbstverständlich, dass Christen mit ihren Kindern über ihren Glauben sprechen. Schon im Alten Testament sagt Gott von Abraham: »Ich will Abraham segnen und zu einem großen Volk machen. Ich selbst habe ihn auserwählt; und er soll seine Nachkommen auffordern, so zu leben, wie es mir gefällt. Sie sollen das Recht achten und Gerechtigkeit üben, damit ich meine Zusage einlösen kann, die ich Abraham gegeben habe« (1. Mose 18,19). Sowohl Mose als auch Josua schärfen es den Eltern ein: Wenn dein Kind dich fragt, sollst du ihm erzählen, was du mit Gott erlebt hast und sollst es ernstlich ermahnen, auf Gottes Wegen zu gehen und seinen Willen zu tun. Ich finde es erschütternd, wenn Menschen das Beste für ihre Kinder wünschen und ihnen nicht den Weg des Lebens zeigen. Wer jedoch diesen Wunsch hat, sollte damit ganz früh anfangen. Denn in der ganz frühen Kindheit liegt eine große Chance für einen gelingenden Start ins Leben. Die Weichen dafür werden nicht erst in der Schule oder bei der Berufswahl gestellt. Dann ist bereits viel zu viel gelaufen. Schon ganz früh füllt sich ein Leben mit Gutem – oder auch nicht, entsteht ein Vertrauensverhältnis zu den Eltern – oder auch nicht, wird das Fragen des Kindes nach dem Woher und Wohin des Menschen beantwortet – oder eben nicht. Die Abendstunde ist für diese Fragen ideal. Die Kinder »müssen ins Bett«, haben aber gern noch viel Zeit. Da freuen sie sich sehr über ein Gespräch, über eine Geschichte und das Gebet. Da geht dann alles Beten, Reden, Singen tief hinein in ihre Seele. Psychologen könnten uns Christen geradezu beneiden um die Chance, am Abend aufzuarbeiten, was sich im Laufe des Tages in der Seele des Kindes angesammelt hat an Angst, Schuld, Verzagtheit, aber auch Hoffnung und Sehnsucht. Hier wird innerer Friede spürbar und wirksam. Gewiss, die Kinder müssen sich irgendwann einmal selbst entscheiden. Aber wie können sie das tun, wenn sie nicht wissen, welche Chance fürs Leben Gott ihnen bietet! Arme Kinder, für die niemand am Abend Zeit hat! Ja, selbst wenn am Tage kaum Zeit gewesen ist – am Abend sollte Eltern nichts wichtiger sein als das Gebet mit den ihnen anvertrauten Kindern!

Hier wird »Schluss gemacht« – mit Abendlied und Gebet.

Als die Kinder dann älter wurden, haben sie den Tag natürlich selbst für sich abgeschlossen. Und wenn sie später mit uns Eltern zur gleichen Zeit schlafen gingen, haben wir eben gemeinsam mit ihnen den Tag beendet. Auch wenn man älter wird, ist ein Abendlied ein schöner Ausdruck der Gemeinschaft mit Gott und miteinander.

Gern denke ich auch an den Tagesbeginn, an dem meine Frau oder ich möglichst froh und frisch in die Kinderzimmer traten und mit einem fröhlichen Spruch, etwa »Aufgewacht, Langschläferlein – die Sonne scheint zum Fenster rein«, und einem Morgengebet die Kinder weckten. Ein fröhliches Wort am Morgen kann die Weiche für einen guten Tag stellen.

Bei diesem Thema denke ich auch zurück an meine eigene Kindheit, an die warme, fürsorgliche Liebe unserer Mutter und die strenge Liebe des Vaters. Nie habe ich erlebt, dass unsere Mutter sich auf ein gemeinsames Geheimnis mit uns Kindern gegen den Vater einließ. Mein Vater sollte wissen, was wir Kinder angestellt hatten. Nie konnten wir die Eltern gegeneinander ausspielen. Mein Vater war noch von der alten Sorte, der auch mal den Stock nahm, allerdings nur selten. Als er wieder einmal mein Hinterteil bearbeitete und ich wie am Spieß schrie, suchte ich sein Gesicht, um ihn zu erweichen. Da sah ich, dass er weinte. Ich war überrascht. Mehrfach hatte er mir erklärt: »Was ich angedroht habe, muss ich auch tun. Ich bin kein Lügner.« Aber dass ihm das so schwer wurde, hat mir eine tiefe Gewissheit gegeben, dass er mich liebt. Ich dachte: Wenn er mich so liebt und dennoch schlägt, dann muss es wohl wirklich schlecht sein, zu lügen, zu stehlen oder etwa so lange beim Rückweg von der Schule am Hafen zu spielen und zuzuschauen und dabei das Mittagessen zu vergessen. Durch die Tränen meines Vaters wuchs in mir so etwas wie eine Koalition mit meinen Eltern gegen das Böse, für das Gute. Überhaupt habe ich meinem Vater tief im Herzen nicht gegrollt wegen der Strafen. Im Gegenteil: Ich hatte nur den einen Wunsch, dass es nun »wieder gut« sein sollte. Übrigens habe ich durch diese harte Liebe meines Vaters auch vielleicht eher ein Verständnis für Gottes Vaterliebe und zugleich für seine Heiligkeit gefunden.

Als wir dann selbst Eltern waren, haben meine Frau und ich weniger geschlagen, bei den meisten Kindern nur ein Mal, wenn überhaupt, und gar nicht mehr, wenn sie schon älter waren. Dieses eine Mal hatte den Worten meist genug Nachdruck verliehen. Auch drohten wir nie eine so harte Strafe an, dass wir sie im Ernstfall nicht auch hätten durchführen können. Einer unserer Söhne erzählt noch heute, wie er einmal statt einer belegten Stulle eine Scheibe trockenes Brot essen musste. Dass seine Mutter Erbarmen mit ihm hatte und eine Hälfte des trockenen Brotes selbst aß, hat er bis heute nicht vergessen. Im Übrigen handelten wir nach dem Motto: »Reicht der Blick, spar das Wort, reicht das Wort – die Rute fort.« Diese Art von Erziehung verlangt viel Gespräch, Erklärung und Belehrung und vor allem eine fröhliche Atmosphäre. Und die tut Kindern und Eltern gut.

Später waren wir wieder mal zum »Treffen der Evangelisation« in Rostock. Die Kinder, die etwa neun bis zwölf Jahre alt waren, durften dabei sein. Nach der Abendveranstaltung sagte eine Bekannte zu ihnen: »Kommt, wir essen noch ein Eis.« Die Kinder aber antworteten: »Papa hat gesagt, wir sollen sofort nach dem Abend ins Bett gehen, damit wir morgen wieder frisch sind.« »O«, sagte sie, »euer Vater ist aber streng.« Die Kinder erwiderten: »Ja, das ist er. Aber sonst ist er sooo.« Dabei hoben sie begeistert die Faust, was heißen sollte: Er ist »ne Wucht.« So ist es wohl: Wer eine größere Familie leiten will – auch eine kleinere – muss Ordnung und Disziplin halten. Wie sollte das Ganze sonst funktionieren? Aber man kann das in dem Maß tun, wie die Kinder Freude und Liebe spüren und wie man seine Anordnungen einsichtig begründet. Wir haben unsere Kinder wohl kaum einmal gedrängt, in die Gemeinde mitzukommen. Sie »durften« es. Ja, sie durften mitarbeiten beim Stühlestellen, beim Spielen im Bläserchor und beim Chorsingen. Sie lernten viele wunderbare Christen im Land kennen, auch in ihrem eigenen Alter. Und so wurden sie heimisch in der »Familie Gottes«. Wo es möglich war, die Kinder oder die ganze Familie zu Diensten und Veranstaltungen mitzunehmen, habe ich das immer als Chance gesehen.

Das war uns auch wichtig im Blick auf die weltweite Verantwortung der Christen. Wir erzählten ihnen von der Not hungernder Menschen in Afrika und anderswo und von dem segensreichen

Dienst, den unsere Missionare dort tun. So beteten sie regelmäßig auch für die Kinder, die kein Bett und nichts zu essen haben. Und dann berichteten wir ihnen auch von der guten Ordnung der Bibel, den zehnten Teil von unserem Einkommen für die Hungernden und für ihre Helfer zu geben. Wenn sie dann am Jahresende ihre Sparbüchsen leerten, rechneten sie aus, wie viel denn der zehnte Teil von 86 Mark ist. Meist rundeten sie dann noch auf. Uns war es wichtig, die Kinder schon früh hineinzunehmen in die große Liebesbewegung Gottes: Er will seine Liebe durch uns hindurch in die Welt hineingeben.

Aber auch in Haus, Hof und Garten »durften« die Kinder früh mithelfen. Natürlich wurde aus dem Dürfen dann auch bald eine Pflicht. Die Mitarbeit war einfach für den Tagesablauf nötig, hatte aber natürlich auch eine gute Wirkung auf die Entwicklung der Kinder. Bald haben wir eine »Arbeitsuhr« eingerichtet, die regelte, welche Arbeit in einer Woche von welchem Kind zu tun war. Diese wurde wöchentlich weitergedreht, sodass jedes Kind jede Arbeit tun musste. Da geschah es dann schon mal, dass der »Tischdecker« auf den »Einkäufer« losschoss und sagte: »Du hast keine Butter geholt. Lauf schnell. Gleich macht der Konsum (Lebensmittelladen) zu.« So flitzte der schnell noch los, damit das Abendessen pünktlich stattfinden konnte. Auf gemeinsame Mahlzeiten haben wir geachtet. Gefreut habe ich mich, dass meine Frau nicht nur das Hauptmanagement in der Versorgung der Familie und der Erziehung der Kinder hatte, sondern ihre Arbeit auch gern theoretisch durchdachte. »Gesunde Ernährung«, »fröhliche, konsequente Erziehung«, »wie die Alten sungen, zwitschern auch die Jungen«, so lauteten in etwa die Themen, über die sie gern einmal vor den Bibelschülern, im Haus- oder Gemeindekreis referierte.

Waren wir also eine ideale Familie? In solchen Kategorien haben wir damals nicht gedacht. Jeder Tag brachte so viel Stress in Familie und Gemeinde, dass wir abends froh waren, ihn einigermaßen bewältigt zu haben. In einem Jahr hatte ich eine Nachbargemeinde mitzuversorgen. Da habe ich im Winterhalbjahr – die Weihnachtszeit ausgenommen – in neun Dörfern Bibelwochen gehalten und zwar immer eine ganze Woche lang. Ich war also 63 Tage lang fast jeden Abend unterwegs, oft mit unseren Posaunen oder dem gemischten Chor und immer mit unserer Gemeindehelferin. Da gab es auch schon mal Krisen, kleinere Tageskrisen und auch eine größere, grundsätzlichere. Ich kam zum Beispiel einmal gegen 18:00 Uhr von der Christenlehre in einem Filialdorf nach Hause und hoffte, ich werde einen gedeckten Abendbrottisch vorfinden. Stattdessen tobten die »Großen« im Wohnzimmer. Sie stritten sich gern, wenn sie müde wurden. Mutter war im Schlafzimmer mit dem Baby beschäftigt. Ich fuhr die Kinder an: »Was ist hier los?« Und meiner Frau erklärte ich, was sie ja schon wusste, dass ich in einer knappen Stunde zur Bibelwoche wegmüsse und mich wundere, dass niemand an den Abendbrotstisch denke. Meine Frau winkte nur müde ab: »Du ahnst nicht, was hier heute wieder los war. Und die Großen nerven mich auch noch. Und du auch!« Die Stimmung war hin. Die Müdigkeit meiner Frau wurde fast zur Resignation. Und meine Predigt war an diesem Abend sicher nicht die beste, wohl auch nicht meine Heimkehr am Abend. Aber man kann ja aus Krisen lernen. So begrüßte ich das nächste Mal meine Frau, trat ins Wohnzimmer und sagte: »Kinder, wascht eure Hände. Wir wollen schnell den Tisch decken.« Statt Schimpfen also konstruktive Zusammenarbeit. Wir begannen schon mit dem Abendessen. Die Mutter war froh, sich einfach an den Tisch setzen zu können. Nach dem Abendessen hieß es: »Zieht euch schnell aus. Wer den Schlafanzug an hat, kann herkommen. Dann machen wir ›Flieger ins Bett‹.« Dazu legte ich das Kind der Länge nach auf meine vorgestreckten Arme. Das Kind breitete seine Arme aus und war nun ein »Flieger« mit Flügeln. Und dann flog es »juchei ins Bett«. Manchmal sagte meine Frau dann: »Ich könnte eigentlich zum Bibelabend mitkommen.«

Bereit für »Flieger ins Bett«.

Ja, Krisen blieben nicht aus. Aber manchmal konnte ich auch aus
ihnen lernen.

Doch erinnere ich mich auch an eine tiefere Krise. In einer dieser arbeitsintensiven Zeiten wurde meine Frau immer lustloser und
unzufriedener. »Was hast du?«, fragte ich. »Nichts«, war die Antwort. Wahrscheinlich wusste sie zunächst nicht einmal selbst, was
die Ursache ihrer Missstimmung war. Mir war das alles ein Rät-
sel. Wenn ich fragte, kamen nur Kurzantworten wie »Ich bin einfach fertig« oder »Du verstehst mich nicht« oder Ähnliches. Endlich
war jedoch für meine Frau zu einem Gesamtbild ausgereift, was sie
so niedergeschlagen machte. Wir nahmen uns Zeit und sprachen
miteinander. Da wurde dann klar: »Es bedrückt mich, dass ich mal
Missionarin werden sollte. Du hast mir gesagt, ich könne Missionarin in Mecklenburg sein. Und was bin ich? Hausfrau, Kleintierhal-
ter, Gärtnerin. Und was tue ich? Windeln waschen (damals noch
ohne Waschmaschine), Kinder füttern und waschen, Gänse rupfen,
Unkraut jäten, den ganzen Tag und immer von Neuem.« Ich fragte:
»Ja, willst du denn predigen?« »Nein, ich tue das alles ja auch gern,

auch die zwei Stunden Christenlehre in unserem Ort. Aber ich bin nicht genügend hineingenommen. Du bist fast jeden Abend unterwegs und bist mit unseren Mitarbeitern, mit den Posaunisten oder dem Chor und mit der Gemeinde zusammen. Ich bin den ganzen Tag zu Hause, meist nur mit den Kindern. In deinem Leben spiele ich nur noch eine Nebenrolle. Und wenn ich dann bis zum späten Abend auf dich gewartet habe, kommst du nach Hause und sagst: ›Komm, lass uns schlafen gehen. Wir sind müde.‹« Ich verstand ihre Unzufriedenheit nur schwer. »Begreif doch: Die Kinder müssen morgens in die Schule. Wir müssen früh aufstehen.« Sie aber sagte völlig uneinsichtig: »Das ist mir ganz egal. Ich will lieber noch eine halbe Stunde weniger schlafen. Aber ich will mal mit dir reden können.«

Schließlich begriff ich: Sie hat recht! So lernte ich, die Schwerpunkte anders zu setzen. Ich machte Ernst damit: Von allen Frauen der Welt ist meine Frau die allerwichtigste für mich. Das hatte ich zwar immer gewusst, war ihr auch nie untreu geworden. Aber nun lernte ich, ihr auch spürbar meine Wertschätzung zu zeigen. Wir nahmen uns mehr Zeit füreinander. Sie berichtete von den Kindern, ich von meinen Erlebnissen in der Gemeinde. Durch Wort und Tat zeigte ich ihr nun öfter einmal, wie sehr ich mich über ihre Arbeit freue. Und siehe da, sie gewann selbst wieder Freude an ihrer Arbeit. Ja, mehr noch: Sie wurde nicht mehr von der Arbeit getrieben, sondern sie gestaltete nun ihre Arbeit ganz bewusst. Sie durchdachte die Probleme der wirtschaftlichen Haushaltsführung, denn wir lebten ja alle nur von meinem mäßigen Gehalt und dem ebenfalls bescheidenen Kindergeld in der DDR. Ja mehr noch. Sie entdeckte das Bibelwort: »Was dir vor die Hand kommt zu tun, das tue frisch.«[4] Und sie lernte von Paulus, dass Kinder aufzuziehen für eine Mutter der wichtigste Gottesdienst ist. Sie akzeptierte das als Berufung Gottes und als ihren wichtigsten Dienst. Nun konnte sie wieder fröhlich sein bei ihrer Arbeit und sie annehmen als ihr von Gott gegebenes Amt.

Und die Folge? Es herrschte mehr Freude bei uns. Die Kinder waren froh. Gäste kamen gern. Gemeindeglieder wussten: Im Pfarrhaus sind wir willkommen. Belastete können Sorgen abladen und um Rat fragen, auch wenn der Pastor nicht da ist. Die Pfarrfrau hört zu, selbst wenn sie dabei Kartoffeln schält. Und am allermeisten war ihr Mann froh und dankbar. »Uns Fru Paster is in Ordnung«, hieß es in der Gemeinde. Meine Frau aber zitierte gern das Wort von Irmela Hofmann: *»Ich arbeite in der wichtigsten Werkstatt des Atomzeitalters, wo die Zukunft gestaltet wird und die Gegenwart ihren Gehalt bekommt. Ich bin Hausfrau und Mutter von drei Kindern.«*[5] Diese Überzeugung gab ihr ein gesundes Selbstwertgefühl, und mir wurde mein Dienst sehr viel leichter.

Ich habe wohl kaum eine Traupredigt gehalten, in der ich nicht zitierte, wovon ich erfüllt war: »Wer glücklich werden will, soll nicht heiraten. Glücklich machen ist das Geheimnis der Ehe.« Und wie gern habe ich den 1. Petrusbrief, Kapitel 3,1-7, ausgelegt: Die Frau kann durch ihr Leben ihren Ehemann für Gott gewinnen. Sie soll ein »Mensch des Herzens« sein, der vom Herzen her denkt und handelt und so Wärme und Mitgefühl in die Familie und Gesellschaft ausstrahlt. Der Mann aber soll seiner Frau, die schwächer, mitfühlender, empfindsamer und verletzlicher ist, »die Ehre geben«. Wem ich die Ehre gebe, den stelle ich über mich. Meine Frau hatte eine hohe Stellung in unserer Familie. Und deshalb sagte sie: »Ich ordne mich dir gerne unter, in dem Sinne, dass ich dir die Führung überlasse.« Dabei habe ich mir allerdings Mühe gegeben, nicht autoritär zu führen, sondern immer nur nach Absprache mit ihr. Das ging so weit, dass manche Freunde meinten: »Ihr beide habt es leicht, eine gute Ehe zu führen. Ihr seid einander schon von Natur aus ähnlich.« Ich aber kann nur sagen: Wohl dem Mann, dessen Frau gerne Frau und Mutter ist! Ich bin sicher, dass ich im Himmel einmal sehen werde: Beide haben wir Jesus gedient und Menschen zu ihm geführt. Aber der Dienst meiner Frau, die ihren Kindern Jesus lieb gemacht hat und sie nach bestem Vermögen erzogen hat, hat nachhaltiger gewirkt. Ihre Kinder dürfen nun das Lebenskonzept ausformen, das ihre Mutter ihnen mitgab.

In der Erziehung waren wir oft ratlos: Sollen wir auf unseren Anordnungen bestehen oder doch lieber einmal nachgeben? Was bei einem Kind richtig war, konnte bei dem anderen falsch sein. Dann erinnerten wir uns an das Wort des Apostels Jakobus (Kapitel 1,5): »Wenn es aber jemandem unter euch an Weisheit mangelt, so bitte er Gott.« Das mussten wir oft tun. Und so haben wir viel über die rechte Erziehung nachgedacht. Später hat meine Frau ein Büchlein geschrieben mit dem Titel: *Kinder – Sein Geschenk.* Ihr war vor allem wichtig: Die Erlebnisse der frühesten Kindheit graben sich tief in die Seele ein und prägen das ganze Leben. Die Seele des Kindes ist wie eine weiche Wachstafel. Was der Mensch in der frühen Kindheit erlebt, formt den Charakter. Nach dem »Großen Fremdwörterbuch«, Bibliographisches Institut Leipzig, 1982, bedeutet »Charakter«: *die Gesamtheit der wesentlichen, relativ konstanten Eigenschaften eines Menschen, die innere Voraussetzung für das menschliche Verhalten.* Schon in der frühen Kindheit beginnt sich die Persönlichkeit zu bilden. Spätere Korrekturen sind mühevoll und gelingen oft nur unvollständig. Daher, Ihr Eltern: Füllt schon früh das Gemüt des Kindes mit Gutem, Schönem und Wahrem. Haltet Böses und Hässliches von ihm fern. Schreit es nicht an. Besteht liebevoll und fest darauf, dass das Kind das Gute und Richtige tut und das Böse und Falsche meidet! Meine Frau empfand ein tiefes Mitleid, wenn sie sah, wie ein Kind seine Eltern völlig in der Hand hatte, wenn Eltern ihrem Kind gehorchten und nicht umgekehrt. Schwache Eltern, die nicht wagen, ihrem Kind beizeiten und an der richtigen Stelle zu widerstehen, erziehen sich launische, uneinsichtige Kinder, die es später sehr schwer haben. Es ist etwas dran: »Das Bäumchen biegt sich, doch der Baum nicht mehr.« Chance der frühkindlichen Erziehung! Ein Kind, das beizeiten das rechte Verhalten lernt, hat es viel leichter im Leben, in ihm entwickelt sich schon früh die notwendige »soziale Kompetenz«. Ebenso wichtig aber war meiner Frau, dass solche Erziehung sehr liebevoll und fröhlich geschieht.

Eine Kindheit voll Liebe.

4. Pfarramt 1955–1967

Im Oktober 1955 wurde ich ordiniert und mit meiner Frau in unser erstes Pfarramt in Leussow, Kreis Ludwigslust in Mecklenburg, eingeführt. Die Kirchgemeinde Leussow umfasste fünf Dörfer und liegt in der »Griesen Gegend«, einer Heidelandschaft, von der Johannes Gillhoffs Held Jürn Jakob Swehn, der Amerikafahrer, meint, diese sei »unserm Herrgott man mäßig gelungen«. Der Boden ist sandig und karg, aber man kann sich in die Schönheit dieser Heidegegend und in den Menschenschlag dort verlieben.

Das Pfarrhaus in Leussow mit dem Gelände drumherum war für uns alle »ein Paradies«.

Die Direktive der Partei an ihre Funktionäre lautete: »Die Kirche hat durch das Potsdamer Abkommen ein Recht, in ihren eigenen Räumen ihre Religion zu pflegen. Es ist aber darauf zu achten, dass sie möglichst in diesem Rahmen bleibt. Dass sie öffentlichkeitswirksam wird, ist zu verhindern.« Wir aber wollten uns auf keinen Fall in ein Getto hineinzwingen lassen. Ich war selbst durch eine Evangelisation, das heißt, durch die öffentliche Verkündigung des Evangeliums, zum Glauben gekommen. So war mir die missionarische Ausrichtung meines Dienstes eine innere Pflicht. Kirche, die nur die Gläubigen pflegt, schien mir ihren Auftrag zu verfehlen. Gott will die Welt. Gott will jeden Menschen! So drängten wir in die Öffentlichkeit. Meine Predigten waren immer so gehalten, dass sie in möglichst greifbarer Weise für alle Hörer etwas boten: anschauliche Worte für alle, besonders für die Konfirmanden und Jugendlichen, Glauben weckende Argumente besonders für seltene Gottesdienstbesucher, aber auch den Glauben vertiefende Auslegung der Heiligen Schrift für die regelmäßigen Gottesdienst- und Bibelstundenteilnehmer. So hatten wir lebendige und auch schöne Gottesdienste mit überdurchschnittlichen Besucherzahlen. Manche Leute kamen auch deshalb, weil die Kirche noch eine geistige Alternative zur Partei bot. Luther sagte einmal: »Das Evangelium macht Rumor.« Genau das wollten wir.

Wir gründeten einen Posaunenchor und einen Kirchenchor, begannen Jugendstunden, stellten einen schönen, aus Eiche geschnitzten Schaukasten an den Zaun eines Gemeindemitglieds, das den Mut hatte, ihn dort aufzustellen, und zwar genau an der Bushaltestelle. Wir achteten darauf, dass er regelmäßig neu gestaltet wurde. Eine Ersatzglasscheibe stand immer bereit, wurde aber nur selten gebraucht. In allen Dörfern hielten wir Bibelwochen, meist im Gasthaussaal, da andere Räume zu klein waren. Wenn irgend die Zeit reichte, haben wir Haus für Haus besucht und eingeladen. Auch die »Genossen« wurden dabei nicht ausgelassen. Vor den Bibelwochenabenden stellten wir uns mit dem Posaunenchor auf den Dorfplatz und bliesen unter der Straßenlaterne unsere Choräle. So wurden die Menschen erinnert – und sie kamen.

Wir bemühten uns, die Abende so interessant wie möglich zu gestalten durch Chorlieder, gemeinsame Chorusse und vor allem durch eine mit Beispielen veranschaulichte Verkündigung. Das gesellige Miteinander auf dem Lande war unter dem verordneten Materialismus verkümmert. So freuten viele sich einfach schon auf das Gemeinschaftserlebnis am Abend. Aber natürlich kamen viele auch, weil sie Gottes Wort hören wollten. Pastor und Gemeinde hatten ein lebendiges Vertrauen zueinander. Durfte man im Sozialismus Schaukästen aufstellen, unter der Dorflaterne blasen, Haus bei Haus zu Bibelwochen einladen ohne eine schriftliche behördliche Genehmigung? Wir fragten nicht danach. Auch im atheistischen Staat gab es durchaus Grauzonen. Manches Mal waren wir auf ein Verbot gefasst, es kam aber selten. Lediglich das Verteilen von selbst hergestellten Traktaten bei den Einladeaktionen hat man uns untersagt. Das Herstellen von christlichen Schriften war genehmigungspflichtig.

So trat ich in meinem Bemühen, das Evangelium unter die Menschen zu bringen, die Flucht nach vorn an. Ich hatte das eindrückliche Buch von Erich Hitzbleck »Wunder im Naturgeschehen« gelesen. Das war glaubensstärkende geistliche Nahrung! So fasste ich die Erkenntnisse dieses Buches zusammen, gab meine Erkenntnisse dazu und schrieb ein Traktat über die Wunder im Naturgeschehen, die es einem denkenden Menschen fast unmöglich machen, an die zufällige Entstehung der Welt zu glauben. Der gesamte Kosmos weist hin auf einen genialen Planer und mächtigen Schöpfer des ganzen wunderbaren Universums. Da ich dieses Blättchen nicht mit unserem primitiven Druckapparat herstellen durfte, fragte ich beim Verlag der Baptisten in Berlin (Otto Ekelmann) an, ob sie nicht eine Druckgenehmigung beantragen und dies Schriftchen herstellen könnten. Sie haben es probiert, und siehe da, es wurde genehmigt, obgleich es ja sehr direkt der marxistischen Lehre widerspricht. Dass der Verlag es durch die Zensur hindurchbrachte, war mir ein Wunder. Diese kleine Schrift ist wieder mal ein Zeichen, wie wichtig die Allianz der Gläubigen quer durch alle evangelischen Denominationen ist. Das Traktat hat vielen Menschen den Glauben gestärkt. Es ist zeitlos aktuell und wird nun schon seit über 40 Jahren gedruckt. Entstanden ist es aus dem Bemühen, unseren Mitmenschen eine Basis zum Glauben zu vermitteln. Noch heute wird das Blättchen gern gelesen und weitergegeben, vor allem an Menschen, die nur schwer einen Zugang zum christlichen Glauben finden. Früher erschien es unter der

Überschrift »Gott ist nicht fern«. Heute lautet der Titel »Gott ist da«. Da es nur eine doppelte DIN-A4-Seite umfasst, ist es im Anhang dieses Buches abgedruckt.

Auch mehrere Evangelisationswochen konnten wir in unserer Landgemeinde halten, die zum Teil von mehreren Hundert Menschen pro Abend besucht wurden. Verkündiger waren unter anderem Oberkirchenrat Dr. Werner de Boor und Missionsinspektor Lothar Szusdziara. Es freute uns unglaublich, dass sich in diesen Wochen Menschen bekehrten und lebendige Gemeindemitglieder wurden!

Unsere Familie mit damals sechs Kindern und dem Evangelisten Lothar Szusdziara, in dessen Seelsorge ich mich zur Nachfolge Jesu entschieden hatte, ebenso auch meine Frau.

Ganz besonders wirksam und segensreich waren in unserer Gemeinde, und auch in unserer Familie, die Dienste von Dorothea Vogt, der Mitarbeiterin und Sekretärin von Dr. de Boor. Auch sie hatte die

»Bekehrung einer Frommen« erlebt und die frohe Gewissheit bekommen, dass sie gerettet war. In den Bibelauslegungen von Dr. de Boor war ihr eine klare neutestamentlich-paulinische Theologie vermittelt worden. Oft hatte unser theologischer Lehrer Werner de Boor uns gesagt: »Die Botschaft von der Verlorenheit und Errettung des Menschen gibt unserer Verkündigung Profil.« So hatte die eindrückliche Verkündigung von Dorothea Vogt eine stark prägende Wirkung. Bei Kinder-, Konfirmanden- und Gemeinderüstzeiten haben sich etliche Gemeindeglieder bekehrt und wurden eifrige Mitarbeiter. Das Gleiche geschah bei den missionarischen Bibelwochen, die sie bei uns hielt. In der DDR, vor allem in Mecklenburg, sind viele Kinder und Jugendliche durch sie Christen geworden, auch einzelne von unseren eigenen Kindern. An der Arbeit der Bibelauslegung, die Dr. de Boor in der Wuppertaler Studienbibel tat, hatte Dorothea Vogt einen großen Anteil. Sie führte alle Schreibarbeiten aus. Aber auch inhaltlich brachte sie, gerade von ihrer Praxis her, viel mit ein. Später tat sie im mecklenburgischen »Gemeinschafts-Diakonissenmutterhaus Lobetal« einen segensreichen Dienst als Oberin. Von dort hat unser Herr sie im Juni 2003 zu sich in sein Reich geholt. Es ist natürlich, dass bei so viel geistlicher Übereinstimmung und Zusammenarbeit auch eine herzliche, persönliche und bereichernde Freundschaft entstand.

Dorothea Vogt

Es ist nun aber nicht so, dass es in unserer Gemeindearbeit nicht auch Ablehnung gab, Ablehnung, die eigentlich nicht dem Pastor galt, sondern der biblischen Botschaft. Da trifft mich eine sonst sehr sympathische Frau und sagt: »Ich komme nicht mehr zu Ihren Gottesdiensten. Ich werde da immer so unruhig.« Ich erwiderte: »Ich weiß auch warum.« »Ja«, sagt sie, »ich auch. Aber ich will noch nicht.« Sie hatte ein Verhältnis mit einem verheirateten Mann. – Besonders heikel wurde es, wenn ich vor dem Okkultismus warnte. In unseren Dörfern wurde viel »besprochen«. Bei Krankheit von Mensch und Vieh ließ man eine Besprecherin kommen, die kranke Körperteile unter Murmeln von Zaubersprüchen bestrich oder bepustete, ein Überbleibsel des alten Heidentums, das sich in unserer Gegend noch sehr lange gehalten hat. Dass unsere Evangelisten und ich davor warnten und wir es Teufelsdienst nannten, trotz der frommen Sprüche dabei, das nahmen sie mir übel. Wer jedoch sein Leben unter die Herrschaft Jesu stellen wollte, ließ sich durch Gottes Wort, etwa 5. Mose 18, überzeugen, dass das dem Herrn ein »Gräuel« ist. Im Matthäusevangelium, Kap. 18, gibt Jesus seinen Jüngern die Vollmacht: »Was ihr auf Erden binden werdet, soll auch im Himmel gebunden sein, und was ihr auf Erden lösen werdet, soll auch im Himmel los sein.« Wir nahmen diese Bevollmächtigung auch für uns in Anspruch und boten Betroffenen an: Wer solche Dinge praktiziert oder wer sich damit hat »bedienen« lassen, kann sich davon lossagen und von einem Seelsorger lossprechen lassen. Wir wollen die Leute doch nicht bedrücken, sondern sie herausholen aus den Ängsten eines heidnischen Schicksalsglaubens. Denn wer sein Leben Jesus anvertraut, begibt sich in den Schutzbereich des »Guten Hirten«. Der darf mit Paulus sagen: »Ist Gott für uns, wer kann gegen uns sein?« Das gibt Mut zum Leben, gibt Geborgenheit und Zuversicht. Auch auf diesem Gebiet haben wir eindrucksvolle Befreiungen zu fröhlichem Glaubensmut erlebt.

Mit großem Argwohn beobachtete die Partei unsere Jugend- und Konfirmandenarbeit. Sie war ihr ein Dorn im Auge, weil die Partei die Jugend uneingeschränkt und vollzählig für sich beanspruchte. Allen war klar: Wer sich zur Kirche hält, dient nicht mehr vorbehaltlos der Partei und der sozialistischen Ideologie. Uns aber war klar: Jesus will alle, gerade auch die jungen Menschen, die meist in diesem Alter die Weichen für ihr ganzes Leben stellen. Und klar ist auch: Wer in der Zukunft etwas bewegen will, muss die jungen Menschen gewinnen, wenigstens einen großen Teil von ihnen.

Mein engster Studienfreund, Wilko Schwechten, mit dem zusammen ich in Jena studiert hatte, war Pastor in einer 30 km entfernten Landpfarre geworden. Er hatte 14 Konfirmanden, ich 16. So kamen wir überein, dass wir eine gemeinsame Konfirmandenrüstzeit halten wollten. »Freizeit« durften wir es nicht nennen. Das war der FDJ, der sozialistischen Jugendorganisation, vorbehalten.

Mein Freund wollte mit seinen Konfirmanden per Fahrrad zu uns kommen. Dreieinhalb Tage wollten wir in Leussow sein. Danach wollten wir alle, seine und meine Konfirmanden, in seine Gemeinde radeln und dort ebenso lange bleiben. So konnten wir eine gut einwöchige Konfirmandenrüstzeit halten und uns die Bibelarbeiten und Vorträge teilen. 30 Konfirmanden bei Laune und Disziplin zu halten, war damals, noch vor der antiautoritären Erziehung von 1968, kein Problem. Ein wirkliches Problem aber war die staatliche Verordnung, dass jeder Besucher, ob aus Ost oder West, der sich länger als 24 Stunden in unserem Ort aufhielt, sich ins Hausbuch einschreiben und in der Bürgermeisterei anmelden musste. Das galt auch für 13-Jährige. Würden wir es unterlassen, gäben wir dem Staat die Handhabe, uns alles zu verbieten und dazu uns noch zu bestrafen. Denn dass der Bürgermeister oder andere Aufpasser es merken und melden würden, dessen waren wir sicher. Aber auch bei ordnungsgemäßer Anmeldung mussten wir mit einem Verbot rechnen. Nun wussten wir, dass die Bürgermeisterei am Sonnabend um 12 Uhr ihre Tore schloss. Also reisten unsere Gäste am Freitag um 13 Uhr an. Wir mussten sie also 24 Stunden später, am Sonnabend um 13 Uhr, angemeldet haben. Da das Büro ab 12 Uhr geschlossen war, steckten wir die Anmeldezettel in den Briefkasten der Bürgermeisterei. Nun hatten wir erst einmal Ruhe für unsere Rüstzeit am Freitag, Sonnabend und Sonntag. Als wir aber am Montagvormittag bei unserer Bibelarbeit saßen, kam der Bürgermeister mit dem »Vorsitzenden der Abteilung Inneres« vom Rat des Kreises Ludwigslust und beschuldigte uns, wir führten hier eine illegale Zusammenkunft durch. Wir fragten nach den gesetzlichen Grundlagen für diese Beschuldigung, die sie uns jedoch nicht geben konnten. Aber natürlich fand man einen Grund zum Einschreiten. Wir hatten keinen Gesundheitspass für unsere »Gemeinschaftsküche«. Und so hieß es: »Ich ordne an, dass sämtliche fremden Personen diesen Ort innerhalb von zwei Stunden zu verlassen haben.« Natürlich protestierten wir, was aber ebenso natürlich nichts nützte. Wir erklärten unseren Konfirmanden also, dass wir nicht morgen, sondern heute schon in die befreundete Gemeinde wechseln mussten. Sie sollten also bitte ihre Sachen packen. Und unsere Konfirmanden sollten ihre Fahrräder holen. Wir würden in gut einer Stunde fahren. Mit Begeisterung waren die Konfirmanden dabei. Der Bürgermeister in der Gemeinde meines Freundes war offenbar nicht so linientreu. Obgleich wir uns natürlich auch dort anmeldeten, konnten wir die Rüstzeit ungehindert durchführen. Als ich nach Hause zurückkehrte, fand ich ein Flugblatt des Bürgermeisters vor, das er in jedes Haus geschickt hatte und in dem er sich über das Verhalten des Pastors heftig beklagte. Er hatte inzwischen erfahren, dass wir die Rüstzeit am anderen Ort fortgeführt hatten. Und so legte er der Bevölkerung dar, wie reaktionär und staatsfeindlich der Pastor sei. Wörtlich hieß es dann von mir: »... und dann hat er noch die Stirn, diese verbotene Handlung an einem anderen Ort fortzusetzen.« Als ich später durch das Dorf ging, merkte ich, wie die ganze Sache unseren Dorfbewohnern Spaß gemacht hatte. Einer schlug mir auf die Schultern und sagte: »Gut, Pastor, machen Sie weiter so.«

In diesem schönen Dorf durften unsere Kinder aufwachsen.
Jeder Besuch der Großeltern aus dem Westen war für alle ein »Fest«.

Gab es Spitzel unter den Gottesdienstbesuchern? Sicher, denn
die Gottesdienste sind ja öffentlich. Manchmal kam ein Gemein-
deglied noch vor dem Gottesdienst schnell in die Sakristei und
warnte mich: »Heute sitzt ein Aufpasser im Gottesdienst. Er ist ein
Arbeitskollege aus der Stadt, ist Genosse und ist sicher mit einem
Auftrag hier.« Das war Anlass zu besonderer Vorsicht. Aber meist
hielten wir uns ohnehin so, dass wir keine politisch provokati-
ven Äußerungen machten. Ja, manchmal legte uns diese Situation
geradezu den Zwang auf, bei unseren biblischen »Leisten« zu bleiben. Wichtig war nur, dass die Verkündigung so lebensnah wie
möglich war. Natürlich wurde es manchmal auch heikel, wenn ich
etwa sagte: »Jesus bringt die Liebe Gottes in die Welt. Wir Christen
lassen unsere Kinder nicht vom Hass vergiften, weder vom Ras-
senhass noch vom Klassenhass.« Es konnte durchaus auch als Pro-
vokation verstanden werden, wenn wir Sätze sagten wie: »Jesus
ist Sieger. Ihm gehört die Zukunft«, oder: »Die Herren dieser Welt
gehen – unser Herr kommt«, oder: »Unser Gott kriegt sie alle. Auch
die Atheisten müssen einst vor seinem Gericht erscheinen.« Im

Rückblick denke ich aber, dass auch die Partei die Auseinandersetzung nicht bis zum Äußersten treiben wollte, wahrscheinlich aus Nützlichkeitserwägungen. Die Kirche hatte noch zu viel Zustimmung in der Bevölkerung, besonders in der ersten Zeit der DDR. Und je länger die DDR bestand, desto mehr Schwierigkeiten bekam die Partei, ideologisch, wirtschaftspolitisch und gesellschaftspolitisch. Die marxistischen Versprechungen und die realen Verhältnisse in der DDR drifteten immer weiter auseinander. Da wollte man nicht auch noch einen Kräfte verzehrenden Kampf gegen die Kirche. Die ersten Jahrzehnte des Kommunismus waren in der Sowjetunion für die Kirche ungleich schwerer als unsere Verhältnisse in der DDR.

Die Kirche von Leussow.

An einem Sonnabendnachmittag erhielt ich Besuch von einem Funktionär des Rates des Kreises, Abteilung Inneres. Man hatte erfahren, dass die Pastoren per Kurier gebeten worden waren, am morgigen Sonntag einen Hirtenbrief des Landesbischofs zu verlesen. Darin klärte der Bischof die Gemeinden darüber auf, dass der Staat offensichtlich die gemeinsame deutsche evangelische Kirche spalten wolle. Er hatte den DDR-Bischöfen die Reiseerlaubnis zu einer gesamtdeutschen Bischofskonferenz verwehrt. Die westdeutschen Bischöfe hatten dem Militärseelsorgervertrag zugestimmt. Damit waren sie »NATO-Bischöfe« und unsere Feinde. Mit diesen sollten unsere Bischöfe keine gemeinsame Sache mehr machen können. Es war der Beginn der Abgrenzungspolitik der DDR, welcher der Zusammenhalt der Kirche über die innerdeutsche Grenze hinweg ein Dorn im Auge war. Ich erklärte dem Besucher, ich werde mich an die Bitte des Bischofs halten und nicht an das Verlangen der Partei. Als er heftig wurde, wurde ich es auch. Wir verabschiedeten uns ziemlich verbissen. Niedergeschlagen ging er weg, denn er hatte ja seinen Auftrag nicht erfolgreich durchgeführt. Das konnte ihm Tadel einbringen oder Schlimmeres. Ich aber dachte mit Genugtuung: Ich habe meinen Standpunkt standhaft behauptet. Dann jedoch meldete sich die Stimme des Gewissens und des Mitgefühls. Mein Auftreten war zu aggressiv und lieblos gewesen. Ich hatte ihm nichts deutlich gemacht von der eigentlichen Motivation meiner Arbeit. So dachte ich weiter: Ich bin ihm nicht als Mensch und Christ begegnet, sondern als Feind. Auch der politische Gegner hat ein Recht, von uns als Mensch geachtet und ernst genommen zu werden.

Von da an praktizierte ich eine andere Haltung, nämlich: freundlich in der Form – klar in der Sache. So war ich denn auch später weiterhin strikt ablehnend in der Sache. Aber ich blieb doch freundlich und bat um Verständnis dafür, dass ich aus innerer Überzeugung nicht anders entscheiden könne. Ich habe dabei sogar gelegentlich Genossen zum Verständnis für unsere Botschaft bringen können. Mit einem solchen Ehepaar verbindet meine Frau und mich heute eine herzliche geistliche Freundschaft bis hin zum gemeinsamen Hören auf Gottes Wort. Ich bezweifle, ob er je ein Gegner der Christen war. Manche waren einfach nur dem Angebot einer guten Ausbildung gefolgt. Erst später merkten sie, dass sie eingebunden waren in ein System, das sie innerlich nur schwer vertreten konnten. Sie waren froh, wenn man sie nicht von vornherein als Feinde behandelte. Vielleicht hätten wir sie sonst erst zu Gegnern gemacht. Auch der politische Gegner hat ein Recht auf die Freundlichkeit und Menschenliebe Gottes (Titusbrief, Kap. 3). Wir haben sie ihm zu bringen. Es hat mich bedrückt, wie lieblos und kalt manche Oppositionelle und sogar »Friedensfreunde« nach der Wende über die Funktionäre von damals redeten. Dass sie die Gespräche mit den ehemaligen Funktionären »Klüngelei« nannten, hat manchem von ihnen den Weg zur Kirche versperrt. Das hat auch das Miteinander nach der Wende sehr erschwert. Wenn Christen pauschal abfällig von den Funktionären sprachen, fragte ich mich, ob sie das »Wort von der Versöhnung«, das Paulus uns lehrt, für sich selbst überhaupt begriffen haben. Manche Christen stehen mit ihrem Handeln dem »Wort von der Versöhnung« direkt entgegen. Ja, es gab auch »Klüngelei« zwischen einzelnen kirchlichen Mitarbeitern und Staatsfunktionären. Aber es ist ein Unrecht, jedes Gespräch und jede Einigung mit ihnen so zu nennen.

Tief bewegt hat mich das Schicksal des obersten Parteigenossen unseres Kreises. Es war eben jener Erste Stellvertreter des Vorsitzenden des Rates des Kreises Ludwigslust, der unsere Konfirmandenrüste verboten hatte. Nie bin ich dem Mann unbefangen begegnet, weil er viel Macht hatte und unsere Arbeit kräftig zu behindern versuchte. Eines Tages hörte ich, er sei versetzt worden. Seine Frau habe sich mit seinem Dienstrevolver erschossen. Der Mann, der seinen Genossen viele Parteiaufträge erteilte, stand selbst unter so starkem Druck der Partei, dass es keine Freude war, mit ihm zu leben. Auch für ihn selbst war es kein leichtes Los, einer gottlosen Partei mit ihren herzlosen Direktiven zu dienen.

Es war am 1. Mai, wahrscheinlich im Jahre 1965, Staatsfeiertag, »Kampftag der Werktätigen«. Unsere Schüler mussten in die Stadt zur Demonstration, ebenfalls die Staatsangestellten. Ich ging, was ich öfter tat, in unsere Kirche, bedachte in Ruhe die Predigt des nächsten Sonntags und betete. Diesmal musste ich besonders für unser größtes Außendorf mit seinen vielen, meist von außen zugezogenen Genossen beten. Sie hatten den Auftrag, die LPG (Landwirtschaftliche Produktionsgenossenschaft) auf Linie zu bringen. Am Nachmittag kam ein Anruf von dort. Eine Frau teilte mir mit, ihr Mann sei krank und bitte um einen Besuch. Ich kam in das Haus eines Großbauern, dessen Besitzer in den Westen geflohen war. Er hatte sein Ablieferungssoll an Getreide oder Fleisch nicht erfüllen können. Viele Großbauern waren deshalb verhaftet worden. Nun wohnte in dem Haus ein Genosse aus Sachsen. Er war Vorsitzender der LPG dieses Dorfes. Im Wohnzimmer stand ein Bücherschrank mit vielen rot und blau eingebundenen Büchern, die Werke von Marx, Engels, Lenin und Stalin. Als ich an sein Bett trat und ihm die Hand gab, sagte er: »Herr Pfarrer, dies ist nun die Strafe Gottes.« Ich war überrascht, antwortete aber: »Nein, Herr N. N., nicht die Strafe Gottes, sondern die Heimsuchung Gottes. Er ist schon lange hinter Ihnen her. Und nun hat er Sie eingeholt.« Er horchte auf. Ich fuhr fort: »Sie können Frieden mit Gott haben. Wenn Sie ihm Ihre Sünden bekennen und um Vergebung bitten, vergibt er alles. Und ich darf Ihnen die Vergebung Gottes zusprechen. Dann steht nichts mehr zwischen Gott und Ihnen. Und Sie können ganz neu beginnen.« Nach kurzem Überlegen – seine Frau ließ uns allein – sagte er: »Ja, ich will.« Und so saß ich wohl über eine Stunde an seinem Bett und er erzählte, brachte alles heraus, was er als Schuld in seinem Leben erkannte. Ich sagte dann: »Nun steht das alles vor uns und vor Gott. Wollen Sie, dass wir ihn bitten, dass er das alles vergibt, weil Jesus genau dafür gestorben ist?« Er antwortete mit einem betonten »Ja«. Ich: »Soll ich das Gebet formulieren?« Auch da kam ein deutliches »Ja«. Ich war damals noch jung. Heute würde ich ihn ermutigen, es doch selbst in zwei bis drei Sätzen zu formulieren. Als ich gebetet hatte, sprach er sehr klar das »Amen«. Danach sagte ich ihm die Worte von Jesus zu: »Welchen ihr die Sünden erlasst, denen sind sie erlassen«, und weiter: »Dir sind alle deine Sünden vergeben. Es ist so, wie wenn sie nie geschehen wären.« Als wir dann noch das Abendmahl miteinander gefeiert hatten, das Ehepaar und ich, nahm er meine Hand in seine beiden Hände und strahlte mich an: »Ich danke Ihnen ja so, dass Sie gekommen sind.« Ich wurde neu froh über meine Aufgabe als Pastor! – Vierzehn Tage später ist er gestorben. Die Frau bat mich um die Beerdigung. Diese Bitte war natürlich auch ein öffentliches Bekenntnis. Eine Friedhofskapelle hatte das Dorf nicht, auch keine Kirche. So wurde er im

Gasthaussaal aufgebahrt. Da er LPG-Vorsitzender gewesen war, waren fast alle Einwohner gekommen. Er war aber auch Mitglied der Kreisleitung der SED gewesen. Also kamen auch die Genossen aus Ludwigslust, die grünen Kränze mit den roten Schleifen im Arm. Ich trat in den Saal im schwarzen Talar, die Bibel unter dem Arm. Die Luft war zum Schneiden. Ich stellte mich hinter den Sarg und sagte: »Unser Entschlafener kam noch in den letzten Tagen seines Lebens zu Gott und hat ihn um Frieden gebeten. Jesus hat uns dazu ein treffendes Gleichnis gegeben.« Und dann las ich das Gleichnis von den Arbeitern im Weinberg vor, von denen einige erst ganz zum Schluss, in der letzten Stunde, berufen waren, um mitzuarbeiten. Ich sagte: »So ist es unserem Entschlafenen ergangen. Auch er wurde noch zum Mitarbeiter Gottes berufen. Sein Dienst für Gott ist der, dass er uns sagt: ›Es geht doch nicht ohne Gott. Wir brauchen ihn zum Leben und zum Sterben.‹« Die Genossen verhielten sich respektvoll und still. Nur der Bürgermeister schimpfte später: »So ein Kerl. Uns erzählt er, es gibt keinen Gott. Und wenn er sterben muss, ruft er den Pastor!« Ich aber wusste, dass bei diesem Mann alles überzeugt und echt war. Ich wusste jedoch auch, dass mancher Atheist die Frage nach Gott keineswegs geklärt, sondern nur vor sich hergeschoben hat oder sie heute noch vor sich herschiebt. Das ist die Chance der Evangelisten, Prediger und Pastoren, dass sie zuversichtlich sein dürfen: Unser Verbündeter sitzt im eigenen Herzen der Hörer. So gottlos die Menschen auch sind, sie werden Gott doch nicht los.

Besonders dramatisch waren die Tage der »Kollektivierung der Landwirtschaft« im Jahre 1960. Es gab vorher schon LPGen nach dem Vorbild der Kolchosen in der Sowjetunion. Sie wurden unterschieden nach dem Grad ihrer Verbindlichkeit. In der LPG Typ 1 brachten die Bauern nur ihr Land ein. Im Typ 3 ging alles »Produktionseigentum«, also Land und Vieh und Stall, an die LPG über. Eines Tages sagte ein Bauer zu mir: »Herr Pastor, unten in Thüringen und Sachsen sind fast alle Bauern in die LPG Typ 3 eingetreten. Typ 1 gibt es da gar nicht mehr. Die Funktionäre kommen auch hierher und werden uns auch zum Eintritt zwingen.« Ich antwortete: »Lassen Sie das ganz ruhig angehen. Der Eintritt in die LPG ist offiziell freiwillig. Darauf berufen Sie sich.« – Und dann kamen sie! Ein Bus fuhr ins Dorf ein. Und nun verteilten sich etwa 30 Funktionäre auf die Häuser des Dorfes. Zunächst blieben unsere Bauern standhaft. Aber nach drei Tagen kamen etliche und sagten: »Herr Pastor, es ist nicht auszuhalten. Der sitzt da und geht nicht weg. Selbst wenn wir das Vieh füttern müssen, bleibt er sitzen. Und er redet und redet. Ständig redet er davon, dass es für den Frieden und den Aufbau des Sozialismus nötig ist, LPGen zu bilden. Und wenn wir nicht bereit wären, seien wir Staatsfeinde und Feinde der sozialistischen Gesellschaft und wir würden die Folgen zu tragen haben. Wir würden uns damit auch außerhalb der Dorfgemeinschaft stellen. Die würde uns nicht einmal mehr unsere Milch mitnehmen in die Molkerei. Und wenn es dann 21 Uhr geworden ist, sagt der Kerl: ›Morgen um 8 Uhr bin ich wieder da.‹ Herr Pastor, das ist nicht auszuhalten.« Ich spürte, dass unsere Bauern diesem psychischen Druck nicht gewachsen waren. Es sind in jenen Tagen auch etliche in der Nervenklinik gelandet. Ich wusste, wie schwer es für unsere Bauern war, die Wirtschaft aufzugeben, die schon seit Generationen im Besitz ihrer Familie war. Wie hatten sie sich nach dem Krieg gemüht, alles zu erhalten, es wieder in Gang zu bringen, es zu modernisieren und dann auch noch das »Ablieferungssoll« zu erfüllen! Dennoch musste ich jetzt um der Menschen willen sagen: »Dann müssen Sie wohl doch in die LPG gehen. Aber passen Sie auf, dass Sie dann auch ehrlich zusammenarbeiten und dass nun nicht eine Krähe der anderen die Augen aushackt.« Einige waren bereits dem Druck gewichen und eingetreten. So erklärten schließlich auch die Letzten ihren Eintritt. Was unsere Bauern aber noch zusätzlich demütigte und was mich besonders ärgerte, war die Vorgehensweise. Wer weich geredet war, konnte nicht etwa bei dem Werber unterschreiben. Er musste in die Bürgermeisterei gehen und um Aufnahme bitten. Schließlich war es ja ein »freiwilliger Eintritt«!

Als nun der ganze Kreis Ludwigslust, zu dem unsere Dörfer gehörten, sozialistisch geworden war, wurden wir etwa 25 Pastoren unseres Kirchenkreises in das Schloss von Ludwigslust eingeladen, wo der Rat des Kreises residierte. Gebäck und Kaffee standen auf dem Tisch. Nach der Begrüßung hielt ein Vertreter des Bezirkes Schwerin eine lange Rede und erklärte uns, welch großer Sieg nun auch bei uns errungen sei. Endlich hätten wir »den

Schritt vom Ich zum Wir getan«. In dieser weltpolitisch gefahr-
vollen Zeit hätten unsere Bauern die DDR konsolidiert, indem sie
nun sozialistisch arbeiten wollten. Damit hätten wir großartige
Aussichten, wirtschaftlich an die Spitze der Völker zu kommen.
Denn gemeinsame Wirtschaft sei viel effektiver als Einzelwirt-
schaft. Und dann bat er uns, dass doch wir als Pastoren unsere
Bauern ermutigen, damit sie ohne Vorbehalte und innere Blocka-
den an ihre gemeinsame Arbeit gehen. Denn noch nicht bei jedem
sei das sozialistische Bewusstsein voll entfaltet. Nach dem vorher
Erlebten und dieser Rede kochte ich vor Ärger. Da konnte man
alle Bedachtsamkeit vergessen. So stand ich auf und sagte: »Was
ich in diesen Tagen für Tränen gesehen habe, können Sie sich gar
nicht vorstellen!« »Tränen?«, antwortete der Leiter: »Ich habe auch
Tränen gesehen, Tränen der Freude, dass nun die Sehnsucht unserer Bauernveteranen verwirklicht ist und sie endlich gemeinsam
wirtschaften können und nicht mehr einzeln ihre schwere Arbeit
tun müssen.« »Die Tränen, die ich gesehen habe, waren keine Tränen der Freude«, antwortete ich. Er schaute mich ärgerlich an und
sagte: »Wo sind Sie her?« »Aus Leussow.« »Dann wollen wir mal
durch Leussow gehen und die Leute fragen«, sagte er. Nun schaute ich ihn genauso bestimmt an und sagte: »Wenn Sie die Meinung der Leute von Leussow wissen wollen, müssen Sie vorher
Ihr Parteiabzeichen abnehmen.« Totenstille! Aber dann standen
seine acht Genossen wütend auf. Einer rief: »Was sind Sie denn
für ein Schwarzrock in unserem sozialistischen Staat? Mit Ihnen
sollten sich mal die Justizbehörden befassen!« Und nun muss ich
bekennen, dass ich Angst bekam. Ich stammelte: »Nun ja, ich habe
das ja nur ironisch gemeint.« Heute ärgere ich mich, dass ich da
abgeschwächt habe, was allerdings überhaupt nichts nützte. Also,
Helden waren wir auch nicht gerade. Aber nun stand unser Lan-
dessuperintendent auf und sagte: »Sehen Sie, meine Herren, so ist
das. Sie laden uns zum Gespräch ein, bitten uns, unsere Meinung
zu sagen, und da sagt nun einer seine Meinung, und Sie holen den
Knüppel aus dem Sack!« Das wiederum nötigte die Genossen zu
einer Art Entschuldigung. Die Stimmung aber war hin. Es wurden
noch ein paar Belanglosigkeiten mit eisiger Miene gesagt und wir
wurden verabschiedet. Ich wusste, dass ich natürlich einen dicken
Eintrag in meine Akte bekommen würde. Und sicher würde ich

in nächster Zeit keine Einreiseerlaubnis für meine Verwandten aus dem westlichen Teil Deutschlands erhalten. Im nächsten Jahr wurde dann die Mauer gebaut. So konnten wir sowieso in absehbarer Zeit keinen Besuch von unseren Verwandten empfangen.

Nun lebten wir also in diesem Staat, der uns das paradiesische Ziel des Kommunismus vor Augen stellte. Aber hatten nicht alle diese Ideologien gerade das Gegenteil gebracht? Hatte nicht gerade erst Hitler gezeigt, dass man hier auf Erden, mit dem Menschen, wie er nun mal ist, nicht das »Tausendjährige Reich«, nicht den Himmel, sondern die Hölle hervorbringt? Vielleicht sahen wir Christen es deutlicher, dass diese paradiesischen Programme Utopien sind, die schon deshalb scheitern mussten, weil sie mit den Mitteln von Unrecht und Gewalt erreicht werden sollten. Wir Christen glauben, dass allein Gott den Himmel auf die Erde bringt, und zwar unter Ausschluss von jeglichem Unrecht und jeglicher Lüge. »Wir warten auf einen neuen Himmel und eine neue Erde, in welchen Gerechtigkeit wohnt«, heißt es im zweiten Petrusbrief. Das Reich Gottes beginnt in den Herzen der Menschen. Gerechtigkeit und Wahrheit sind seine Grundpfeiler. Klar, dass wir Christen mit unserem Glauben an Gottes Liebe und seine Herrschaft über die Herzen als Fremdkörper empfunden wurden in einem Staat, der das Paradies auf Erden mit Atheismus und Materialismus bauen wollte. Fast empfanden wir es als ein Vorrecht, gerade hier leben und wirken und manchen Mitmenschen in das Reich Gottes hineinrufen zu dürfen, in dem Wahrheit und Liebe regieren. Hier durften wir unseren Gemeindedienst tun. Und hier durften wir unser Familienleben entfalten, das weitgehend unabhängig von staatlicher Kontrolle war.

Meine Frau war schwanger. Zwei Tage vor Weihnachten musste sie wegen ansteckender Gelbsucht ins Krankenhaus. Dort wurde am Tag darauf, am 23.12.1960, unsere Tochter Dorothea als Siebenmonatskind geboren. Nun war ich in Verlegenheit. Vor mir standen die Weihnachtsgottesdienste, das Krippenspiel am Heiligen Abend, das meine Frau eingeübt hatte, Gottesdienste am 1. und 2. Feiertag und dazu nun unser Haushalt mit den vier kleinen Kindern im Alter von ein bis vier Jahren. Da musste ich also in die »Höhle des Löwen«, zum Rat des Kreises, Abteilung Inneres, in Ludwigslust und für meine Mutter um eine telegrafische Einreiseerlaubnis aus Westdeutschland bitten. Natürlich kam die erwartete Antwort des Funktionärs, der als Einziger die Macht hatte, außerordentliche Einreisen zu erlauben: »Da müssen wir aber erst noch einiges klären. Wie war das damals bei unserer Zusammenkunft?« Ich antwortete: »Nun ja, das waren damals meine Erlebnisse. Ich habe sie so dargestellt, wie sie waren.« Er wollte offenbar keine Dauerblockade, und so lenkte er ein: »Na, lassen wir das. Aber wie stehen Sie zu unserem Staat?« Als ich eine längere Antwort geben wollte, schnitt er sie ab: »Sie sind doch auch für den Frieden?« Ich: »Ja, natürlich.« Er: »Na, das reicht.« Und so bekam ich die Einreiseerlaubnis.

Übrigens war schon die Geburt unserer Tochter ein Erlebnis für sich gewesen. Meine Frau war als Schwangere im Oktober wegen eines akuten Gelenkrheumas ins Krankenhaus gekommen. Nun hatten wir sie nach vielleicht drei oder vier Wochen endlich wieder. Aber sie fühlte sich gar nicht gut. Statt dass sie zu Kräften kam, ging es ihr immer schlechter. Sie wurde schwächer, mochte fast nichts essen und musste schließlich wieder das Bett hüten. Drei Tage vor Weihnachten sagte ich zu ihr: »Du hast ganz gelbe Augen.« »O«, sagte sie, »wir hatten auf unserer Station einige Gelbsuchtkranke. Man sagte uns zwar, dass sie nicht ansteckend seien. Aber das war dann wohl doch nicht so.« Die Gemeindeschwester veranlasste eine Urinuntersuchung und schon am gleichen Abend kam ein Arzt aus Ludwigslust und erklärte uns, meine Frau habe die ansteckende Gelbsucht und müsse sofort auf die Isolierstation. Ich war sehr ärgerlich. Da gibt man seine Frau schon in die Hände der Ärzte und sie kommt kränker zurück, als sie vorher war! Der Arzt meinte, wir sollten ein Einsehen haben, denn sie könne uns alle anstecken. Ich antwortete natürlich, dass sie nun schon fast fünf Wochen hier liege und uns sicher schon angesteckt hätte, wenn aber nicht, so würden wir uns jetzt natürlich besonders vorsehen. Ich weigerte mich, der Einweisung ins Krankenhaus zuzustimmen, zumal ich gar nicht wisse, wie ich jetzt mit Dienst und Haushalt zurechtkommen sollte. Ich sagte, er sollte sie uns wenigstens bis nach Weihnachten lassen. Doch der Arzt erwiderte, es sei Gesetz, dass die ansteckenden Gelbsuchtkranken isoliert werden sollten. Ich könnte mich zwar weigern, aber die Folgen müsse ich tragen. Da schoss es mir durch den Kopf, dass wir am Morgen in der Losung des Tages gelesen hatten: »So demütigt euch nun unter die gewaltige Hand Gottes, dass er euch erhöhe zu seiner Zeit« (1. Petrus 5,6). Ich begriff: Hier stehen nicht nur Menschen gegen mich, sondern auch Gott. Das gab den Ausschlag, dass ich mich einverstanden erklärte. Am nächsten Tag, dem 22.12., kam ein Krankenwagen aus der Stadt und fuhr meine Frau, langsam den vielen Schlaglöchern ausweichend, ins Krankenhaus. Am nächsten Morgen um 6 Uhr riss mich das Telefon aus dem Schlaf: »Hier ist das Stift Bethlehem. Herr Pastor, Ihre Frau hat eine Tochter entbunden, eine Frühgeburt. Sie ist gleich auf die Frühchenstation gekommen. Es geht ihr einigermaßen gut. Wir gratulieren Ihnen.« Ich war platt. Sofort stand es vor mir: »Hätte ich mich geweigert, hätte ich in der Nacht einen Krankenwagen rufen müssen und der wäre, wenn er überhaupt rechtzeitig gekommen wäre, mit Eile durch die Schlaglöcher gefahren. Ob Frau und Tochter das lebend überstanden hätten? Unsere Dorothea ist vier Wochen nach der Geburt noch einmal durch eine Krise gegangen. Dann aber stabilisierte sich ihr Befinden und heute ist sie fröhliche Predigersfrau und Mutter von sieben Kindern. Ich aber denke, es ist doch gut, wenn das Wort Gottes einen durch den Tag begleitet und man sich ihm beugt.

Wenn nach der Wende etliche DDR-Bürger beklagten, ihnen seien durch die Verhältnisse hier vierzig Jahre ihres Lebens gestohlen worden, so kann ich nur mit dem Kopf schütteln. Gerade da, wo die Menschen in der Gefahr standen, dass sie trügerischen Lebenszielen nachjagten, dem Geld und dem Wohlstand – das gab es auch in der DDR –, und dass ihre Seele durch den Materialismus verödete, hatte die Botschaft vom Reich Gottes und von seiner Liebe eine besondere Bedeutung und Wirkung. Und nicht nur das. Unser Familienleben war unabhängig von den politischen Verhältnissen. Die Liebe zwischen Mann und Frau konnte sich voll entfalten und ihre gesundende Kraft für Leib und Seele wirksam werden lassen. Und »Kinder sind eine Gabe des Herrn« (Psalm 127,3), auch im Sozialismus! Niemand hat uns verboten, den Tag mit einem fröhlichen Morgenlied zu beginnen und mit einer Gute-Nacht-Geschichte zu schließen. Wie viele schöne Lieder sangen wir bei Tisch – natürlich auswendig. Und die Kindergeburtstage sind uns allen unvergesslich geblieben. Wenn nur Mutter und Vater glücklich sind im Glauben und in der Liebe – dann ist die halbe Erziehung schon gewonnen. So gehen morgens seelisch gesunde Kinder in die Schule.

Aber ich denke auch gern an die schönen Sommer-Sonntagsabende, wenn wir mit unserem kleinen Chor und anderen Freunden vor dem Pfarrhaus saßen und sangen, sodass die Lieder durchs Dorf klangen. Wie schön kann die geistliche Gemeinschaft mit Menschen sein, die Jesus lieben oder es lernen möchten. Jeder war willkommen. Nein, ein schönes, erfülltes Leben ist letztlich nicht abhängig von den politischen Verhältnissen.

Und nun sage ich etwas, was vielleicht manchem nicht schmeckt: Die DDR hatte eine recht gute Familienförderung. Wenn junge Leute heirateten, konnten sie einen Ehekredit in Höhe von 5 000 (später 7 000) Mark beantragen. So konnten sie sich ihr »Nest« einrichten. Wenn sie Kinder bekamen, verringerten sich die »Schulden«. Und bei drei Kindern wurde der Kredit ganz gestrichen. Davon könnte unsere heutige Gesellschaft lernen. Aber das entspricht eben nicht dem kinderfeindlichen Ehe- und Familienbild der 68er, das heute bis in die Politik hinein vorgedrungen ist. Nicht, dass die Familienpolitik der DDR in allen Punkten vorbildlich war. Aber in dieser Hinsicht war sie besser als die heutige. Ein anderer Punkt verdeutlicht dies ebenso: Wir haben unsere Kinder früh »aufgeklärt« über eine gesunde geschlechtliche Liebe und Sexualität. Dabei wurden wir nicht gestört durch falsche Leitbilder, wie sie schon seit einigen Jahrzehnten Westdeutschland überschwemmen. Pornografische Literatur war in der DDR verboten, wenngleich sie auch nicht völlig herausgehalten werden konnte. Ich habe es immer schon so empfunden, dass die Pornografie die reine, treue Liebe zwischen Mann und Frau vergiftet. Aller Ehebruch beginnt in den Gedanken. Das Verbot der Pornografie war vor Jahren in Westdeutschland von der sozial-liberalen Koalition aufgehoben worden. So hat es mich dann auch nicht mehr verwundert, dass fast alles, was eine liebevolle Ehe zerstört, über das Radio und das Fernsehen aus dem Westen zu uns kam und bei uns schnell aufgegriffen wurde, zum Beispiel die »freie Liebe«, die auf Treue und Verbindlichkeit verzichtet, der Spott, der junge Leute trifft, wenn sie bis zur Ehe warten wollen. Nach der Wende ist das dann ja sehr schnell auch zu uns herübergeschwemmt worden und hat die Jugend im Osten fast noch totaler gepackt. Kenner der Szene sind tief erschrocken darüber, wie es in unserer Jugend heute aussieht. Viele, viele sind auf ein geordnetes Leben in Treue und Liebe und Verantwortung überhaupt nicht vorbereitet.

In der DDR gab es keinen schulischen Religionsunterricht. Die Kirche bildete aber eigene Katecheten aus und lud zur »Christenlehre« ein. In unserem Dorf hielt meine Frau die Christenlehre. In den übrigen Dörfern unserer Kirchgemeinde erteilte unsere Gemeindediakonin und Katechetin den Christenlehre-Unterricht. Gisela Bartels war vom »Deutschen Frauen-Missions-Gebets-Bund« zur Ausbildung in die »Malche«, eine Frauen-Missionsbibelschule, delegiert worden. Da aber Missionarinnen unter den DDR-Verhältnissen nicht in die äußere Mission gesandt werden konnten, sandte der DFMGB seine Missionarinnen zum Dienst ins Inland, natürlich zu Pastoren, die ihnen geistlich nahestanden. Es war eine große Chance, dass unsere Gemeinde solch einen volksmissionarischen Dienst erfuhr. Denn natürlich hielt Frau Bartels nicht nur die Christenlehre für die Kinder, sondern sie ergänzte auch meinen Verkündigungsdienst bei den Bibelwochen und dergleichen. Auch Seelsorgearbeit und viele Geburtstags- und Krankenbesuche tat sie in den Dörfern. Ich bin sicher: Im Himmel wird einmal offenbar werden, wie viel Frucht ihre Arbeit gebracht hat. Durch ihren Dienst vor Ort konnte ich auch öfter einmal zu auswärtigen Diensten unterwegs sein.

Gisela Bartels – ein Leben im Dienste der frohen Botschaft
und vieler junger Menschen.

Meine Frau und Frau Bartels waren sich einig: Im Singen unserer
schönen christlichen Lieder liegt eine besondere Chance. In den
ersten 20 Minuten der Unterrichtsstunde wurde auswendig gesungen. Die fröhlichen Lieder machten den Kindern deutlich, dass
Christen eine frohe Botschaft weiterzugeben haben. Lehrerinnen
und Kinder liebten besonders die Lieder von Paul Gerhardt, »Ich
singe dir mit Herz und Mund« oder »Geh aus, mein Herz, und suche
Freud«, aber auch die christlichen Kinderlieder »Horch, dein Heiland lässt dich laden«, »Bin ein königlich Kind« und viele andere.
Die bereits bekannten Lieder wurden oft wiederholt und immer
mal ein neues dazugelernt. Wenn die Kinder zu mir in den Konfirmandenunterricht kamen, konnten sie 20 bis 30 Lieder auswendig.
Die nahmen sie mit ins Leben hinein. Es macht mich traurig, dass

ich heute manchmal Kinder- und Jugendgruppen sehe, die kaum ein Lied mit allen Versen auswendig singen können. Hier werden Chancen verpasst.

Eines Tages stellten die Christenlehrekinder meiner Frau die Frage, woher denn die Kinder kommen. An der Art des Fragens erkannte meine Frau, dass diese Sache schon in der Gruppe diskutiert worden war. Sie erzählte den Kindern offen und ehrlich, dass dieses ganze Gebiet von Gott wunderbar geordnet sei, dass es deshalb auch gut und schön sei und dass jedes Kind ein Wunder Gottes ist. Und dann erzählte sie offen vom Geheimnis der Zeugung, der Schwangerschaft und der Geburt. Einige Tage später hörten wir, wie sich eine Mutter in der Schule beschwert habe: »De Pastersche vertellt de Kinder Schwinerien«. (Die Pastorsfrau erzählt den Kindern Schweinereien). Zu ihrem Erstaunen aber sagte der Lehrer: »Das sind keine Schweinereien. Die Kinder hatten uns Lehrer schon gefragt. Und wir hatten gekniffen. Die Pfarrfrau hat getan, was wir hätten tun sollen. Wir haben daraus gelernt.«

Übrigens haben wir Eltern natürlich auch unseren eigenen Kindern das Geheimnis von Zeugung und Geburt möglichst früh erklärt. Sie sollten nicht auf die dumme und schmutzige Aufklärung der Straße angewiesen sein. Auch die Aufklärung der Schule reichte und reicht uns nicht. Denn auch dort wird kaum etwas von der inneren Schönheit der Liebe zwischen Mann und Frau gesagt und wenig über das Wesen der Liebe, die auf das Glück des anderen gerichtet ist. Ebenfalls hört man dort fast nichts darüber, dass zur Liebe auch die Treue gehört. Oft werden nur die körperlichen Vorgänge erklärt und zum Schutz vor Geschlechtskrankheiten und Aids wird ein Kondom empfohlen. Wir Christen wollen ja mehr, nämlich die lebenslange Liebesgemeinschaft von zwei Ehepartnern, die die Basis für eine gesunde Familie bildet. Natürlich haben wir ihnen auch die körperlichen Vorgänge erklärt. Wenn man weiß, dass das alles von unserem Schöpfer wunderbar geordnet ist, sind auch diese Dinge nicht peinlich. Vor allem aber haben wir unseren Kindern ein hohes, schönes Eheideal vor Augen gestellt, eine Ehe, die auf den einen Partner gerichtet ist, mit dem man einmal sein ganzes Leben teilen möchte. Dazu gehört für uns auch die Enthaltsamkeit vor der Ehe. Wir denken schon, dass das

Warten bis zur Ehe biblisch begründet werden kann. In 1. Korinther 7,2 warnt Paulus die Christen vor der »Unzucht« oder »Hurerei«. Stattdessen soll jeder Mann seine eigene Frau und jede Frau ihren eigenen Mann haben. Nur dann ist Geschlechtsverkehr keine Unzucht, sondern von Gott gewollt. Auch dem Warten auf den richtigen Partner und die Ehe mit ihm haben wir eine positive Seite abgewonnen. Es stärkt den Spannungsbogen, prägt den Charakter und lässt die Persönlichkeit reifen. Wir haben so mit unseren Kindern gesprochen, dass sie merkten: Christen sind nicht sexfeindlich, weil die Bibel es nicht ist. Immer haben wir erlebt, dass unsere Kinder sehr dankbar für dieses sehr persönliche Gespräch unter vier Augen waren und dann auch in Achtung vor dem anderen Geschlecht keine unreifen Entscheidungen treffen wollten.

Im Allgemeinen fragten die Kinder schon sehr früh, wo denn die Kinder herkommen. Dann gaben wir eine kindgerechte, ihrem Alter angemessene Antwort. Später haben wir noch einmal eingehender über dieses Gebiet gesprochen, möglichst die Mutter mit den Töchtern und der Vater mit den Söhnen. Das hat uns ganz tief mit unseren Kindern verbunden. Wir spürten, dass ihr Dank für diese Offenheit von Herzen kam.

Hinter dieser Art der »Aufklärung« steht unsere Überzeugung und Erfahrung, dass es keine erfüllte Sexualität gibt ohne die selbstlose, auf das Wohl des andern gerichtete Liebe. Die wiederum muss getragen sein von Verantwortung und Treue. Das alles findet seinen Ausdruck in der auf lebenslange Dauer ausgerichteten Eheschließung. Anders gesagt: Mit der Eheschließung bekunden die beiden Liebenden, dass sie Verantwortung füreinander übernehmen und damit auch für ihre Kinder, gegebenenfalls auch für die übrige Familie. Fast alle Nöte in den Familien folgen daraus, dass junge Leute nicht selbstlos lieben gelernt haben, dass sie Treue und Verantwortung nicht kennen. Positiv ausgedrückt: Junge Leute brauchen Vorbilder in wirklicher Liebe, in Verantwortung und Treue, um zu einem glücklichen Familienleben fähig zu werden.

5. Bibelschule Falkenberg 1967–1983

So waren wir also fröhlich in unserer Familie und zufrieden in unserer Gemeindearbeit. Eines Tages aber kam ein Brief vom Vorsitzenden des Gnadauer Gemeinschaftswerkes, Rektor Glöckner in Aue, in dem er uns mitteilte, er würde uns gern einmal besuchen. Sie seien auf der Suche nach einem neuen Leiter der *Gnadauer Bibelschule in Falkenberg/Mark an der Oder.* Diese arbeite zwar schon einige Jahre, nun gehe aber der Gründer, Prediger Max Glas, in den Ruhestand. Zugleich solle die Bibelschule auch noch ausgebaut werden. Die Ausbildungsstätten der Landeskirchlichen Gemeinschaften befanden sich bislang alle im Westen Deutschlands. Doch es war immer schwieriger für künftige Prediger, in den Westen auszureisen, dort die Ausbildung zu absolvieren und dann zurückzukommen. Seit dem Mauerbau 1961 war es ganz unmöglich geworden. So musste Gnadau-Ost sich selbst helfen. In Sachsen bestand schon eine Ausbildungsmöglichkeit für aus dem Krieg heimgekommene und andere spätberufene Predigerpraktikanten. Auch Frauen wurden dort ausgebildet, damit sie Frauenkreise leiten und soziale Dienste tun konnten. Gemäß dem in den Landeskirchlichen Gemeinschaften geübten »allgemeinen Priestertum der Gläubigen« hatten sie sich im Predigtdienst bewährt und erhielten nun eine Ausbildung in Kursen, um dann hauptamtlich in den Verkündigungsdienst eingestellt zu werden. Doch nun mussten auch junge Menschen ausgebildet werden. Die sollten eine dreijährige Vollausbildung erhalten. Zugleich benötigte auch die Suchtarbeit der »AGAS« (Evangelische Arbeitsgemeinschaft zur Abwehr der Suchtgefahren, heute wieder »Blaues Kreuz«) eine Ausbildung für ihre zukünftigen Mitarbeiter. Auch sie schickte ihre Auszubildenden an die Bibelschule in Falkenberg. Der Besuch von Rektor Glöckner führte zu meiner Berufung in die Leitung der Bibelschule Falkenberg. Der Abschied von unserer Gemeinde fiel uns schwer und etlichen Gemeindegliedern auch. Aber die neue Aufgabe wurde mir so wichtig, dass ich in der Berufung des Gnadauer Vorstandes eine Berufung durch Gott sehen konnte. Junge

Menschen so auszubilden, dass sie fröhliche, einsatzbereite und fähige Verkündiger der frohen Botschaft sein konnten, das schien mir ein äußerst wichtiger Dienst zu sein. Ich selbst war durch eine lebendige, vollmächtige Verkündigung des Evangeliums zum persönlichen Glauben gekommen. So wurde auch in meinem Pfarrdienst die Predigt das Herzstück meiner Arbeit. »Der Glaube kommt aus der Predigt«, sagt der Apostel Paulus (Römer 10).

In all den Jahren in Mecklenburg war ich Mitglied des »Bruderkreises für Evangelisation« gewesen, der sich um Oberkirchenrat Dr. de Boor sammelte und die Notwendigkeit der Evangelisation betonte, also der Verkündigung der Botschaft von Jesus auch für Menschen, die der Kirche noch distanziert gegenüberstehen. Unsere mecklenburgische lutherische Landeskirche hatte nie eine Erweckung erlebt, eine geistliche Bewegung, in der viele Menschen Christen wurden. Wir brannten nun für das Anliegen, dass auch in unserem säkularisierten Mecklenburg möglichst viele Menschen ihr Leben unter die Herrschaft von Jesus stellen und ihm in bewusstem Glauben nachfolgen würden. In jedem Jahr hatten wir sowohl im Frühjahr als auch im Herbst unseren viertägigen Konvent gehalten, in dem wir mit unserem Lehrer Dr. de Boor Bibelarbeit betrieben und so das Neue Testament durchforschten. So war ich als Pastor und Lehrer einer Gemeinde Jahre hindurch auch Schüler eines begnadeten Bibellehrers gewesen. Nun konnte ich darin eine Vorbereitung erkennen, die Gott mir im Blick auf diesen neuen Dienst geschenkt hatte.

Haus »St. Michael« – Haupthaus der Bibelschule in Falkenberg.

Übrigens war vor mir Dr. de Bor angefragt worden, ob er wohl die Leitung der Bibelschule Falkenberg übernehmen würde. Er meinte aber im Blick auf sein Alter, damals 67 Jahre, absagen zu müssen. Ich erinnere mich, dass ich ihm sagte: »Überleg es dir doch noch mal. Da muss ein vernünftiger Mann hin. Der Dienst dort ist sehr wichtig.« Nun sollte ich also der »vernünftige« Mann sein. Ob ich es gewesen bin? Es waren aber doch immer Höhepunkte in der Bibelschule, wenn Dr. de Boor und Dorothea Vogt zum Gastunterricht kamen. Sein Unterricht über die Paulusbriefe, über die Pneumatologie (Lehre vom Heiligen Geist) und die Eschatologie (Lehre von den zukünftigen Ereignissen) bleibt allen, die dabei waren, unvergessen und wurde auch noch an spätere Jahrgänge weitergegeben.

Ehepaar de Boor zum Unterricht in Falkenberg.

Von Anfang an war mir klar: Diese jungen Verkündiger und AGAS-Sekretäre brauchen nicht nur einen soliden biblischen Unterricht, sondern auch eine geistliche Prägung, eine Prägung, wie Paulus sie bei den Ältesten von Ephesus (Apostelgeschichte 20), bei Timotheus und Titus und seinen übrigen Mitarbeitern angestrebt hat. Dafür bietet die seminaristische Ausbildung eine besondere Chance. Sie sollte nicht nur eine Lehr-, sondern auch eine Lebensschule sein. Die Reformatoren hatten die Bibel die »norma normans« genannt, die Norm, nach der sich Lehre und Leben richten sollten. So sollte es auch in der Bibelschule sein. Die Heilige Schrift gibt unseren Mahnungen und unserer Seelsorge die nötige Verbindlichkeit. Das setzt aber voraus, dass auch wir Lehrer nach diesen biblischen Normen zu lehren und zu leben uns bemühten. Denn nur das gab uns eine natürliche Autorität, machte uns in gewisser Weise auch zu Vorbildern und gab uns die Freiheit, persönliche Seelsorge anzubieten. Bei meiner Einführung am 13. August 1967 gab mir der Direktor des Diakonischen Werkes von Berlin-Brandenburg den lateinischen Wahlspruch eines mittelalterlichen Abtes mit: »laeti discipuli, laetiores magistri, laetissimus rector (fröhliche Schüler, fröhlichere Lehrer, am fröhlichsten der Rektor).

Unsere fröhliche Haus-, Lern- und Lebensgemeinschaft.

Ja, das wollten wir: einen fröhlichen Bibelschulbetrieb entfalten, natürlich mit allen Lehrfächern, die zu einer Bibelschule gehören. An jedem Mittwochabend kamen alle Bibelschüler zu uns ins Haus. Wir hatten beim Bau des Hauses extra für solche Zusammenkünfte ein doppelt großes Wohnzimmer gebaut und uns bei den Schlafräumen eingeschränkt. So saßen wir denn im Kreis mit etwa 35 Personen und sangen viele fröhliche Lieder, am liebsten aus dem blauen Buch »Jesu Name nie verklinget«. Das Klavier wurde mächtig traktiert und es schallte durch Haus und Straße. Übrigens können Kinder ganz gut schlafen, wenn solch ein Geräuschpegel erst einmal zur Gewohnheit geworden ist. Es wurde bei Holunderblütensaft oder auch bei selbst gemachtem Eis geplaudert und natürlich manches interne und öffentliche Problem besprochen. Manchmal gab es auch einen kleinen Vortrag von meiner Frau oder auch von Frau Isolde Plötner, der Ehefrau unseres Dozenten, zu Fragen der Partnerschaft, der wirtschaftlichen Haushaltsführung, der Kindererziehung oder auch des guten Benehmens. Etliche haben uns später gesagt: »Das haben wir bei euch gelernt.« Am Sonnabend gingen dann noch einige unentwegte Schüler die 3 km nach Cöthen hoch zum »Rabbi«, zu unserem Dozenten, Pfarrer Plötner, wo sie Gelegenheit bekamen, mit ihm theologische, wissenschaftliche und weltpolitische Probleme zu erörtern. 1980 gelang es uns endlich, einen dritten Lehrer anzustellen, den Pfarrer Friedrich-Karl Lander. Das war eine große Hilfe für uns beide Lehrer. Auf gleicher theologischer Ebene stehend, waren wir herzlich miteinander verbunden, auch unsere Familien.

Die Dozenten Hermann Plötner und Friedrich-Karl Lander.

Ich hatte Hermann Plötner bei einer Evangelisation in Jena kennengelernt und in ihm einen klugen, fleißigen Theologen mit einem lebendigen biblischen Glauben gefunden. Dass es mir gelungen war, ihn als Dozenten nach Falkenberg zu bekommen, war einer der wichtigsten »Glücksfälle« in meinem Leben. Und dass es dann zwischen uns Ehepaaren eine herzliche Freundschaft gab, hat unseren Dienst sehr erleichtert. Denn wir beiden Lehrer waren mit unseren 30 bis 36 Schülern deutlich überfordert. Wenn sich gelegentlich ein Schüler bei Hermann Plötner beklagte, Holmers Unterricht sei nur mäßig vorbereitet gewesen, hat Hermann deutlich zu mir gestanden und erklärt: »Wir beide ergänzen uns. Holmer ist der Praktiker, ich der theologische Theoretiker.« Immer hatte ich die Gewissheit, dass Hermann Plötner zu mir stand. Natürlich stand auch ich zu ihm. Diese Haltung meines Freundes Hermann ist mir oft ein Beispiel dafür gewesen, wie wichtig die Demut für ein gutes Miteinander in jeder Art von Gemeinschaft ist. Nur in solch klarer Atmosphäre kann eine gute gemeinsame Arbeit gelingen. Dabei hatte ich aber durchaus keine Minderwertigkeitskomplexe. Ich wusste um gewisse Schwächen bei meinem Unterricht in den systematischen Fächern. Was ich aber in der neutestamentlichen Auslegung und in der praktischen Theologie, also in Predigtlehre und Seelsorge, an meine Schüler weitergab, das konnte sie befähigen, gute Bibelausleger, Prediger und Seelsorger zu sein. Bei den fröhlichen Fahrten zum Predigen in den umliegenden Gemeinschaften und bei der folgenden »Manöverkritik« legte ich Wert auf eine anschauliche Verkündigung, in der die biblischen Aussagen möglichst durch ein lebensnahes Beispiel verdeutlicht wurden. Eine Predigt, die ich als gut beurteilte, musste vier Bedingungen erfüllen. Sie musste 1. biblisch sein, das heißt, den Bibeltext als Wort Gottes kurz und verständlich erklären. Sie musste 2. anschaulich sein, musste also Begriffe durch Bilder, Beispiele, Erlebnisse und Ähnliches verdeutlichen. Sie musste 3. lebensnah sein, also aufzeigen, was Gott uns für unser Leben mit diesem Bibelwort sagen will. Und 4. erwartete ich von einer guten Predigt, dass sie »lebendig«, mitreißend vorgetragen wird, also mit klarer Aussprache auch der Endsilben, richtiger Betonung und einer auf den Raum abgestimmten Lautstärke, sodass auch die etwas schwerer hörenden Älteren alles verstehen. Manchmal, wenn ich nicht gerade befürchten musste missverstanden zu werden, habe ich unsere Bibelschule mit einer Unteroffiziersschule verglichen. Wir wollten keine Offiziersschule sein, sondern den »Mannschaftsgrad« ausbilden, Gemeindeleiter, die dem einfachen Menschen besonders nahe waren. Für diesen Dienst aber sollten sie die bestmögliche Ausbildung erhalten. Wer darin gut war, war dann auch zum Gespräch mit Gebildeten fähig. In dieser Intention wurden wir durch Dr. de Boor bestärkt, der mir sagte: »Uwe, pass auf, dass ihr nicht groß werden wollt. Bedenke, dass kaum Abiturienten vor dir sitzen. Sie sollten nicht ihre Kraft und Zeit in den Sprachen und in wissenschaftlichen Problemen erschöpfen. Das ginge der biblischen und praktischen Ausbildung verloren.« Auch uns war deutlich: Wenn unsere Schüler zu viel Zeit in Griechisch und Hebräisch steckten, bestand die Gefahr, dass sie so etwas wie halbe Pastoren wurden, also weder gute Pastoren noch gute Prediger. Wir aber wollten ganze, von ihrem Auftrag durchdrungene tüchtige Prediger und Volksmissionare ausbilden. Dass Hermann Plötner aber freiwilligen Unterricht in Griechisch und Hebräisch anbot und dass das auch genutzt wurde, ja, dass einige sich dann in diesen Sprachen an der Humboldt-Universität in Berlin prüfen ließen und dort gut abschnitten, hat uns davon überzeugt, dass wir auf dem richtigen Weg waren. Auch dass unsere Schüler im Allgemeinen ganz gute Praktiker geworden sind, gute Prediger und AGAS-Sekretäre, hat uns dankbar gemacht. Zudem haben wir es begrüßt, wenn einzelne unserer Schüler die Ausbildung in Fälkenberg als einen guten Start ins Theologiestudium gesehen haben. Dass solch eine Ausbildung auch kritisiert wird, versteht sich von selbst. Uns war aber wichtig, dass wir vor Gott und vor der Gnadauer Leitung ein gutes Gewissen haben konnten.

6. Noch einmal: Familie

Die 16 Jahre an der Bibelschule in Falkenberg, von 1967 bis 1983, waren auch die Jahre, in denen unser Familienleben seinen Höhepunkt erreichte. Mit sieben Kindern waren wir aus Mecklenburg gekommen. Drei wurden uns noch in Falkenberg geboren. Den politischen Machthabern war die Bibelschule ein Dorn im Auge. Mehrfach haben sie versucht sie zu verbieten, fanden jedoch keine ausreichende gesetzliche Basis dafür. So duldete man uns schließlich. Keinesfalls sollte »die Kirche« aber irgendeine Möglichkeit bekommen, sich zu erweitern, also Land oder Gebäude hinzuzugewinnen. Obgleich eigenes Bauland vorhanden war und mein Vorgänger alles Baumaterial für ein Einfamilienhaus besorgt hatte, wurde eine Baugenehmigung mehrfach abgelehnt. Der vorhandene Wohnraum war aber für unsere große Familie zu gering. Was war zu tun? Ich sagte zu meiner Frau: »Wir müssen hinziehen und sehen, wie wir mit dem vorhandenen Wohnraum zurechtkommen. Wenn wir dann dort wohnen, müssen wir mit dem Argument des unzureichenden Wohnraumes den Antrag neu stellen.« Meine Frau ging innerlich mit und Gott hat diesen Schritt des Glaubens gelingen lassen. Als dann in diese Wohnraumenge hinein sich wieder ein Kind anmeldete, wurde uns schließlich doch das kleine Einfamilienhaus genehmigt. Zu dieser Genehmigung hat ganz wesentlich der Umstand beigetragen, dass die DDR wieder einmal vor einer »Wahl« stand. Da tat man manches, was sonst nicht üblich war, um zufriedene Bürger zu bekommen. In diesem Häuschen hat sich dann ein schönes, reges Familienleben entfaltet, an das Kinder und Eltern mit großer Dankbarkeit zurückdenken.

In diesem Häuschen lebte eine fröhliche zwölfköpfige Familie und hatte gern auch noch Gäste. Die Enge dieses Häuschens war ein gutes »soziales Lernfeld«.

Wichtig waren uns feste, möglichst gemeinsame Essenszeiten. Mindestens zum Abendbrot konnten wir alle zusammen sein. Am Morgen war wenigstens ein Elternteil immer dabei. Nie haben wir es zugelassen, dass am Familientisch über andere hergezogen wurde. Dafür aber durften die Kinder ihre Freude und ihren Frust herauslassen, die sie mit Freunden oder in der Schule erlebt hatten, und wir Eltern konnten die Gedanken ordnen. Konflikte mit der Schule waren vorprogrammiert, denn die Schule sollte nicht nur tüchtige Staatsbürger erziehen, sondern auch willige FDJ- und Partei-»Kader«. Mit dem Druck, ein »Pionier« zu werden und dann Mitglied in der FDJ (»Freie deutsche Jugend«), mit der »Jugendweihe« und der marxistischen Erziehung, schließlich auch noch mit dem Wehrkunde-Unterricht in der Schule griff der Staat nach der Seele der Kinder. Sie sollten ihm ganz und gar gehören und dienen. Das musste Konflikte mit dem christlichen Glauben und mit der Kirche geben. Mal mussten sie das Gedicht von Heinrich Heine »Die schlesischen Weber« aufsagen, in dem es heißt: »Fluch dem Gott, zu dem wir gebeten.« Weil sie das nicht taten, erhielten sie eine Fünf (das war die schlechteste Note im DDR-Schulsystem). Natürlich erbat ich darüber ein Gespräch mit der Lehrerin. Sie wusste nicht einmal, dass Heinrich Heine gegen Ende seines Lebens »zurückgekehrt war zu dem Gott seiner Väter« und dass er im Vorbericht zur »Romantischen Schule« ausdrücklich sagt: »Ich gehöre nicht zu den Materialisten... Ich gehöre nicht zu den Atheisten... Anfang und Ende aller Dinge ist in Gott.« Wie selbstverständlich vereinnahmte die Schule Heinrich Heine für den Sozialismus und verstärkte durch Halbwissen die atheistische Haltung großer Teile der Jugend in der DDR. Da war es ihr schon ein Dorn im Auge, dass die Christen sich dem widersetzten.

Unsere drei Ältesten, ausgeschlossen vom Abitur, »ausgewichen« an die Bibelschule, Studenten an der Kirchlichen Hochschule Leipzig, heute Pastoren.

Ähnliche Probleme gab es, als unsere Kinder an einem Wehrertüchtigungslager teilnehmen sollten, bei dem selbstverständlich auch geschossen wurde. Wir verweigerten in Übereinstimmung mit unseren Kindern die Teilnahme. Alle diese Spannungen mit der Schule wurden am Tisch oder unter vier Augen erörtert. So geschah Erziehung, Charakterbildung und Glaubenslehre auf ganz natürliche Weise in der Familie. Wenn die Kinder in der Schule für ihre Überzeugung eintraten, wussten sie die Eltern hinter sich. Wenn die Eltern mit den Lehrern sprachen, wussten sie die Kinder hinter sich. Und dann kam die Zeit, in der sie alle nacheinander den Antrag auf Aufnahme in das Gymnasium (in der DDR »Erweiterte Oberschule«, EOS genannt) stellten. Doch trotz guter und bester Leistungen wurde keines unserer Kinder zur EOS zugelassen. Begründung: keine FDJ, keine Jugendweihe und keine Bereitschaft zur Teilnahme an den Wehrertüchtigungslagern. Solche Kinder boten nicht die Gewähr, einmal überzeugte Kader der sozialistischen Gesellschaft zu werden. Ich hielt es für meine Pflicht, für meine Kinder zu kämpfen und gegen dieses Unrecht zu protestieren. »Unrecht« deshalb, weil auch unsere Regierung der »Konvention gegen die Diskriminierung im Bildungswesen« beigetreten war. Damit hatte sie vor der internationalen Öffentlichkeit erklärt, dass sie in ihren Schulen niemanden wegen seiner Rasse, Religion oder politischen Überzeugung benachteiligen werde.

Am Familientisch mit immer willkommenen Gästen.

Ich kämpfte mit Eingaben auf allen politischen Ebenen bis hin zum Volksbildungsministerium und der obersten Führung der Ost-CDU. Kühn und kühl gab man mir den »Schwarzen Peter« zurück: Nicht die Schule benachteilige meine Kinder, sondern ich selbst, und zwar damit, dass ich sie zu politischen Außenseitern mache. Ich hatte angekündigt, ich werde notfalls bis an die Menschenrechtskommission der UNO gehen. Das wollte ich nun tun. Aber der Bischof schrieb mir, ich solle bedenken, dass ich eine Bibelschule leite, die man gerne schließen möchte. Ich solle dem Staat lieber keinen Vorwand dafür geben. So ließ ich es und gab die ganze Sache an Gott ab: »Herr, als ich in der DDR blieb, musste ich mit diesen Konsequenzen rechnen. Nun sind sie da und ich will sie tragen. Ich gebe allen Ärger an dich ab.« Meine Kinder waren einverstanden. So fanden wir Ruhe im Gebet und konnten unser Herz von Bitterkeit freimachen. Auch alle Wut gegen Lehrer und Amtspersonen konnten wir abgeben, da wir ja wussten, dass sie nur Funktionäre eines atheistischen Staates waren und nur ausführten, was das Gesamtsystem unter Moskaus Führung von ihnen verlangte. Als dann 15 Jahre später die Wende kam, war die Wut kaum noch vorhanden, sondern die Freude überwog alles.

Übrigens haben wir gerade in dieser Benachteiligung unserer Kinder Gottes freundliche Führung erfahren. Unsere beiden ältesten Jungen blieben nach Abschluss der 10. Klasse offiziell zu Hause und lernten Griechisch und Hebräisch, um später einmal eine medizinische oder theologische Ausbildung zu machen. Das entsprach zwar nicht den Gesetzen, die eine Schulpflicht für alle Jugendlichen bis zum 18. Lebensjahr beinhalteten, Erweiterte Oberschule oder Berufsschule. Aber wir widersetzten uns. Die Behörden duldeten es, um nicht weiteren Ärger mit uns zu haben. Inoffiziell gingen unsere Jungen in die Bibelschule, nahmen dort am Griechisch- und Hebräischunterricht teil, aber auch an allen übrigen Unterrichtsfächern. Sie absolvierten die gesamte Predigerausbildung einschließlich der Abschlussprüfungen. Die griechische und hebräische Sprachprüfung konnten sie in Berlin an der Humboldt-Universität ablegen. Die kirchliche Hochschule in Leipzig, das frühere lutherische Missionsseminar, erkannte diese Sprachen- und Bibelschulausbildung als Vorbereitung, quasi als Abitur, für das Theologiestudium an und nahm sie ins Studium auf. Zu unserer Freude hatten sie mit der Bibelschulausbildung zugleich eine gute biblische Grundlage für das Studium. Sie hielten lebendigen Kontakt zum Jugendkreis und zur Studentenarbeit der Landeskirchlichen Gemeinschaft und blieben so trotz der auch an kirchlichen Hochschulen gelehrten kritischen Theologie ihrer Berufung als Christen und Verkündiger gewiss. Als auch Markus, unser Dritter, die Schule nach der 10. Klasse verlassen musste, fragte ihn der Direktor, was er nun machen werde. Er sagte, er werde das Gleiche tun wie seine Brüder. Da wetterte der Direktor: »Geht doch nicht, gehen alle der Produktion verloren!« Wir aber schmunzelten über die Strategie Gottes, dass selbst der atheistische Staat mithelfen musste, dass junge Christen sich gewiss wurden, dass sie zum Verkündigungsdienst berufen waren. Etwa drei Jahre später traf ein Lehrer einen unserer Jungen in der Stadt. Er fragte: »Was macht Ihr jetzt?« Als er dem Lehrer von der Bibelschule und dem anschließenden Theologiestudium erzählte, klopfte der ihm auf die Schulter und sagte: »Prima, Jungens, macht weiter so.« Einige Lehrer und Funktionäre waren uns viel mehr wohlgesonnen, als sie nach außen hin kundtun konnten. Mancher empfand das Eingebundensein in Schule und Partei durchaus als bedrückend.

Kritisch war immer das 8. Schuljahr. Von den Zensuren in diesem Schuljahr hing die Aufnahme in die »Erweiterte Oberschule« ab. Natürlich gaben unsere Kinder sich in dieser Zeit besondere Mühe, gute Zensuren zu erreichen. Und ebenso wurden die Lehrer angehalten, die Zensuren zu drücken, wenn ein Kind nicht auf die EOS kommen sollte. Nun hatte unsere älteste Tochter in diesem Schuljahr das Pech, dass sie bereits einen Monat nach Schuljahrsbeginn, im Oktober, in Russisch eine ganz schlechte Arbeit schrieb, die mit einer Vier bewertet wurde. Diese Lernkontrolle war offenbar schlecht vorbereitet worden, sodass etwa die Hälfte aller Schüler so schlecht abschnitt. Christine gab sich nun besondere Mühe, um die schlechte Zensur auszugleichen. Doch sie hatte keine Chance. Es wurde bis Februar hin keine Arbeit mehr geschrieben. Und obgleich Christine sich oft meldete, wurde sie nicht mehr aufgerufen. So erhielt sie im Februar eine schlechte Note in Russisch, die dann die Aufnahme in die EOS blockierte. Ich schrieb daraufhin an die Lehrerin, wir könnten anhand des Klassenbuches nachweisen, dass Christine vom Oktober bis zum Februar nicht eine einzige Chance erhalten habe, die schlechte Zensur auszugleichen. Ich fragte, ob das Absicht oder ein Versehen gewesen sei. Die Antwort der Lehrerin: »Christine, das habe ich ganz übersehen. Ich besuche deine Eltern.« Als sie dann kam, meinte sie, das sei wirklich eine Panne. Wir könnten ja noch einen Antrag für die Oberschule stellen, aber sie müsse uns offen sagen, die Leistungen unserer Tochter würden für die EOS nicht ausreichen. Wir sagten der Lehrerin, wir wüssten ja, dass sie gewisse Anweisungen befolgen müsse und nähmen ihr dieses deshalb persönlich nicht übel. An eine Beschwerde dachten wir nach den Erfahrungen mit den Jungen nicht. Als wir sie fragten, ob sie die »Konvention gegen die Diskriminierung im Bildungswesen« kenne, der auch die DDR bei der UNESCO beigetreten sei, verneinte sie das. Als ich ihr einige Passagen daraus vorlas, war sie erstaunt. Sie kannte nichts von dieser feierlichen Selbstverpflichtung, kein Kind wegen seiner Herkunft, Rasse oder Religion schulisch zu benachteiligen. Das war wieder einmal typisch: Vor der Weltöffentlichkeit gab sich die DDR freiheitlich, demokratisch und gerecht. Im Innern aber herrschte Begünstigung der Mitläufer und Benachteiligung der Nichtmitläufer. Die Lehrerin schien erleichtert, dass wir kein Aufheben um diese Sache machten, und wir verabschiedeten uns ohne persönlichen Groll voneinander. Eigentlich war sie nämlich eine gute Lehrerin und hat sich ganz bestimmt nicht wohl gefühlt in ihrer Haut. Unsere Tochter kam also nicht auf die EOS. Nachdem diese Hürde übersprungen war, begegnete die Lehrerin Christine mit Wohlwollen. Sie bekam gerechte Zensuren und hatte im Abschlusszeugnis lauter Einsen. Nur im »Gesamtverhalten« musste sie eine Zwei hinnehmen, weil sie nicht in der FDJ war und nicht die Jugendweihe mitgemacht hatte. Die Gesamtbeurteilung aber lautete: »Mit Auszeichnung bestanden«. Wir dachten, dass sich unser Grundsatz »klar in der Sache, freundlich in der Form« wieder einmal bewährt hatte.

Von unseren folgenden drei Mädchen ist ebenfalls keinem erlaubt worden, die EOS zu besuchen und zu studieren, obgleich auch sie fast durchweg Einsen im Zeugnis hatten mit nur ganz wenigen Zweien. Sie sind alle Krankenschwester beziehungsweise Hebamme geworden. Heute sind sie fröhliche Mütter und Hausfrauen und leisten einen guten Beitrag in Gesellschaft und Gemeinde. Zum Teil sind ihre Kinder schon aus dem Haus, sodass sie nun auch wieder in der Krankenpflege oder im sozialen Bereich tätig sein können. Unsere drei Jüngsten, wieder Jungen, konnten nach der Wende noch das Abitur machen und studieren und stehen inzwischen auch im Beruf. So können wir nur dankbar bekennen: Unser Gott kann auch im Sozialismus machen, dass »denen, die Gott lieben, alle Dinge zum besten dienen«.

Unsere Familie 1977.

In der DDR hatte jedes Wohngebiet seinen ABV (Abschnittsbevollmächtigten der Volkspolizei). Er hatte für Ruhe und Ordnung in seinem Bereich zu sorgen. Aber natürlich wurde von ihm auch verlangt, über bestimmte Personen Beurteilungen zu schreiben. Nach der Wende fand ich eine dieser Beurteilungen. Auch hier hatte sich das Prinzip »freundlich in der Form – klar in der Sache«, bewährt. Der Mann war uns offenbar nicht übel gesonnen. Ja, fast konnte man sich unter solch einem Aufpasser geborgen fühlen. Denn eine derartige Beurteilung hielt Niederträchtigkeiten der Stasi ein wenig fern. Die Beurteilung lautet:

Der Genannte ist mit seiner Familie im Jahr 1967 nach Falkenberg/Mark gezogen. Er wurde als Anstaltsleiter eingeführt. Von Seiten der Kirche wurde ihm ein Haus gebaut. Aus gemeinsamer Ehe mit seiner Ehefrau sind zehn Kinder hervorgegangen. Drei Jungen haben den Beruf eines Theologen ergriffen. Drei Mädchen erlernten den Beruf einer Krankenschwester. Vier Kinder sind noch im schulpflichtigen Alter.

*Die drei Mädchen erlernten ihre Berufe in evangelischen
Einrichtungen. Die Kinder sind höflich und zuvorkommend
erzogen. Sie gehen sauber gekleidet. Herr Holmer hat guten
Kontakt zu seinen Nachbarn in der Paul-Fischer-Straße. Bei
Begegnungen wird er stets höflich und zuvorkommend grüßen. Nach Aussagen der Frau K... sind seine Söhne nicht
gewillt, die Waffen anzufassen. Zu den Maßnahmen unseres
Staates nimmt Herr Holmer eine legale Haltung ein. Familie
Holmer hat an den Wahlen im Jahr 1974 und 1981 teilge-
nommen... Die Familienverhältnisse sind geordnet und können als harmonisch bezeichnet werden. An gesellschaftspo-
litischen Höhepunkten und Veranstaltungen nimmt er nicht
teil. Seine Kinder haben einen guten Kontakt zu den Kindern
der Nachbarfamilien. Über Veräußerungen und Verkäufe von
Sachen und Gegenständen wurde nichts bekannt. Es muss
noch gesagt werden, dass Herr Holmer zu seinen Kindern
eine feste Bindung und ein gutes Verhältnis hat.*

*Unterschrift
(Abschnittsbevollmächtigter)*

Dass unser ABV uns freundlich gesonnen war, sieht man auch daran, dass er erwähnte, wir wären zur Wahl gegangen. Offenbar war
die Beurteilung von der Abteilung »Inneres« beim Rat des Kreises
Bad Freienwalde angefordert worden, weil ich zum 80. Geburtstag
meiner Mutter eine Ausreise nach Recklinghausen beantragt hatte.
Die Erwähnung, dass wir zur Wahl gegangen seien, war eine positive Aussage über uns. Er hat nämlich nicht erwähnt, dass wir, wahrscheinlich als Einzige unseres Ortes, in die Kabine gegangen waren
und dort den Wahlschein durchgestrichen hatten. Beides muss er
gewusst haben. Denn wenn zwei Personen in die Kabine gegangen
sind und bei der Auszählung zwei Zettel durchgestrichen waren,
konnten ja nur wir beide die Oppositionellen gewesen sein. Das zu
erwähnen hat er unterlassen. Es hätte meinen Antrag wohl scheitern lassen. Es wurde nämlich von den Bürgern in der DDR erwartet,
dass sie den Wahlschein offen und unverändert in die Urne steckten. Man habe doch nicht etwa etwas zu verbergen? Außerdem sei
die Wahl ja zugleich auch ein Bekenntnis zu unserem Staat.

Hier mag nun noch ein Bericht folgen, den unsere Tochter Elisabeth für den Sammelband »Mit meinem Gott springe ich über Mauern«[6] geschrieben hat:

Ein Erlebnis kurz vor unserer Hochzeit möchte ich erzählen: Eigentlich war es bei uns zu Hause gar nichts Besonderes. Ich weiß nicht einmal, ob mein Vater sich heute noch daran erinnert. Aber mir blieb es haften. Es war morgens, kurz vor 6 Uhr, als es an der Haustür klingelte. Ich hatte als Krankenschwester einen freien Tag und nahm im Unterbewusstsein wahr, dass mein Vater an die Haustür ging. Ich drehte mich genüsslich noch einmal auf die Seite und gab mich einem erquickenden Morgenschläfchen hin. Als ich gegen 9 Uhr in die Küche kam, war meine gute Mutter schon wieder am Werkeln. Sie hatte mir ein leckeres Frühstück gemacht, und der Kaffee dampfte herrlich aus der Maschine. Sie bat mich, gleich in der Küche zu frühstücken. Im Esszimmer liege jemand auf der Couch, um seinen Rausch auszuschlafen. Das war nichts wirklich Außergewöhnliches. Unser Haus war schon immer offen für jedermann. Später stellte sich heraus, dass jener Mann auf dem Weg zu seiner Schwester nach Berlin war, sich unterwegs aber so betrank, dass er sämtliches Hab und Gut mitsamt Papieren und Geld verlor. Irgendwann gegen Morgen wachte er im Straßengraben auf und suchte im Dorf das Pfarrhaus, in der Hoffnung sich aufwärmen zu können.
Mein Vater hatte kurz vor diesem Ereignis einen neuen Parka aus dem Westen geschenkt bekommen. Bisher hatte er immer nur die altmodischen Mäntel aus vergangenen Tagen an, und wenn wir Kinder ihn mahnten, sich doch mal moderner zu kleiden, lachte er nur und meinte: »Ihr müsst die Sachen nur lange genug tragen, dann sind sie auch wieder modern.«
Wir waren also alle sehr stolz auf unseren jugendlich gekleideten Vater und achteten gewissenhaft darauf, dass er den neuen Parka auch wirklich trug.
An jenem Morgen nun wollte unser Gast seine Reise nach Berlin fortsetzen. Mein Vater wollte ihn zur S-Bahn bringen, ihm ein Ticket kaufen und ihn so gut versorgt aus seiner Fürsorge entlassen. Draußen war es noch recht frisch, und da der Mann

keine Jacke hatte, griff mein Vater wie selbstverständlich zu sei-
nem Parka und gab ihm den mit auf den Weg. Auf mein ent-
setztes Fragen: ›Warum ausgerechnet den?‹, meinte er lächelnd:
›Du wolltest ihn doch nicht mit meinem altmodischen Mantel
losschicken?‹ – Diese Begebenheit hat mich sehr beschämt. Ich
habe noch lange darüber nachgedacht, und so überraschte es
mich nicht, dass das Ehepaar Honecker bei uns 1990 Unter-
schlupf fand ...«

Eines muss aber noch gesagt werden: Dieses bunte Familien-,
Bibelschul- und Gemeindeleben hätten wir keineswegs so zufrieden und dankbar durchlebt ohne unsere liebevolle und tüchtige Familienmitte – meine Frau. Sie hat nicht nur mit unserem
bescheidenen Ein-Mann-Verdienst so umsichtig gewirtschaftet,
dass wir nie Mangel litten. Sie war immer für uns da und half uns
allen zur Entfaltung unserer Gaben und unserer Persönlichkeit.
Das »Lob der tüchtigen Hausfrau« im biblischen Buch der Sprüche
(Kapitel 31) ist uns aus dem Herzen gesprochen: »*Wem eine tüchtige*
Frau beschert ist, die ist viel edler als die köstlichsten Perlen. Ihres
Mannes Herz darf sich auf sie verlassen... Sie tut ihm Liebes und
kein Leid ihr Leben lang. ... Sie breitet ihre Hände aus zu den Armen
und reicht ihre Hand dem Bedürftigen. ... Kraft und Würde sind ihr
Gewand, und sie lacht des kommenden Tages. Sie tut ihren Mund
auf mit Weisheit, und auf ihrer Zunge ist gütige Weisung. Ihre Söh-
ne (und Töchter) *stehen auf und preisen sie, ihr Mann lobt sie: »Es*
sind wohl viele tüchtige Frauen, du aber übertriffst sie alle.«

Noch einmal: Die »Gute-Nacht-Geschichte«. Meine Frau hat von 1956
bis etwa 1980 unsere »Kleinen« Abend für Abend in den Schlaf gesungen
und bis etwa 1990 Kinder großgezogen.

7. Einschub: Theologische Beobachtungen

Die Vikare der Kirche von Berlin-Brandenburg machten jedes Jahr im Rahmen eines diakonischen Praktikums eine Fahrt zu den bedeutenden diakonischen Einrichtungen des Landes. Der Leiter des diakonischen Werkes, Kirchenrat Bohm, kam regelmäßig mit den Vikaren auch zu uns in die Bibelschule und bat mich um einen Bericht über unsere Arbeit. Mir war es dabei wichtig, den künftigen Pfarrern die Grundzüge unserer vom Pietismus geprägten biblischen Lehre und Praxis darzustellen. Genau das wollte Bohm. Da ich wusste, dass manche jungen Theologen Bedenken gegen unsere Theologie hatten, stellte ich sie möglichst anschaulich und biblisch begründet dar. Das gab immer ein gutes Gespräch, solange die Bibel die für uns alle gültige Lehrgrundlage war. Die Gespräche endeten nur dann unbefriedigend oder auch im Meinungsstreit, wenn die jungen Theologen die Bibel nicht mehr als verbindliche Grundlage ihrer Lehre und ihres Lebens ansahen. Was hilft ein biblisches oder theologisches Argument, wenn der Gesprächspartner erwidert: »Für mich ist diese Bibelstelle nicht verbindlich. Ich denke da anders.« Da gibt es keine Basis mehr, keine Norm für das, was richtig und falsch ist. Da wird jede biblische Wahrheit unverbindlich und das Gespräch unbefriedigend.

So hatte ich wieder einmal berichtet, dass nach biblischer Theologie jeder Mensch vor Gott »verloren« ist und Vergebung seiner Sünden braucht, ja, dass die Verkündigung von Verlorenheit und Errettung unserer Botschaft das Profil gibt. Meine jungen Gesprächspartner aber meinten, von der Verlorenheit des Menschen solle man gar nicht reden. Die mache unsere Botschaft nur schwer. Sie wollten lieber die Gnade Gottes so hell verkündigen, dass die Menschen sich als Folge davon als Sünder erkennen. Mein Hinweis darauf, dass es doch eigentlich unsinnig sei, wenn man einem Menschen Gnade zusage, der gar nicht wisse, dass er schuldig sei, zog nicht. Auch die Warnung Bonhoeffers vor der »billigen Gnade« überzeugte nicht. Als wir dann durch unsere Häuser gingen, meinte der Direktor des Diakonischen Werkes nur trocken: »Die wollen sich bloß nicht bekehren.« Ich glaube, da ist etwas dran. Wer sich nicht als Sünder sieht, weiß nicht, warum und wovon er sich bekehren soll. Er wird dann aber auch nicht zur Umkehr rufen. Ich bin überzeugt. Da liegt die Schwäche unserer landläufigen Verkündigung. Sie kennt nicht mehr das »tief erschrockene Gewissen«, von dem die Reformatoren redeten. Sie kennt nicht die heimliche Traurigkeit unserer Mitmenschen über die Anklagen ihres Gewissens. Sie blendet einen ganzen Bereich der apostolischen Lehre aus, nämlich die Verkündigung des Gesetzes und das Ärgernis des Kreuzes. Sie weiß nicht mehr, dass Gott durch uns ermahnt: Lasst euch versöhnen mit Gott. Sie erleben deshalb auch so wenig Freude der Engel im Himmel über einen Sünder, der umkehrt. Sie erleben nur selten, dass Menschen sich aufgrund ihrer Verkündigung *bekehren zu Gott, von den Abgöttern, zu dienen dem lebendigen und wahren Gott* (1. Tessalonicher 1,9). Und dass Menschen von Herzen singen: »Nun freut euch lieben Christen g'mein und lasst uns fröhlich springen« ist auch selten geworden in unserer Kirche. Ich bin kein großer Erweckungsprediger. Ich möchte es gern deutlicher sein. Aber das habe ich erfahren: Wo ich gemäß der Bibel von der Sünde des Menschen rede und von seiner Verlorenheit vor Gott, gibt sein Gewissen dieser biblischen Botschaft recht. Mein wichtigster Bundesgenosse sitzt im Herzen der Hörer. Und wenn ich dann – und zwar möglichst bald und anschaulich – von der Vergebung spreche, die jedem gilt, der Gott seine Sünde bekennt (1. Johannes 1,9), dann wird dieses gnädige Wort Gottes als Einladung empfunden, nun endlich die Schuld zu bekennen und die Sache mit Gott klarzumachen. »Wie bin ich froh, dass das jetzt weg ist«, habe ich öfter gehört. Das bringt Frieden ins Gewissen und wird als Evangelium, als »Frohe Botschaft«, erlebt.

Aber nicht nur die kirchliche Ausbildung, sondern auch die Diakonie hat solche Schwachpunkte. Wir saßen zusammen im Konvent der Diakonieleiter. Da meinte eine führende Persönlichkeit, die diakonische Arbeit müsse »absichtslos« geschehen. Auf keinen Fall dürfe der Hilfsbedürftige merken, dass ich ihn bekehren wolle. Nun meine ich zwar auch, dass ich jedem Menschen meinen Liebesdienst schuldig bin, unabhängig davon, ob er glauben will oder nicht, ob er offen ist für das Evangelium oder nicht. Und doch habe ich hier entschiedenen Protest angemeldet. Gern gebe ich dem Hilfsbedürftigen alles nur erdenkliche Gute. Darf ich ihm aber das Beste, was ich habe, verschweigen: ein gereinigtes Gewissen, Frieden mit Gott, lebendige Hoffnung über den Tod hinaus, das Glück, ein Gotteskind zu sein? Nein, das darf ich nicht! Denn das hat Konsequenzen. Es gab damals Kräfte in der Diakonie – mehr noch in Westdeutschland als bei uns im Osten –, die die Verkündigung des Wortes Gottes und selbst das Tischgebet in ihren Heimen abschaffen wollten. Zum Teil ist das tatsächlich geschehen. Auch ich will niemanden bedrängen. Aber Diakonie ohne Wort Gottes und Gebet ist nicht mehr Diakonie, sondern Sozialarbeit. Es ist gut, dass es auch Sozialwerke gibt. Wer aber in unsere Heime kommt, der weiß, was er tut. Er will eine christliche Lebensgemeinschaft, die ihn im Glauben, in der Liebe und in der Hoffnung stärkt. Wenn ich also Diakonie anbiete, bin ich geradezu verpflichtet, dem, der sich mir anvertraut, eine christliche Begleitung anzubieten – bis zu einem friedvollen Ende hin. Wehe uns, wenn wir nur den Körper des Bedürftigen versorgen und ihm Hilfe für die Seele und Frieden mit Gott nicht wenigstens anbieten! Dass das nicht immer angenommen wird, weiß ich. Aber dass wir das wenigstens mit Entschiedenheit wollen und dass wir es freundlich und liebevoll anbieten, das kann unser Herr von uns erwarten.

Ein Mann, mit dem ich darin ganz eins war, war der Jugenddiakon Fritz Hoffmann. Auch mit ihm verband mich eine tiefe Freundschaft. Wie hat er mein Leben und meinen Dienst bereichert! Als junger Mensch schon hatte er zum Glauben an Jesus gefunden und wusste sich seitdem in seinen Dienst berufen. Nach der Diakonenausbildung im Johannesstift in Berlin hatte er in Schneidemühl (heute Polen) eine rege christliche Jugendarbeit entfaltet. Die war der Hitlerjugend ein Dorn im Auge. Es gelang ihr, Fritz Hoffmann zu vertreiben. In Magdeburg aber konnte er seinen Dienst fortsetzen und junge Männer zu Christus rufen. Viele verdanken ihm ihr geistliches Leben. Etliche wurden durch ihn Pastoren oder Diakone. Nach dem Zweiten Weltkrieg hat er in der DDR eine missionarische Arbeit getan, die weit über Magdeburg hinausreichte. Er baute eine missionarische Zentrale auf, der er den harmlosen Namen gab: »Versandstelle des Jungmännerwerkes Sachsen-Anhalt«. Man konnte dort alles erwerben, was an geistlichen und technischen Hilfsmitteln in der DDR erhältlich und für die Gemeindearbeit brauchbar war. Er stellte junge Christen an und schickte sie mit christlichen Filmen und Bildstreifen durch das Land. Es gelang ihm auch, christliche Filme aus dem Westen zu importieren sowie auch das Liederbuch »Jesu Name nie verklinget«. Jeden zweiten Monat stellte er den Gemeinden eine neue, aktuelle Ausgabe des Bildstreifens »Kirche im Bild« zur Verfügung, in dem er Berichte aus den Kirchen in aller Welt weitergab. Über verborgene Kanäle erreichte ihn die Zeitschrift »idea« in größerer Stückzahl, die er unter der Hand, immer auf Verbot und Bestrafung gefasst, an Gemeindeleiter verteilte. Es gelang ihm sogar, den Evangelisten Billy Graham in die DDR zu holen. So erweiterte er uns Christen hinter der Mauer den Informations- und Missionshorizont. Fritz Hoffmann ging meist bis an die Grenze des Erlaubten und stellte seine Anträge mit großem Mut. Dabei erntete er manche Ablehnung, aber vieles gelang eben auch. Man konnte gar nicht so viel verbieten, wie Hoffmann unternahm. Wurde etwas abgelehnt, hatte er schon ein neues Projekt. Weil er mit brennendem Eifer ein Missionar von Jesus war, habe ich ihn sehr geschätzt. Vor allem die Zähigkeit, mit der er ein Ziel verfolgte, war mir vorbildlich. Ich habe gern von ihm gelernt. So wurden wir Freunde, unsere Frauen natürlich auch.

Die Ebene, auf der wir besonders eng zusammenarbeiteten, war die Evangelistenkonferenz. Lange Jahre hat Fritz Hoffmann sie zusammen mit Dr. de Boor geleitet. Nach dem Tod von Werner de Boor kam ich mit in die Leitung. Die jährlich stattfindende Konferenz der Evangelisten und ihrer Frauen war immer ein Höhepunkt für die etwa 130 Teilnehmer. Begegnung, Austausch und Zurüstung der Evangelisten, die ja meist Einzelkämpfer waren, machten das Miteinander sehr wertvoll. In jedem Jahr waren wir auch Gastgeber von etlichen Evangelisten aus Polen, Ungarn und der Tschechoslowakei. Auch westdeutsche Gäste hatten wir oft dabei, meist nur halb legal, da sie mit einer privaten Aufenthaltsgenehmigung zu Freunden eingereist waren. Wir DDR-Christen verstanden uns als Brücke zwischen Ost und West. Als Vorsitzender der Evangelistenkonferenz war Fritz auch Mitglied im »Lausanner Komitee für Weltevangelisation« geworden. Diese Position nutzte er nach

Landesjugendwart und Evangelist Fritz Hoffmann.

Kräften aus, um möglichst vielen Evangelisten und Pastoren eine Dienstreise zu Tagungen in Westdeutschland oder auch international zu vermitteln. Als dann plötzlich die Wiedervereinigung kam, hatten viele befreundete Werke bereits einen guten Vorlauf. Ursula Hoffmann, die Frau von Fritz, hat seine Dienste nicht nur tatkräftig mitgetragen, sondern durch ihre Herzlichkeit und Wärme zu ihrem Gelingen wesentlich beigetragen. Sie lebt heute im Johannesstift in Berlin. 1996, im 90. Lebensjahr, ist Fritz Hoffmann still und im Frieden von Gott heimgerufen worden. An ihm wurde mir deutlich: Ein Fleißiger kann viele andere anspornen, ein Mutiger kann viele ermutigen.

8. Lobetal 1983–1991

Zu meiner aus der Bibel gewonnenen Theologie gehört die Erkenntnis, dass Mission und Diakonie zusammengehören. Das wurde nicht nur in der Urgemeinde bei den Armenpflegern (Apostelgeschichte 6) und in der alten Kirche verwirklicht. Nein, das war in allen Jahrhunderten so, besonders ausgeprägt in geistlich lebendigen Zeiten. Nicht zufällig hat Wichern die diakonische Arbeit der Christenheit »Innere Mission« genannt. Innere Mission umfasste für Wichern sowohl diakonische Liebestätigkeit als auch die volksmissionarische freie Verkündigung von Gottes Wort, nicht nur durch Diakone und Pastoren, sondern auch durch »Laien«. Ja, Wichern war überzeugt: Alle Liebestätigkeit der Kirche und alle soziale Besserung geht vom Wort Gottes aus. »Durch die Innere Mission muss die Kirche sich die Aufgabe setzen, nicht zu ruhen, bis wieder alle die Verkündigung von dem Sohn Gottes vernehmen«, sagte Wichern. Dementsprechend nannten sich anfangs einige Verbände der Landeskirchlichen Gemeinschaften »Vereine für innere Mission«. Evangelisation und Diakonie sind nicht zwei verschiedene, voneinander getrennte Arbeitsgebiete der Gemeinde, sondern zwei Seiten des Missionsauftrags, den Jesus gegeben hat. Echter Glaube will in der Liebe tätig sein (Galater 5,6). Und die tätige Liebe will sowohl dem Leib als auch der Seele des Menschen helfen. Wer Jesus nachfolgt, hat nicht nur die Zeit auf dieser Erde im Blick, sondern fragt auch: »Wo wirst du die Ewigkeit zubringen?« In Falkenberg habe ich meinen Predigerschülern immer wieder auch die Diakonie wichtig gemacht, sowohl die Gemeinde- als auch die Anstaltsdiakonie. Manche sagten dann, in der kirchlichen Diakonie mitzuarbeiten lohne nicht. Dort seien zu viele Mitarbeiter, die keine Beziehung zur Kirche hätten. Ich antwortete dann: »Gerade deshalb gehören Gläubige dorthin. Fahren Sie in die Heime, machen Sie dort Besuche, sprechen Sie bei der Leitung vor und empfehlen Sie unseren Gemeinschaftsmitgliedern, dort mitzuarbeiten.« Gern habe ich daher zugesagt, als mich die Leitung einer der größten diakonischen Einrichtungen in der DDR, Lobetal bei Bernau, um eine Bibelwoche bat, auch um eine Evangelisation und um mehrere Rüstzeiten für Mitarbeiter.

Überrascht war ich allerdings, als mich zwei Herren vom Vorstand des Vereins Lobetal besuchten und mich baten, mich für die Leitung dieses Werkes zur Wahl zu stellen. Sie erklärten mir, ein wesentlicher Teil an verantwortlichen Mitarbeitern dort wollte einen Pastor als Leiter, der vor allem Seelsorger und nicht nur ein guter Geschäftsführer sei. Als man mir dann noch sagte, dass dort gute Fachkräfte für die Finanzen und die anderen Fachgebiete vorhanden seien, dass ich aber die Gesamtleitung mit der Personalhoheit haben würde, erkannte ich die Wichtigkeit dieses Dienstes und stellte mich der Wahl. Ich wurde gewählt und begann dort meinen Dienst am 01.04.1983.

Lobetal hat eine große Geschichte. Ja, eigentlich ist Lobetal nur Teil einer großartigen Geschichte der tätigen Liebe in Deutschland. Als Ende des 19. Jahrhunderts, nach dem Deutsch-Französischen Krieg und den Gründerjahren, eine wirtschaftliche Rezession eintrat und die Bautätigkeit zurückging, wurden viele Menschen arbeitslos und bevölkerten die Landstraßen und Städte als Wanderer, Obdachlose und Bettler. Doch je länger sie diesem Obdachlosenstand angehörten, desto hoffnungsloser wurden sie, gewöhnten sich ans Betteln, und viele landeten beim falschen Tröster, dem Alkohol. Die Kommunen hielten zwar nächtliche Unterkünfte und auch eine dürftige Verpflegung für diese völlig mittellosen Menschen bereit. Doch das konnte die Situation nicht grundlegend verändern und den Abstieg der Obdachlosen nicht verhindern. Im Gegenteil, diese »Asyle« verlängerten nur die Aussichtslosigkeit ihrer Lage. Durch Untätigkeit und Alkohol verloren diese Menschen immer mehr den Antrieb zur Arbeit und die Hoffnung auf ein neues Leben. Wieder waren es Christen, die sich dieser Not annahmen, am tatkräftigsten der Pastor Friedrich von Bodelschwingh, der Leiter der »Anstalt für Epileptische« in Bethel bei Bielefeld. Liebevoll nannte er diese oft schwer vom Alkohol und von Unmoral gezeichneten Leute seine »Brüder von der Landstraße«. Mit Nachdruck forderte er von den Behörden: Gebt ihnen »Arbeit statt Almosen«. Auf die Erwiderung, dass diese Menschen ja gar nicht arbeiten wollten, entgegnete er: »Nur wenn ihr ihnen Arbeit gebt, könnt ihr die Arbeitswilligen von den Unwilligen unterscheiden.« Und als die Behörden untätig blieben, schuf er 1882 in der »Senne« bei Bielefeld die »Arbeiterkolonie Wilhelmsdorf«, in der er den Obdachlosen eine Unterkunft bot und Arbeit, durch die sie mit der Kraft ihrer Hände wenig fruchtbares Heideland in wertvolles Kulturland verwandelten. Pastor von Bodelschwingh war zwar nicht der Erste in der Fürsorge für die Wanderarmen, aber er hat mit Wilhelmsdorf etlichen »Brüdern von der Landstraße« sinnvolle Arbeit, Hilfe für Leib und Seele und die Chance zu einem Neuanfang geboten und zugleich die Fürsorge für sie im ganzen Deutschen Reich angestoßen.

Diese ganze Problematik traf ihn noch einmal verstärkt, als er 1903 Landtagsabgeordneter für Westfalen im Preußischen Landtag in Berlin wurde. Hier traf er Tausende von obdachlosen Bettlern, die sich täglich durch die Straßen von Berlin schleppten und abends in große Massenquartiere torkelten. Obgleich er bereits über 70 Jahre alt war, wurde er noch einmal rastlos tätig, um für diese Menschen eine Arbeiterkolonie zu errichten und ihnen damit Arbeit, Unterkunft und Brot zu bieten. Zu diesem Zweck gründete er mit einigen wohlmeinenden christlichen Persönlichkeiten den »Verein ›Hoffnungstal‹ für die Obdachlosen der Stadt Berlin«. In Rüdnitz bei Bernau, 30 km nordöstlich von Berlin, konnte er ein Bauerngut pachten. Dort errichtete er einen Komplex mit Baracken, den er »Hoffnungstal« nannte. Dieser Name war Programm. Denn Bodelschwingh sah, dass diese gestrandeten Menschen zunächst einmal Hoffnung brauchten. Wer keine Hoffnung hat, gibt sich auf. Wer vorwärts gehen will, muss die Hoffnung haben, dass es sich lohnt, die eigenen Kräfte zu mobilisieren. Es war ein Kennzeichen der Kolonie Hoffnungstal, dass die Baracken nicht große Schlafsäle enthielten, sondern in lauter kleine Stübchen eingeteilt waren. Hier sollte jeder heimatlose Wanderer zur Ruhe kommen können, sollte Bilder seiner Familie aufhängen und auch einmal ungestört die Hände falten können, um zu seinem Gott zurückzufinden und zu sich selbst. Und auch hier galt wieder der Grundsatz: »Gebt den Brüdern von der Landstraße das hohe Gut der Arbeit.« Wieder wurde fleißig unfruchtbares Land in fruchtbare Obst- und Gemüseplantagen verwandelt.

Gruß aus „Hoffnungstal"

Wirtschaftsgebäude   Versammlungssaal   Heimstätte

»Kolonie Hoffnungstal« mit Betsaal – Bodelschwingh war überzeugt:
Hoffnung wächst aus dem Glauben,
Glaube wächst aus dem Hören auf Gottes Wort.

Als Hoffnungstal im Jahre 1905 eingeweiht war, wurde gleich ein
zweiter Heimkomplex nötig. Es gelang Bodelschwingh, dafür ganz
in der Nähe ein größeres Stück Land zu kaufen, das an einem idyl-
lischen See lag. »Lobetal« nannte Pastor von Bodelschwingh diese neue Kolonie. Denn er wollte, »dass von dieser Stelle in naher
Zeit ungezählte Flüche und Verwünschungen sich in Lobgesänge
verwandeln und verbitterte Menschenherzen wieder ein köstlich
Ding, nämlich das Danken, lernen.« Später kam dann noch unmittelbar angrenzend »Gnadental« dazu, ein Heim für alte Heimatlose,
die nicht mehr berufstätig sein und auch keine neue Existenz mehr
aufbauen konnten. Als Pastor von Bodelschwingh Hoffnungstal
einweihte, war er 74 Jahre alt. Er hat Hoffnungstal, Lobetal und
Gnadental mit seiner letzten Lebenskraft und mit der Glut seines
liebevollen Herzens geschaffen. Ein Heim für heimatlose Frau-
en bei Erkner hat er zwar noch begonnen, musste die Fertigstellung aber seinem Sohn überlassen. Unzählige Menschen fanden
in diesen Heimen Hilfe. Als Pastor Braune im Jahre 1930 das 25.
Jahresfest feierte, konnte er sagen: In diesen Jahren haben 8 000

Menschen Lobetal wieder verlassen und eine geordnete Existenz aufgebaut.

Ich bin überzeugt: Dass die große Not der Wanderarmen bei uns nicht so katastrophal wie in vielen anderen Ländern verlaufen ist, dass schließlich auch staatliche Stellen mit ihren weitaus größeren Mitteln nach dem Vorbild der Inneren Mission Hilfe leisten »mussten«, ist ein Verdienst vieler engagierter Christen unter Führung von Pastor von Bodelschwingh. Nebenbei gesagt: Dass wir in Deutschland nicht so große Probleme mit Straßenkindern hatten wie anderswo, ist ebenfalls eine Folge des Einsatzes von Christen, deren Glaube in der Liebe tätig war. Man denke nur an August Hermann Francke in Halle, an Johannes Daniel Falk in Weimar, an Johann Hinrich Wichern, an die vielen Diakonissen in ganz Deutschland und viele andere.

Nicht Massenquartier wie in vielen Obdachlosenunterkünften – Bodelschwingh gab jedem »Kolonisten« ein eigenes Stübchen.

Die weitere Entwicklung der Arbeiterkolonie Lobetal verlief, vereinfacht gesagt, so: Die Starken gingen, die Schwachen blieben. Diese Entwicklung war besonders deutlich unter Hitler, der für seine Arbeits- und Rüstungsprogramme alle arbeitsfähigen Kräfte beanspruchte. Sie ging aber unter dem DDR-Regime noch weiter, als der Staat aus dem Kinderheim in Lobetal alle »bildungsfähigen« Kinder herausnahm. Nur die Schwachen durften bleiben. Nie hätte die Kirche die bildungsfähigen Kinder freiwillig in die atheistische Erziehung des sozialistischen Staates abgegeben. Aber das war damals unsere Situation. Es gab darüber kein Gespräch mit der Kirche, sondern sie musste sich einfach der Gewalt fügen. Andererseits hat sie gerade die Schwachen bewusst angenommen. Die Schwachen und Notleidenden sind »der Schatz der Kirche«. Sie zu versorgen, mit ihnen zu leben, ist der Gemeinde Jesu eine Ehre. Im Jahre 1953 wollte der Staat die diakonischen Einrichtungen enteignen und selbst übernehmen. Bald merkte er, dass er sich damit übernehmen würde, und machte bereits begonnene Enteignungen der Diakonie rückgängig. Die Kirche stand in diesem Kampf fest zu ihrer Diakonie. Andererseits hat auch die Diakonie zur Kirche gestanden. Selbst in Zeiten, als die SED die »Jungen Gemeinden«, also die Jugendkreise der Kirche, bekämpfte, hat Lobetal sowohl unter Pastor Braune als auch unter seinem Nachfolger Pastor Pagel den jungen Christen Räume und Lebensmittelhilfen zur Durchführung von Rüstzeiten geboten. Dieses Miteinander von lebendiger Gemeinde und Diakonie hat Lobetal geholfen, einen großen Freundeskreis aufzubauen. Die Jahresfeste dort wurden, gemäß dem Programm der Inneren Mission, nicht nur Höhepunkte der Begegnung Lobetals mit seinen Freunden, sondern auch Missionsfeste mit weiter Ausstrahlung ins Land hinein. Die Außenstationen von Lobetal haben meine Vorgänger bewusst als Leuchttürme der Liebe Gottes im Brandenburger Land gesehen.

In dieses Werk also wurde ich 1983 berufen. Es war mir ein Vorrecht, hier leitend tätig zu sein. Lobetal hatte damals etwa 1 200 Heimbewohner und 550 Mitarbeiter, etwa die Hälfte in Lobetal selbst, die andere Hälfte in Außenstationen. Unsere Heime boten Wohnung und Pflege, dazu Arbeitstherapie und medizinische Versorgung für alte, geistig behinderte und epilepsiekranke Menschen. Natürlich war uns die geistlich-seelsorgerliche Begleitung in Andachten und Gottesdiensten ebenso wichtig wie die leibliche Versorgung. Beides war durchaus auch im Sozialismus möglich. Wir gaben uns wirklich viel Mühe, dass unsere Bewohner sich rundum wohlfühlten, was sie uns auch immer wieder einmal bestätigten.

Das Pfarrhaus in Lobetal.

Lobetal war ein christliches Dorf. Alle Häuser des Dorfes gehörten der Anstalt. Daher war der Leiter und Pastor von Lobetal seit den 20er-Jahren zugleich auch Bürgermeister. Besonders unter meinem Vorvorgänger, dem bekannten Pastor Braune, hatte sich diese Ordnung bewährt. Er hatte zwischen 1939 und 1945 sogar einigen Juden einen neuen Pass ausstellen und sie damit retten können. Andere Juden hat er versteckt. So einflussreich war das Bürgermeisteramt zu meiner Zeit allerdings nicht mehr. Auch der Bürgermeister von Lobetal wurde genau wie andere Bürger telefonisch und postalisch von der Stasi überwacht. Aber wie unter meinen Vorgängern konnte auch unter meiner Leitung der Rat der Gemeinde Lobetal unser Dorf selbst verwalten. Wir konnten uns die Baugenehmigungen, die andernorts immer ein großes Problem waren, selbst erteilen und dergleichen mehr. Allerdings musste, wer sich zum Bürgermeister wählen lassen wollte, Mitglied einer politischen Partei sein.

Wie für meine Vorgänger kam auch für mich nur die Ost-CDU infrage. Der Eintritt in diese Partei ist mir jedoch schwergefallen, denn die CDU war grundsätzlich an die Politik der SED angepasst und hatte außen- und innenpolitisch nur wenig eigenen Spielraum.

Aber sie wollte eine christliche Partei sein, was ihr zum Teil auch gelang. Sie bot daher ihren Mitgliedern einen gewissen Schutz vor dem atheistischen Anspruch der SED auf die Seele des Menschen. Sie wurde eine Partei für Menschen, die sich politisch betätigen sollten, die SED aber scheuten, also für Lehrer, Ärzte, Künstler und andere. Ich habe den Vorstand von Lobetal um Rat gefragt, ob es nötig sei, mich der inneren Spannung auszusetzen und in eine Partei einzutreten, die in ihrem Programm und in ihrer Leitung fast völlig der SED folgte. Der Vorstand meinte aber, ich solle den Kompromiss wagen und Mitglied der CDU werden, damit Lobetal nicht etwa von außen, vielleicht von einem SED-Bürgermeister, regiert werden würde. Schon bei meiner Unterschrift habe ich deutlich gemacht: »Ich trete in die Partei ein für Lobetal, nicht für die Partei und ihre Zeitung.« Denn das war mir klar, dass man gern einen Pastor gehabt hätte, der sich als Aushängeschild für die »Friedenspolitik« der DDR hergeben würde. Diesen Vorbehalt musste ich mehrfach einklagen. Zum Beispiel rief mich das Fernsehen der DDR drei Tage hintereinander an, dass ich doch bitte vor der nächsten »Wahl« ein Interview geben solle. Erst als ich entschieden erklärte: »Hören Sie, ich bin dazu nicht bereit.«, ließ man von mir ab.

Einmal jedoch gelang es meinen »Parteifreunden«, mich zu einem Diskussionsbeitrag zu nötigen, und zwar zum 40. »Jahrestag der Befreiung«, also zum 8. Mai 1985. Nach meiner Zusage war ich auf dem Heimweg sehr bedrückt. Als ich aber in mein Haus trat, stand mein Entschluss fest: »Dann sagst du eben, was du denkst«, und zwar nach dem Motto, das mir im Laufe der Jahre immer wichtiger geworden war: »Handle nach deinem Gewissen – und du bist frei.« Mir war klar: Wenn ich die DDR-Politik zu sehr lobe – das steht gegen mein Gewissen. Wenn ich sie aber zu sehr angreife, schade ich der Anstalt, den schwachen Menschen, für die ich ja immer wieder mit den Behörden verhandeln muss. Wenn ich zu positiv rede, werde ich in Zukunft vereinnahmt. Also: Negatives und Positives und beides in gemäßigter Tonart. So begann ich meinen Redebeitrag mit den Worten:

Ich bin von Herzen dankbar für die Zerschlagung des Hitler-
faschismus, derer wir in diesem Jahr besonders gedenken. Auch

sehe ich ganz nüchtern, dass dabei zugleich das Deutsche Reich zerschlagen werden musste, denn Deutschland hatte sich zu eng mit dem Faschismus verbunden, durch aktives Mitmachen, durch Duldung oder auch Gleichgültigkeit. Mein Gott, dem ich von ganzem Herzen dienen will, verlangt von mir nun aber nicht, dass ich die Existenz von zwei deutschen Staaten bejubele. Er fordert nicht von mir, das Zerbrechen des einig deutschen Vaterlandes als etwas Großes und Schönes darzustellen. Die Heimat meiner Väter ist Schleswig-Holstein, und mein Kindheitsparadies liegt nicht nur in Wismar in Mecklenburg, sondern auch in Heide in Dithmarschen. Andererseits fordert Gott auch nicht von mir, dass ich gegen die Existenz von zwei deutschen Staaten ankämpfe und dabei meine Kräfte erschöpfe und daran zerbreche. Er zeigt mir deutlich, dass dieses, wie Bonhoeffer sagt, vorletzte Fragen sind. Ich habe aber als entscheidendes Ereignis meines Lebens erfahren, dass Gott mir zur letzten und wichtigsten Frage des Lebens wurde. Dem muss ich alle anderen Fragen meines Lebens unterordnen. Es gibt Gesetze der Geschichte, es gibt Setzungen Gottes in der Geschichte, etwa in dem Sinn des Schillerwortes: »Die Weltgeschichte ist das Weltgericht.« Und als solche Setzung Gottes muss ich die Teilung unseres Landes sehen. Weil ich sie aber als von Gott über uns verhängt sehen muss, muss ich sie respektieren und akzeptieren. Und damit sehe ich mich nun als Christ in mein Land gestellt auf meinen Platz, den Gott mir gesetzt hat, der voller Chancen und Möglichkeiten ist, Gott und meinem Nächsten zu dienen.

So, das war also das Negative. Nun musste auch das Positive kommen, und zwar wieder mit gutem Gewissen. So berichtete ich denn von unserer Arbeit in Lobetal und sagte wörtlich:

Wir empfinden dankbar den Unterschied zu früheren Zeiten. Im Kaiserreich hatte Lobetal oft mit wirtschaftlicher Not zu kämpfen. Im Dritten Reich musste Lobetal sich schützend vor seine Heimbewohner stellen, um die ihm anvertrauten behinderten Menschen vor der Mordgier der Regierung zu bewahren. Heute dagegen gibt uns unser Staat sein Wohlwollen zur Versorgung vieler hilfsbedürftiger Menschen (jährlich mehrere Millionen

Mark der DDR), um zu garantieren, dass wir die Gelder, die wir über unsere Einnahmen hinaus ausgeben mussten, erstattet bekommen. Ich finde, es gehört einfach zur geraden, anständigen Gesinnung, dass man sich dafür auch mal bedankt. Und das möchte ich hier ausgesprochen haben.

Doch, wie ich es bei fast allen öffentlichen Reden hielt, so tat ich es auch hier: Ich wollte diese Gelegenheit nutzen, mein tiefstes Anliegen darzulegen und einen Ruf an die Zuhörer weiterzugeben. So sagte ich zum Schluss:

Lassen Sie mich aber noch ein Letztes betonen: Der Herr, nach dem die Christlich-Demokratische Union ihren Namen gewählt hat, hat einmal gesagt: »Der Mensch lebt nicht vom Brot allein, sondern von einem jeglichen Wort, das durch den Mund Gottes geht.« Er wird mich einmal fragen: »Was hast du in Lobetal getan?« Und wenn ich dann sage: »Ich habe hilfsbedürftige Menschen versorgt und ihnen auch Geborgenheit gegeben«, wird er mich fragen: »Und was weiter? Hast du daran gedacht, dass sie auch eine Seele haben und dass sie zur Gemeinschaft mit Gott bestimmt sind? Hast du etwa vergessen, dass ich einen Missionsauftrag gegeben habe, nämlich allen Menschen die frohe Kunde zu sagen von ihrer Rettung, ihnen den Weg zu zeigen zum Frieden mit Gott und miteinander und den Weg zum seligen Sterben und zur ewigen Gemeinschaft mit Gott?« Ich möchte dann nicht meinen Lebensauftrag als Christ und Pastor verfehlt haben. Ich bitte aber auch Sie, verehrte Freunde der CDU: Sorgen Sie mit dafür, dass das »C« in unserem Namen nicht nur Schmuck ist, sondern dass unserem Lande die Wohltat echten Christentums erhalten bleibt, das unschätzbare Gut der frohen Verkündigung des Wortes Jesu, des persönlichen Glaubens an ihn und des »Tuns des Gerechten«, wie Bonhoeffer sagt.

Ich erhielt einen Beifall wie kein anderer der Redner. Es waren an die 300 CDU-Mitglieder im Saal. Die Verantwortlichen dieser Veranstaltung jedoch hatten versteinerte Gesichter. Später hörte ich, dass die Vorträge eigentlich hätten veröffentlicht werden sollen, dass man es jedoch mit Blick auf meinen Beitrag unterließ. Ich aber erlebte wieder in meinem Herzen die Freude: »Handle nach deinem Gewissen – und du bist frei.«

Es war Tradition, dass die CDU des Bezirkes Frankfurt/Oder in der ersten Maiwoche eine Tageskonferenz bei uns durchführte, »Lobetaler Gespräche« genannt. Lobetal bot die Räume und die Verpflegung und natürlich im Mai ein schönes dörfliches Umfeld. Man fragte mich, ob das nun auch nach dem Wechsel von Pagel auf Holmer weiterhin stattfinden könne. Ich sagte zu, schlug aber vor, dass wir den Tag mit einer Andacht in der Kirche beginnen sollten, die ich halte. Man war einverstanden. So hielt ich dann jeweils eine Andacht unter dem Bibeltext der Jahreslosung. Für mich war es wieder einmal eine Gelegenheit, das Wort Gottes unter die Leute zu bringen. Bei solcher CDU-Zuhörerschaft tat ich es besonders gern. Es waren ja durchaus nicht alle Parteimitglieder Christen. Volksmission war mir ja auch in der diakonischen Arbeit ein Anliegen geblieben. Bei diesen Andachten habe ich manches dankbare Echo erhalten.

Wer sich allerdings als Pastor auf die Parteiebene und in Staatsnähe begibt, muss mächtig auf der Hut sein. Ich war noch nicht lange in Lobetal, da fragte die CDU an, ob ich nicht mit meiner Frau zu einer Studien- und Urlaubsreise in die Sowjetunion mitfahren wolle. Stationen: Moskau, Sagorsk (Zentrum der orthodoxen Kirche) und Urlaub am Schwarzen Meer, alles kostenlos. Ich spürte: Wenn du hier teilnimmst, wirst du in einen Sog hineingezogen, aus dem du nur schwer herauskommst. Ich hätte noch nicht einmal öffentlich meinen Dank für die wunderbaren Tage auszusprechen brauchen. Allein schon die Veröffentlichung der Teilnehmerliste würde bei meinen Mitarbeitern die Frage aufwerfen: Wieso haben eigentlich leitende Leute solche Vorteile? Und es entstünde der Eindruck: Nun lässt auch er sich kaufen. Ich sagte also ab und war froh dabei. Es blieben immer noch genug andere Dinge, die bei der Basis den Eindruck erwecken: Die Leitung hebt sich von uns ab. Das auf ein Minimum zu beschränken, sollte jedem Leiter wichtig sein. Oft werden in der Bibel führende Persönlichkeiten ermahnt: »Du sollst dich nicht durch Geschenke bestechen lassen; denn Geschenke machen die Sehenden blind« (2. Mose 23,8). Auch in diesen ganz irdischen Fragen gibt Gottes Wort Orientierung.

Es ist viel Kritik daran geübt worden, dass von kirchenleitenden Persönlichkeiten die Standortbestimmung der Kirche mit dem Slogan »Kirche im Sozialismus« beschrieben wurde. Man hat es gelegentlich so aufgefasst, als habe sich die Kirche an den Sozialismus angepasst oder gar mit ihm identifiziert. Gewiss, man kann das Wort auch so auslegen. Aber man muss es nicht so verstehen. Zwar ist dies ein schillernder Begriff, vielleicht sogar gewollt. Doch es heißt nicht Kirche »für« den Sozialismus und nicht »gegen« den Sozialismus, sondern »im« Sozialismus. So habe ich das Wort verstanden und gelegentlich auch so gebraucht. Es war mir wichtig, dass wir unseren Dienst mitten im Sozialismus taten. Etliche von uns Diakonen, Predigern und Pastoren waren ja ganz bewusst in der DDR geblieben oder in sie übergesiedelt. Es ist nämlich auch zu fragen, ob der Sozialismus nicht dadurch ein ganzes Stück menschlicher geworden ist, dass es mitten in ihm die Christen, die Diakonie, die Kirche und die Freikirchen gab. In der Wende ist das dann ja vor aller Welt offenbar geworden. Manchmal habe ich mich allerdings auch wie ein heimlicher »Partisan Gottes« gefühlt, dass ich nämlich bewusst mitten in diesem Lande geblieben war, in dem der Atheismus zur Staatsreligion erklärt war. Es war mir ein Vorrecht, gerade hier Gottes Wort, seine Liebe, seine Ordnungen und seinen Anspruch an uns Menschen zu Gehör bringen zu können.

Mir war von Anfang an klar, dass ich in einer so großen Einrichtung mit meiner vom innerkirchlichen Pietismus geprägten Theologie auch mit Widerstand rechnen musste. Deshalb erbat ich mir von Gott die Gabe, allen Ärger, Frust und Feindschaft nicht ins Herz eindringen und mein Gemüt verfinstern zu lassen, sondern derartige Dinge sofort im Gebet an ihn weiterzugeben. Ich denke, das hat mich seelisch gesund erhalten. So kam denn auch sehr bald der erste Streit. Ein leitender Mitarbeiter machte mich vor seinen etwa 20 Untergebenen schlecht. Natürlich wurde mir der Vorfall zugetragen, was ihn nicht störte. Ich stellte ihn sofort zur Rede und machte den Vorschlag, dass wir uns gegenseitig verpflichten wollten, nicht hinter dem Rücken des anderen zu reden, sondern uns direkt zu sagen, was anstünde.

Er: »Fällt mir gar nicht ein.«

Ich: »Gut. Dann will ich ein Gespräch beim Vorsitzenden erbitten, damit er das klärt.«

Er: »Tun Sie das.« Doch bald danach meinte er: »Wir können uns ja auch einigen.«

Wieder einmal hatte sich der Grundsatz bewährt: Weiche Gegnerschaft oder Niedertracht nicht feige aus, sondern gehe sie offen und direkt an, möglichst ohne andere erst einzubeziehen. Bleibe ruhig und fest, möglichst auch liebevoll. Dabei darf ein Leiter sich durchaus auch einmal auf seine Amtsvollmacht berufen. Mir haben immer die Leute leid getan, die Konfrontationen auswichen und den Ärger in sich hineinfraßen oder an ihre Umgebung weitergaben. Eine schwache Leitung ist immer eine Not für ein Werk. Eine starke Leitung schafft Klarheit in den Beziehungen der Mitarbeiter, sodass jeder weiß, was zu tun ist. Starke Leitung? Ja, aber dabei habe ich mir immer wieder vor Augen gestellt, dass meine Gesamtleitung Dienst ist und nicht Herrschaft, Dienst dazu, dass unsere Hauseltern für ihre Arbeit an den Bedürftigen die nötigen Mittel und Kräfte haben. So sollte das Leitungsamt zugleich auch Dienst für jeden Heimbewohner sein.

Meine Amtsvorgänger habe ich geschätzt. Vom ersten Leiter Lobetals, Pastor *Friedrich Onnasch*, habe ich allerdings nur wenig gehört. Er muss eine respektable Persönlichkeit gewesen sein. Nach einer gewissen Zeit aber hat er sich in den Pfarrdienst zurückrufen lassen, in dem wohl nicht so viel Verwaltungs- und Finanzarbeit, sondern mehr Predigtdienst zu tun war.

Der zweite Leiter Lobetals, Pastor Dr. h. c. *Paul-Gerhard Braune*, hat bis in meine Zeit hinein deutliche Spuren hinterlassen. Er hat Lobetal mit einem fröhlichen Christentum nachhaltig geistlich geprägt. Noch nach 30 Jahren sprach man in Lobetal mit Hochachtung und Liebe von ihm. Von großer Bedeutung für ganz Deutschland wurde sein Einsatz zur Rettung der Behinderten im Dritten Reich. Auch aus dem Lobetal angegliederten Heim in Erkner sollten 25 Frauen abtransportiert werden. Pastor Braune und der leitenden Diakonisse Elisabeth Schwartzkopf gelang es durch kluge und mutige Winkelzüge, den Abtransport zu verhindern. Ein bereits zum Abtransport angefahrener »grauer Bus« fuhr unverrichteter Dinge wieder ab. Im weiteren Kampf gegen die von Hitler angeordnete Aktion der »Euthanasie« hat er eine gründlich recherchierte Denkschrift verfasst. In ihr deckte er die geheim gehaltenen Morde auf und sandte die Denkschrift außer an Hitler zugleich auch an andere Verantwortungsträger in Kirche und Staat. Dafür ist er ein Vierteljahr lang inhaftiert worden. Diese Denkschrift hat – abgestimmt mit Pastor Fritz von Bodelschwingh – maßgeblich dazu beigetragen, dass die Aktion der Krankenmorde offiziell beendet wurde und viele Behinderte am Leben blieben. So hat Pastor Braune weit über den engen Kreis von Lobetal hinaus gewirkt. Durch sein leitendes Amt im »Zentralausschuss der Inneren Mission« hat er von Lobetal aus die diakonisch-missionarische Arbeit der Kirche in ganz Deutschland gefördert. In Anerkennung dieser Verdienste wurde ihm 1948 von der theologischen Fakultät der Humboldt-Universität die Ehrendoktorwürde verliehen.

Mit meinem Vorgänger Kirchenrat Karl Pagel fühlte ich mich geistlich verbunden. Ich spürte ihm ab, dass er die Häuser und Herzen mit der Liebe von Jesus erfüllen wollte. Auch unter ihm konnte sich Volksmission entfalten und Lobetal blieb ein Werk der Kirche. Deutlich brachte er zum Ausdruck, dass er sich über mein geistliches Engagement freute.

Von ganz großem Gewinn für Lobetal war der Dienst unserer Ärztin, Frau Dr. Schikarski. Sie war als gläubige Christin vor Jahren, noch vor dem Mauerbau, zunächst nur zur Aushilfe von Bethel nach Lobetal gekommen, war dann aber in Lobetal »hängen geblieben«, obwohl alle ihre Verwandten in Westdeutschland lebten. Das bedeutete einen Verzicht für die ganze Familie. Denn nun konnte sie nur unter erschwerten Bedingungen, zeitweise gar nicht, Besuche bei ihren Eltern und Geschwistern machen. Es war die Stärke ihres Dienstes, dass sie nicht nur modernes Epilepsie-Fachwissen aus Bethel mitbrachte, sondern auch geistlich-seelsorgerliche Hilfe gab. Ihr Dienst war nicht nur für die Bewohner Lobetals wichtig. Sie hat auch eine ambulante Arbeit aufgebaut, die weit über Lobetal hinausging. Ihre Arbeit bekam dadurch eine besonders nachhaltige Wirkung, dass sie ambulante Patienten auch für kurze oder längere Zeit in unser Krankenhaus »Tabor« aufnahm.

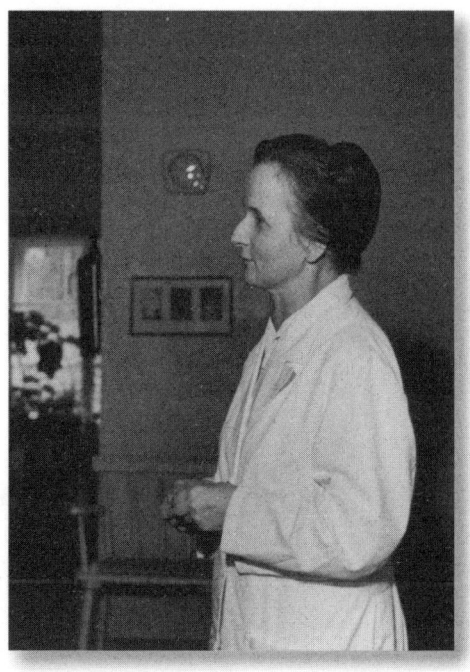

Frau Dr. Marie-Luise Schikarski, 1965.

Bis nach Sachsen hin erstreckte sich ihr Dienst für epilepsiekranke und seelisch angeschlagene Menschen. So hat sie Lobetal in der ganzen DDR bekannt gemacht und auch den Dienst der Anstaltspastoren hilfreich ergänzt. Es war ein schönes Bild, wenn Frau Dr. Schikarski am Sonntagmorgen mit einem ganzen »Gefolge« in die Kirche kam, eine Ermutigung für uns Pastoren und zugleich ein Hinweis an Unentschlossene: »Ich freute mich über die, die mir sagten: Lasset uns ziehen zum Hause des Herrn« (Psalm 122,1). Es war klar, dass da auch eine persönliche Freundschaft entstand, besonders auch zu meiner Frau und den Kindern. Gläubige Ärzte – welch eine Wohltat können sie für die Menschen sein!

Wie bei jedem Umzug, so war es auch bei unserem Wechsel von Falkenberg nach Lobetal. Manches war schöner, anderes nicht. Sehr schön war es, dass wir in dem freundlichen, geräumigen Pfarrhaus von Lobetal wohnten. Es liegt am Mechesee. Besonders meine Frau fühlte sich von Anfang an dort wohl. Im Sommer sprangen wir direkt vom Bett in den See. Unsere Kinder waren nun schon größer und meine Frau kam etwas mehr zur Ruhe. Sie genoss ihr Reich. Gern hat sie aber unser Haus für Mitarbeiter, Gäste, Rentnerfeiern und dergleichen geöffnet. Mir war unser Haus ein schönes Nest. Hier fühlte ich mich wohl, wenn ich müde nach Hause kam. Ich konnte aber auch entspannt und zufrieden an die Arbeit des neuen Tages gehen. Das hat die Hinwendung zu den Menschen sehr erleichtert. Entsprechend habe ich auch besonders gern Mitarbeiter eingestellt, die eine gute Ehe hatten. Sie waren eher frei für ihren Dienst an Menschen und konnten leichter ein gutes Klima im Heim entfalten.

Die Kirche in Lobetal. Weil wir im Sozialismus kaum mal einen Kirchenbau genehmigt bekamen, wurde der alte Hoffnungstaler Betsaal zerlegt und im zentralen Lobetal wieder aufgebaut. Unterwegs ist er um ein paar Meter in Länge, Breite und Höhe »gewachsen«. Es ist kaum möglich, dass die lokalen Behörden das nicht bemerkt haben. Mancher Genosse (der SED) war uns heimlich wohlgesonnen. Das Bild zeigt nur die vordere Hälfte des Kirchenraumes.

Unsere Kinder, nur noch die vier jüngsten, fanden auch in Lobetal schnell gute Freunde und Zugang zum Jugendkreis der Gemeinde. Jugendliche brauchen Freunde und ein geselliges Miteinander. Der Jugendkreis in Falkenberg hatte ein deutlich biblisches Gepräge gehabt. Er hatte uns Eltern in dem unterstützt, was wir unseren Kindern gern vermitteln wollten: dass sie ihr Leben unter die Herrschaft von Jesus stellten und ihren Alltag als Jünger von Jesus bewältigen wollten. Im Jugendkreis hatten sie einander ermutigt, täglich die Bibel zu lesen und zu beten, in der Gemeinde mitzuarbeiten, missionarisch zu leben und sich um Außenstehende zu kümmern. Wir waren froh, dass auch in Lobetal ein Jugendkreis bestand, und freuten uns, dass unsere Kinder sich dort integrierten. Aber es war schwerer, sie zu einem eigenständigen Glaubensleben zu führen mit selbstverständlich täglichem Bibellesen und Beten. Dort diskutierte man mehr über die Bibel, als sie zu studieren. Später habe ich oft gesagt: »Wohl den Eltern, die an einem Ort leben, in dem ein lebendiger Jugendkreis existiert. Er ist eine große Hilfe für die geistliche Entwicklung der Kinder. In einer Stadt sollte man sich unter Umständen sogar nach diesem Kriterium einer Gemeinde anschließen.« Was Lobetal allerdings an Kinderarbeit, an Singe- und Posaunenarbeit zu bieten hatte, war einfach fantastisch. Die Gottesdienste waren »schön« und die Kirche fast jeden Sonntag voll. Bewohner und Mitarbeiter saßen dort einträchtig beieinander. In den Heimen wurde täglich eine Andacht gehalten und gesungen. In unseren Predigten haben wir Pastoren natürlich auch für die behinderten Gottesdienstbesucher gesprochen, viel mehr aber für die Mitarbeiter und die übrige Gemeinde. Das allerdings taten wir so anschaulich, schlicht und lebensnah wie möglich, damit jeder es verstand. Wir waren der Überzeugung: Die Mitarbeiter bestimmen das Klima in den Heimen. Deshalb müssen sie sich von Gottes Wort prägen lassen. Damit ist dann auch dem gesamten Heim ein wichtiger Dienst getan. Die Heimbewohner aber saßen eigentlich immer sehr aufmerksam in der Predigt. Wir staunten oft, wie viel sie mitnahmen. So wollten wir in Lobetal einfach mit Jesus leben und unsere Bewohner auf diesem Weg mitnehmen. Der Dienst an Alten und Behinderten ist ein schöner Dienst. Bewegt hat mich oft, wie zutraulich und zuversichtlich, wie unkompliziert und freundlich unsere behinderten Heimbewohner waren. Wer ihnen freundlich begegnete, bekam ein doppeltes Maß an Freundlichkeit zurück. Das machte den Dienst in Lobetal schön. Gelegentlich jedoch musste ich auch einmal einem Mitarbeiter sagen: »Bitte, wir sind hier in einer Wohngemeinschaft für reife alte Menschen und nicht in einer Kaserne.«

Eine diakonische Gemeinschaft braucht immer wieder mal ein geselliges Zusammensein in größerem Rahmen. Dieses Gebäude hatte einmal als Lazaruskapelle im Berliner Osten gestanden ... Bodelschwingh hatte es auf Abbruch gekauft, es zerlegen und in Lobetal neu errichten lassen, natürlich größer und praktischer eingerichtet.
Heute finden hier die größeren Feste und Versammlungen statt.

Wir hatten auch viel Spaß mit unseren Heimbewohnern. In einem Jahr hatten wir einen außergewöhnlich nassen Winter. Da war das Grundwasser in einer Außenstation so stark angestiegen, dass der Keller eines Hauses unter Wasser stand. Was tun? Der Hausvater dichtete den Keller im folgenden Sommer gründlich ab und goss auf die Dichtung eine 15 cm starke Betonschicht. Der Schaden war behoben. Aber der Keller, auch die Kellertüren, hatten um 15 cm an Höhe verloren. Beim nächsten Besuch besichtigte ich das Gebäude. Ein Heimbewohner hatte es sich nicht nehmen lassen, unsere »Kommission« zu begleiten. Er hatte mitgearbeitet. Am Kellereingang stellte er sich vor mich hin und sagte: »Pass auf, bück dich. Sonst stößt du dir die Birne und landest auch hier.« So hatten wir manchen Spaß mit unseren Heimbewohnern und viel Freude mit ihnen. Aber manchmal mussten wir uns auch fragen: Hoppla, stimmt überhaupt die Diagnose, mit der der Jugendliche zu uns kam? Ist sein Hauptproblem wirklich die intellektuelle Behinderung? Ist er vielleicht nur in einem Umfeld aufgewachsen, das ihn sozial verwahrlosen ließ? Für Einzelne konnten wir schon vor der Wende eine Förderung schaffen und ihre Persönlichkeit konnte sich weiterentwickeln. In einem Fall schaffte es ein junger Mann sogar bis zum Abschluss der 10. Klasse und bis zu einer Berufsausbildung. Wir haben es dankbar als großen Fortschritt empfunden, dass es nun nach der Wende Unterricht und Werkstattarbeit für alle Behinderten gibt.

Als Hauptaufgabe des Leiters sah ich in Lobetal neben der lebendigen Verkündigung von Gottes Wort die Gewinnung geeigneter Mitarbeiter. Von den Mitarbeitern hängt das Klima eines diakonischen Werkes ab. Daher hatte ich gleich zu Beginn meines Dienstes die Personalhoheit an mich genommen und auf dem Recht eines Leiters bestanden, Mitarbeiter einzustellen oder auch zu entlassen. Es war keine leichte Aufgabe, jeweils die richtige Person zu finden. Oft habe ich diese Frage vor Gott im Gebet bewegt, natürlich auch in Absprache mit den Leitern der Häuser und Fachbereiche. Es war mir wichtig, möglichst keinen Fehlgriff zu tun. Jede Fehlentscheidung in dieser Frage bringt hinterher große Not, für das Werk und auch für den Betreffenden. Ich erinnere mich: Wir hatten in Lobetal Direktionssitzung. Da beklagte sich der Vorsitzende unserer Mitarbeitervertretung: »Sie nehmen immer nur Ihre Leute.« Er meinte damit bewusst gläubige Christen. Ich entgegnete: »Nein, ich habe leider nicht so viele wie nötig. Gelegentlich muss ich sogar Menschen nehmen, die nicht Mitglied in einer Kirche sind. Von ihnen verlange ich dann, dass sie sich wenigstens hineinstellen in das geistliche Klima des jeweiligen Hauses. Wenn ich aber leitende Leute suche, etwa den Leiter eines Pflegeheimes, muss ich einen finden, der für gute Andachten sorgen und der sich ans Bett eines Sterbenden setzen und ihm Gottes Wort sagen, mit ihm beten und ihn auch segnen kann. Wenn jedoch jemand selbst keine Hoffnung über den Tod hinaus hat, wie soll er einen Sterbenden trösten, ihm Hoffnung vermitteln?« Dies hat er eingesehen. Ich aber empfand wieder neu die Last der Verantwortung für das geistliche Profil unseres Werkes. Und ich war dankbar, dass Jesus uns den Weg gewiesen hat: »Die Ernte ist groß, und wenige sind der Arbeiter. Bittet den Herrn der Ernte, dass er Arbeiter in seine Ernte sende« (Matthäus 9,37f.). Deshalb kann gerade ein Leiter seinen Dienst nicht ohne Gebet tun.

Übrigens hatten wir Mitarbeiter aus allen christlichen Konfessionen, aus den Landeskirchen, aus den Freikirchen, auch verantwortliche Kräfte aus der katholischen Kirche. Ein beträchtlicher Anteil kam auch aus den Landeskirchlichen Gemeinschaften, meist aus Sachsen. Wir könnten überhaupt keine gesunde diakonische Arbeit tun ohne eine faire Allianz-Haltung: Wer an Jesus glaubt, ist Gottes Kind (1. Johannes 3,1), und gläubige Christen sind einander Brüder oder Schwestern, unabhängig davon, zu welcher Denomination sie gehören. Diese Überzeugung war unter dem Druck im Osten noch deutlicher ausgeprägt als im Westen Deutschlands. Sie sollte auch im vereinigten Deutschland unsere Zusammenarbeit bestimmen. Wer erlebt, wie die Christen etwa in Osteuropa sich im Zusammenstehen der Konfessionen schwertun, empfindet die Zusammengehörigkeit in der Evangelischen Allianz als etwas besonders Kostbares.

Von Anfang an stand vor dem Anstaltsleiter von Lobetal die Aufgabe, mehr Wohnraum zu schaffen, sowohl für die Heimbewohner als auch für die Mitarbeiter. Als ich kam, war vieles schon erreicht worden, meist mit tatkräftiger Hilfe von Bethel, das uns jedes Jahr einen namhaften Betrag an harter D-Mark zur Verfügung stellten. Ja, sogar ein ganzes Krankenhaus schickten sie uns in Fertigteilen herüber, ebenso auch ein Heim für behinderte Jugendliche. Darin hatten wir es leichter als manche andere diakonische Einrichtung. Aber als ich kam, lebten immer noch etwa 40 jugendliche Behinderte in einer der alten Baracken aus Bodelschwinghs Zeiten. Auch gab es noch eine Reihe von Ehepaaren mit Kind, die in nur einem Zimmer wohnten und sich Küche und WC mit anderen teilten. Also mussten wir einen starken Nachdruck auf das Bauen legen. Das war trotz der Hilfe von Bethel nicht leicht. Vom Staat nämlich, der selber mit seinen Bauprojekten nicht zurechtkam, waren kaum Genehmigungen für Handwerksleistungen, etwa Dachdeckerarbeiten, zu erhalten. Daher stellte Lobetal selbst eine ganze Reihe von Handwerkern an.

In einer ehemaligen Arztvilla, 10 km von Lobetal entfernt, betrieben wir ein kleines Altenheim mit etwa 20 Plätzen. Als es möglich war, für die Alten ein besser geeignetes Heim in Lobetal selbst zu schaffen, sah ich die Gelegenheit gekommen, die Arztvilla für eine Aufgabe zu nutzen, die mir schon lange am Herzen lag. Von meiner Zeit in Falkenberg und von der Mitarbeit in der Evangelischen Arbeitsgemeinschaft zur Abwehr der Suchtgefahren wusste ich, wie hilfreich es für frei gewordene Alkoholkranke zur Festigung ihrer Abstinenz ist, einen geschützten Arbeitsplatz zu haben. Einen solchen konnten wir bieten, weil wir Arbeitskräfte suchten und die Möglichkeit hatten, Arbeitsverträge abzuschließen. Über meinen Freund Heinz Nitzsche, der inzwischen Suchtreferent des Diakonischen Werkes in Mecklenburg war, konnten wir das Ehepaar Klinghammer gewinnen. Sie stellten wir als Hauseltern an und nun konnten wir gleich auch etwa ein Dutzend Personen aufnehmen, die von ihrer Alkoholsucht loskommen wollten. Damit war Lobetal wieder ganz eng bei der Aufgabe, der sich die Kolonie schon in der Gründungszeit stellen musste. Bereits im Gründungsaufruf für Lobetal hatte Pastor von Bodelschwingh vom Besuch in einem der Berliner Obdachlosenasyle berichtet und wörtlich geschrieben: *»Manche hatten noch ein sehnliches Verlangen nach Rettung aus ihrer Not, anderen merkte man es an, dass sie schon so tief in Sumpf und Sünde versunken waren, dass das bessere Ich* *sich kaum noch nach Hilfe sehnte. Alle aber ohne Ausnahme glichen jenem versinkenden Jüngling im Torfmoor* (von dem er vorher geschrieben hatte); *alle waren in noch viel größerer – weil geistiger und ewiger Todesgefahr; alle bedurften sie schnell einer rettenden Hand.«* Und er fährt fort: *»Die meisten Asylisten sind ja als Schwerkranke zu bezeichnen: 75 % und mehr sind ja Knechte des Alkohols! Gerade diesen tut aber eine Arbeit unter freiem Himmel zu ihrer Genesung besonders not, und zwar auch fern von den Versuchungen der Großstadt.«* Diese nun von Lobetal wieder aufgenommene Hilfe für Suchtkranke hat beiden Seiten gedient und sich nach der Wende weiter entfaltet.

Pastor von Bodelschwingh hatte die Gabe, Menschen in allen deutschen Landen zur Beteiligung an seinem Lebenswerk zu motivieren. Er selbst war von der Not seiner Mitmenschen tief bewegt. So kamen seine Bitten um Mithilfe aus einem betroffenen Herzen. Seine Spendenaufrufe bewegten das Gemüt vieler liebevoller Menschen. Ja, es gelang ihm, den Angesprochenen deutlich zu machen, dass die Beteiligung an diesem Hilfswerk eine Chance sei. Sie dürften mithelfen und gewiss sein, dass ihr vergängliches Geld und Gut unvergänglichen Segen bewirkten. Dadurch, dass von Bodelschwingh mögliche Spender so deutlich in sein Rettungswerk mit hineinnahm, gewann er einen großen Freundeskreis. Meine Vorgänger hatten den Freundeskreis sorgsam gepflegt. Als ich die Leitung Lobetals übernahm, freute ich mich über die vielen Freunde überall im Land. Denn sie gaben uns mit ihren Sach- und Geldspenden die Möglichkeit, die Lebensbedingungen unserer Heimbewohner ständig zu verbessern. Für uns ergab sich daraus aber auch die Aufgabe, unseren Spendern zu zeigen, wie und wo ihre Spenden zum Nutzen und Segen der uns anvertrauten Menschen eingesetzt wurden. Wir hielten Freundeskreis-Rüstzeiten und jede Spende wurde beantwortet. Da war es mir nun wichtig, nicht nur einfach »Danke« zu sagen, sondern es sollte auch zu den Spendern ein Segen zurückfließen, ein Segen von uns schwachen, hilfsbedürftigen Menschen in Lobetal. Denn wenn wir auch schwach waren, so wurden wir doch immer auch mit geistlichen Gaben von Gott beschenkt, nicht nur die Leitung, sondern auch die Bewohner. Mir als Leiter der Hoffnungstaler Anstalten war es ein Anliegen, immer in den Dankesbriefen etwas von dem weiterzugeben, was Gott uns an geistlichen Gaben schenkte, etwas, womit Gott gerade die Schwachen tröstet und auf den Weg zum ewigen Ziel leitet. Mancher einsame Spender hat uns bezeugt, dass ihm die Dankesbriefe aus Lobetal viel bedeuteten. So war die Verbindung mit dem Freundeskreis ein Geben und Nehmen und wurde zu einem geistlichen Geschehen.

Was ich jetzt erzähle, geschah erst 1991/1992, bezieht sich aber auf Lobetal. Wir wohnten bereits in meinem nächsten Dienstort, in Serrahn, und sahen mit meiner Frau und unserem Jüngsten die Nachrichten. Wieder einmal wurde Oberkonsistorialrat Stolpe der Mitarbeit in der Stasi bezichtigt. Er habe dafür sogar die »Verdienstmedaille der DDR« erhalten, habe das aber zunächst geleugnet. Ich sagte zu meiner Frau: »Die habe ich doch auch.«

Sie: »Nee!«

Ich: »Doch, guck mal im Schrank nach.«

Und tatsächlich, da war sie. Natürlich hatte meine Frau das seinerzeit auch gewusst. Ich war ja damals zur »feierlichen Verleihung« nach Frankfurt/Oder gefahren. Aber in der Vielzahl der Ereignisse hatte sie das längst vergessen. Man konnte es also vergessen, auch Stolpe, der ja noch viel mehr um die Ohren gehabt hatte. Aber nun erinnerte ich mich: Nach einer Versammlung unserer CDU-Ortsgruppe hatte mich der Vorsitzende des CDU-Bezirksverbandes Frankfurt/Oder gefragt, ob ich die Verdienstmedaille der DDR annehmen würde, wenn er sie für mich beantragt. Ich überlegte: Immer wieder musste ich mit Funktionären und Behörden in Bau- und Versorgungsfragen für unsere Heimbewohner und Mitarbeiter verhandeln. Oft war ich von selbstherrlichen Genossen abgewiesen worden. Da könnte ich mir nun bei einem ähnlichen Fall das Ding doch einfach mal an die Brust hängen und »gewichtiger« auftreten. Also sagte ich zu. Bei der Verleihung in Frankfurt/Oder war ich mir vorgekommen wie ein weißer Rabe. Es wurden etwa 30 Leute mit den verschiedensten Orden und Ehrenzeichen bedacht, meist Funktionäre, wie »verdiente« Lehrer und Ärzte des Volkes. Und dann hieß es: »Die Verdienstmedaille der Deutschen Demokratischen Republik erhält Unionsfreund und Bürgermeister Pastor Uwe Holmer.« So ein frommer Mensch dazwischen, das war für alle Anwesenden höchst ungewöhnlich. Die Verleihung war verbunden mit einer Prämie von 1 000 Mark. Ich spürte, wie ich auf Glatteis geraten war. Die Partei hatte zuweilen das Prinzip angewendet »Die Oberen streicheln und die Unteren drücken«. Damit hoffte man, einflussreiche Bürger gefügig zu machen und zur Basis hin noch Zwietracht zu säen. Und nun noch 1 000 Mark mit dem Hinweis: »für Sie persönlich«! Das wäre mir das Schlimmste, wenn meine Mitarbeiter das Vertrauen zu mir verlören. So gab ich die 1 000 Mark meiner Sekretärin in die Hand und diktierte ihr einen Brief an alle 16 Hauseltern Lobetals. Ich berichtete ihnen von der Verleihung und erklärte, ich verstünde es so, dass damit alle Mitarbeiter Lobetals geehrt worden seien. Denn ihrer guten Arbeit verdankten wir die Anerkennung. Daher bat ich sie, sie möchten doch ein herausgehobenes Frühstück oder dergleichen für unsere Mitarbeiter bereiten und die Rechnung an mein Büro senden. Damit war »die Kuh vom Eis«.

Stolpe habe ich übrigens immer für einen fairen und mutigen Verhandlungspartner der Kirche gegenüber dem Staat gehalten. Wer sich darüber entrüstet, dass Stolpe gelegentlich freundliche Töne gegenüber dem Staat angeschlagen habe oder vom Gegner angesehen wurde wie einer, der mit ihnen zusammenarbeitet, verkennt, wie heikel seine Verhandlungen mit den Behörden der DDR waren. Immer, wenn ein junger Mensch mit Gefängnis bedroht wurde oder schon inhaftiert war, suchten die Eltern und Verwandten Hilfe bei der Kirche. Und immer hieß es dann: »Bruder Stolpe, bitte kümmern Sie sich.« Wenn er schließlich hatte helfen können, hat er oft wenig Dank erfahren. Wenn dann aber sogar Losgekaufte oder Freigewordene Stolpe der Zusammenarbeit mit dem Staat bezichtigten, dann fand ich das immer schon empörend. Ich weiß nicht, wie »vertraut« Stolpe mit den Genossen umgegangen ist oder wie vertraut sie das empfanden. Aber dessen bin ich völlig sicher: Stolpe hat immer für die Gefährdeten und nie gegen Kirche und Schutzbefohlene gehandelt. Man kann schnell zum Pharisäer werden, wenn man die heikle Situation dieses Mannes und anderer Helfer nicht kennt.

Es war bei einer Bibelrüste in Woltersdorf bei Berlin mit über 60 Studenten. Vormittags hielten wir eine gründliche Bibelarbeit mit anschließendem Gruppengespräch. Danach gingen die jungen

Leute auf die Stationen des Krankenhauses und sangen. Am Nachmittag, während die jungen Leute baden gingen, blieb ich zu Hause und hielt mich zu Gesprächen bereit. Da kam ein Student und sagte: »Ich muss Ihnen mal erzählen, wie ich zur Stasi kam. Ich hatte einen Verkehrsunfall und war schuld. Man machte mir den Prozess. Doch einige Tage vor der Hauptverhandlung kam jemand und erklärte mir: ›Sie haben nichts davon, wenn Sie verurteilt werden, und wir auch nicht. Wir wissen, dass Sie in den Jugendkreis der Landeskirchlichen Gemeinschaft gehen. Wir machen Ihnen den Vorschlag, dass Sie uns berichten, wer dort hingeht und was dort gemacht wird, jeden Monat einen Bericht. Sie schaden damit niemandem, denn es ist für alle gut, wenn wir wissen, dass dort nichts Staatsfeindliches geschieht. Bitte, unterschreiben Sie, und wir werden den Prozess niederschlagen. Sie können auch weiter studieren. Wir werden Sie auch von der Wehrpflicht befreien.‹« Der Student berichtete weiter: »In meiner Not unterschrieb ich. Jeden Monat musste ich nun meinen Bericht abliefern, immer an einem anderen Ort. Doch nach einem halben Jahr war ich seelisch kaputt. Im Bibelaustausch und beim gemeinsamen Gebet dachte ich: ›Wenn die wüssten, dass ich über sie berichten muss!‹« Er hielt es nicht mehr aus und offenbarte sich seinem Vater. Auch der war ratlos. Sie gingen zu ihrem Pfarrer. Der sagte: »Setz Dich hin, wir schreiben eine Kündigung.« Er legte dar, dass er vor einem Nervenzusammenbruch stehe und nicht weiter bereit sei zu berichten. Am Schluss schrieben sie: »Mein Vater und Pastor N. N. wissen um diesen Brief.« Natürlich war der Stasi-Offizier empört. Aber der Student blieb bei seiner Weigerung. Es dauerte jedoch noch ein halbes Jahr, bis man von ihm abließ. Ich hatte Hochachtung vor diesem jungen Mann. Denn den Stasi-Dienst zu kündigen, dazu gehörte eine feste Entschlossenheit und viel Mut. Inzwischen wissen wir ja, dass die Stasi sehr viele ihrer Mitarbeiter durch Erpressung rekrutierte. Das hilft mir zu einem milderen Urteil und lässt mich nicht einstimmen in pauschales, abfälliges Verurteilen. Übrigens hat die Stasi mit mir nie eine Zusammenarbeit gesucht. Ich stand für sie wohl doch zu weit auf der anderen Seite.

Haben wir Vertreter von Kirche und Diakonie mit den Genossen »geklüngelt«? Nein! Haben wir mit ihnen geredet? Ja, wir mussten es! Ich wollte es auch, denn sie sind doch Menschen! –

Da ruft ein Hausvater, der Leiter eines unserer Heime, an, in dem etwa 50 geistig behinderte junge Männer wohnen. Täglich sorgt er mit seiner Frau und den wenigen Mitarbeitern dafür, dass sie morgens ein ermunterndes Bibelwort gesagt bekommen, dass sie dann gut versorgt und ernährt an ihre Arbeit in der Landwirtschaft gehen und dass sie abends müde und zufrieden zur Ruhe kommen, dass also ihr Heim ein familiäres Klima erhält. Seine Eltern wohnen »im Westen«. Dort liegt nun sein Vater im Sterben. Er hat nach Empfang der telegrafischen Bescheinigung des Amtsarztes einen Antrag auf eine Reise zu seinen Eltern gestellt. Diese wurde abgelehnt, natürlich wie immer ohne Angabe von Gründen. Ich weiß, nun bin ich dran. Denn ich bin Vorgesetzter des Hausvaters und bin Leiter der Hoffnungstaler Anstalten. Also muss ich mich zum Fürsprecher für ihn machen. Da ich auch Bürgermeister von Lobetal bin, kenne ich die Mächtigen auf der anderen Seite. Sie stehen zwar ideologisch gegen uns, jedenfalls sollen sie es. Andererseits haben auch sie ein Interesse an einem einigermaßen erträglichen Verhältnis. Wir tun ja einen Dienst, der auch im Interesse des Staates ist. Wieder empfinde ich die Teilung unseres Landes als besonders tragisch. Da ist einer aus christlicher Verantwortung bewusst in der DDR geblieben, als seine Eltern in die Bundesrepublik gingen. Und nun soll er nicht einmal bei ihrem Sterben bei ihnen sein. Bei der unteren Behörde ist er abgewiesen. Für sie hatte ich bereits betriebliche Bescheinigungen ausgestellt. Ich hänge mich also ans Telefon und rufe den mächtigsten Mann beim Rat des Kreises an, den »Stellvertretenden Vorsitzenden und Leiter der Abteilung Inneres«. Ich weiß natürlich, dass er wahrscheinlich auch der Oberste des Staatssicherheitsdienstes ist. Das darf mich doch nicht hindern! Klar ist, dass ich da nicht anmaßend oder gar feindlich auftreten kann. Mich anbiedern will ich auch nicht. Aber respektvoll, Verständnis suchend muss ich schon bitten. Ich werde gehört. Die Bitte wird angenommen. Der Hausvater soll sich am nächsten Tag noch einmal melden. Er erhält die Genehmigung.

Und nun denke ich an die unseligen Diskussionen nach der Wende, in denen der Kirche vorgeworfen wurde, sie hätte sich zu sehr mit dem Staat eingelassen. Sicher hat es auch das gegeben. Aber aufs Ganze gesehen haben wir deutlich auf der anderen Seite gestanden. Um der Wahrheit willen blieb ich dabei, dass ich alles Unrecht ablehnte und mich nicht vor den Wagen der Parteipropaganda spannen ließ. Um der Liebe und um der Menschen willen aber musste ich mit den Genossen reden, sie als Menschen behandeln, gerade auch ihretwegen. Ob sie Stasi-Leute waren, danach durfte ich nicht fragen. Nicht Angst, aber eine gewisse Vorsicht war bei solchen Begegnungen immer angesagt.

Natürlich bin ich bespitzelt worden. Bei meiner Akteneinsicht erfuhr ich, dass allein in meiner Lobetaler Zeit acht Leute über mich berichtet haben. Interessant ist auch, dass die Stasi sehr bald nach meiner Wahl zum Leiter der Einrichtung nicht nur das Ergebnis wusste, sondern auch Genaueres über den Verlauf der Sitzung und die Stimmenverteilung. Der Bericht enthält auch die Bemerkung: »Operativ bedeutsam ist, dass Stolpe (OKR, Präsident des Konsistoriums) für Holmer gestimmt hat.« Man musste also bei einem so großen Werk damit rechnen, dass es selbst in der Führungsetage undichte Stellen gab.

Im Blick auf meine Stasi-Akte kommt mir manchmal der Gedanke, ob Jesus auch das gemeint hat, als er seinen Jüngern zusagte: »Ich habe euch Macht gegeben, zu treten auf Schlangen und Skorpione ... und nichts wird euch schaden« (Lukas 10,19). Manches freundliche Gespräch fiel mir ein und ich musste doch erkennen, dass mein Gegenüber mich dabei aushorchte und der Stasi von mir berichtete. Aber auch das erkannte ich: Es gab Menschen, die auf der Gegenseite standen und es im Grunde gut mit mir meinten, indem sie wohlwollend berichteten. Schon damals verbot es sich mir, Menschen nach ihrem Parteibuch zu beurteilen. Freundlich auf Menschen zugehen – aber »klug wie die Schlangen und ohne Falsch wie die Tauben« –, das war im öffentlichen Bereich immer schon gut, weil es dem Gegenüber die Chance bot, seine guten Seiten herauszukehren. Auch im Bannkreis der Stasi durften wir die Zuversicht haben: »Meine Augen sehen stets auf den Herrn; denn er wird meinen Fuß aus dem Netz ziehen« (Psalm 25,15) und »er wird deinen Fuß nicht gleiten lassen, und der dich behütet, schläft nicht« (Psalm 121,3). Deshalb war nicht Angst, sondern Zuversicht und Gelassenheit unser Grundgefühl als gläubige Christen in der DDR. Aber wir waren doch tief dankbar, dass mit der Mauer auch die »Firma Horch und Guck« verschwand.

Den Fall der Mauer und die Wiedervereinigung Deutschlands haben wir alle von Herzen begrüßt. Die bescheideneren Lebensverhältnisse haben uns, die wir nicht materialistisch denken wollten, nicht so sehr gestört. Aber die Teilung unseres Landes in zwei feindliche Lager, die Trennung unserer Familien, der Verlust der Freiheit, die atheistische Erziehung in Schule und Gesellschaft, die Benachteiligung von Christenkindern in der Schule und der Älteren im Beruf, die Erziehung zu Klassenhass und die Stasi – all das hat uns schon bedrückt. Ganz besonders heikel war es, wenn jemand kam und sich uns Pastoren anvertraute, weil er etwa Hilfe bei einer Übersiedlung in den Westen erbat oder die Beglaubigung einer Unterschrift im Erbfall, die eigentlich ein Notar geben musste, aber nicht geben durfte. Wir hatten im Allgemeinen das Vertrauen der Menschen. Aber konnten wir wissen, dass unser Gegenüber keine Falle der Stasi war? – Nun war das alles weg. Und wir freuten uns unter Tränen. Es wäre uns besser ergangen mit der Wiedervereinigung, wenn sich die Deutschen erst einmal Zeit genommen hätten zum Denken und Danken. Denn der Fall der Mauer war ein Wunder Gottes. Stattdessen gingen viele sofort ans Geldverdienen. Materialismus und Egoismus haben uns sehr geschadet. Da sollten wir Christen wenigstens Gott den gebührenden Dank bringen, zeichenhaft und stellvertretend für unser Volk. Noch immer, wenn ich die alten Grenzkontrollpunkte passiere, geht es mir durchs Herz, oft auch über die Lippen: »Nun danket alle Gott mit Herzen, Mund und Händen...«

Sigrid und Uwe Holmer vor dem Pfarrhaus in Lobetal.

9. Honecker

Der Staats- und Parteichef der DDR, Erich Honecker,
aufgenommen am 8. Oktober 1989 während der Feierlichkeiten
anlässlich des 40-jährigen Bestehens der DDR.
© dpa-bildarchiv

In den Tagen nach dem Mauerfall 1989 wurden die ehemals Regierenden beschimpft und angeklagt. Der Generalstaatsanwalt der
DDR erhob sogar Anklage gegen Erich Honecker wegen Hochverrats. Ich dachte, ich verstehe die Welt nicht mehr, und hielt das
für die Höhe der Heuchelei. Wie konnte er, der selbst durch die
Partei groß geworden war, nun solch eine Anklage erheben! In
jenen Tagen saß ich in meinem Arbeitszimmer und dachte an die
Genossen, die in Wandlitz, etwa 20 km von Lobetal entfernt, ihre
Wohnung hatten. Hatten ihnen nicht noch am 7. Oktober die Massen zugejubelt? Und nun sollten sie die allein Schuldigen sein, die

Verräter Deutschlands? Alle Schuld warf man auf sie und meinte, sich damit reinwaschen zu können. »Wie können die das nur verkraften«, dachte ich, »von der höchsten Höhe in den tiefsten Dreck gestoßen zu werden?« Sollte ich nicht einmal hinfahren und ihnen das Gespräch anbieten, vielleicht sogar seelsorgerliche Hilfe?

Aber dann ließ ich es. Andere Arbeit forderte mich. Und da ich den Genossen völlig unbekannt war, hatte ich auch keine Hoffnung, zu ihnen eingelassen zu werden. Doch dann erhielt ich in den Tagen zwischen Weihnachten und Neujahr 1989/90 einen Besuch von Pastor Werner Braune, der in unserem Pfarrhaus in Lobetal geboren worden war. Er kam auf Bitten der Kirchenleitung in Berlin und fragte, ob ich bereit sei, »Erich und Margot« aufzunehmen. Meine erste Frage: »Wie komme denn gerade ich dazu?« Seine Antwort: »Die Funktionärssiedlung Wandlitz wird zum 1. Februar 1990 aufgelöst. Die Regierungsmitglieder müssen ihre Häuser verlassen. Honecker liegt im Krankenhaus und wird in den nächsten Tagen noch einmal operiert. Wenn er entlassen wird, weiß er nicht wohin. Man hat ihm zwar eine Mietwohnung in Berlin angeboten, aber jedermann rechnet damit, dass die von aufgebrachten Bürgern gestürmt werden würde.« So wisse er nun nicht, wohin er sich vom Krankenhaus entlassen lassen könne. Da habe er durch Rechtsanwalt Vogel bei der Kirche angefragt, ob sie ihm wohl eine vorübergehende Unterkunft bieten könne. Die Kirchenleitung habe die Anfrage zwar wieder zurückgegeben. Der Staat sei dafür zuständig. Außerdem könne auch die Kirche nicht für die Sicherheit garantieren. Und bei der Brisanz dieser Frage müsse ihr auch versichert werden, dass Honecker wirklich selbst hinter dieser Anfrage stehe. Ich sei jetzt nur einmal im Voraus angefragt, ob wir, wenn die Bitte erneut geäußert würde, das Ehepaar aufnehmen würden. Ich sagte: »Und warum gerade wir?«

Braune erklärte: Die Kirche habe ja auch nur kleine Häuser, die ebenfalls gestürmt werden könnten. Wir aber seien ein ganzes Dorf. Alle Häuser gehörten der Diakonie. Da dachte die Kirchenleitung, wenn Honeckers mitten unter kirchlichen Mitarbeitern leben würden, wären sie vielleicht ein wenig abgeschirmt. Nach der stillen Stunde in meinem Studierzimmer ein paar Tage zuvor war ich innerlich vorbereitet und dachte sofort: »Das kann ja Gottes Antwort auf deine Frage sein.« So gab ich meine persönliche Zustimmung, sagte aber: »Da muss ich natürlich auch noch unsere Mitarbeiter fragen, denn die sind ja auch betroffen.« Doch Braune bat mich zunächst noch um Vertraulichkeit, bis klar sei, ob eine erneute Anfrage zur Kirchenleitung gelangen würde. Nach gut zwei Wochen kam dann die Nachricht aus Berlin, es habe sich kein anderer Weg für Honeckers gefunden, und die Bitte wurde erneuert. So informierte ich den Abteilungsleiter für die Heimaufnahme, Pastor Albrecht, und fragte, ob wir Platz hätten. Er antwortete: »Wir haben noch etwa 60 Voranmeldungen. Wenn wir nun Honeckers sofort einen Platz in einem Altenheim geben, könnte das so aufgefasst werden, als ob sie erneut Privilegien bekommen und andern vorgezogen würden.« Das ging also nicht. So sagte ich: »Wir haben doch gerade eine Zwei-Zimmer-Wohnung frei bekommen. Sollten wir die geben?« Er erwiderte: »Sie wissen doch um die Anträge von Mitarbeiter-Ehepaaren, die noch mit ihrem Kind in einem Zimmer leben. Die würden rebellieren.« Er hatte recht. So sagte ich zu meiner Frau: »Wir sind doch mit 6 Kindern in unser Pfarrhaus eingezogen. Nun leben nur noch zwei bei uns. Eigentlich hätten wir den Platz.« So kamen Honeckers zu uns privat.

Meine Frau geht Menschen entgegen, die auf der Straße vor dem Pfarrhaus Rede und Antwort fordern für dieses ungewöhnliche Geschehen.

Am Abend des 30. Januar 1990 sollten sie gebracht werden. Für den Vormittag rief ich die Direktion zusammen und bat sie, der Bitte der Kirchenleitung zu entsprechen und diese Aktion mitzutragen. Zunächst wurden Bedenken laut: Wir sind ein Ort für schwache Menschen. Es könnte Unruhe geben. Es könnten Menschen kommen und protestieren, eventuell auch sehr laut. Für solche Aktionen sind wir nicht gerüstet und nicht geeignet. Diese Bedenken waren ja ernst zu nehmen, denn wenn wütende Demonstranten unsere körperlich und seelisch empfindsamen und alt gewordenen Bewohner durcheinanderbrächten, würden wir viele Schwierigkeiten bekommen. Doch dann dachten wir an das Außerordentliche der Stunde und an den Auftrag von uns Christen, Vergebung zu üben, Versöhnung zu leben. Wenn überhaupt, dann wäre hier, mitten in der christlichen Gemeinde, der Ort, wo man der Rache von Menschen begegnen und ein Zeichen setzen könnte: Vergebung besiegt den Hass. Wir bedachten, dass wir an jedem Sonntag in unserer voll besetzten Kirche im Vaterunser beten: »Vergib uns unsere Schuld, wie wir vergeben unseren Schuldigern.« Könnten wir das ehrlich weiterbeten, wenn wir das nicht auch praktizierten? Und hatte nicht Jesus allen Jüngern gesagt: »Wenn ihr aber den Menschen nicht vergebt, so wird euch euer Vater eure Verfehlungen auch nicht vergeben« (Matthäus 6,15)? Und hatte nicht Pastor von Bodelschwingh Lobetal für Berliner Obdachlose errichtet und an den Eingang ein Standbild des einladenden Christus aufstellen lassen? Hatte er nicht seinen Diakonen die Anordnung gegeben: »Dass ihr mir keinen abweist!«? Nun war Honecker auch ein Berliner Obdachloser. Wir spürten: Hier könnte ein Auftrag Gottes für Lobetal sein. So waren wir uns nach drei Stunden Beratung einig geworden: Wir sollen es tun. Als ich am Nachmittag noch die Hauseltern zusammengerufen und auch ihre Zustimmung erhalten hatte, hatten wir eine tragfähige Einigkeit gewonnen. Wie wichtig das war, merkten wir in den Tagen danach. Als nun tatsächlich Protestierende und Demonstrierende erschienen und schimpften, mischten sich immer Mitarbeiter von uns unter sie und erklärten ihnen, warum wir als Christen meinen, das tun zu müssen. Fast immer konnten sie die Menschen beruhigen. Mancher, der mit Wut im Bauch gekommen war, ging mit einem gewissen Verständnis wieder weg. Emotional war für sie empörend, was wir taten. Rational aber und geistlich war es wohl gerade richtig, nicht Verachtung mit Verachtung zu vergelten. Denn ein Neuanfang, den wir uns so sehr wünschten, auch für Genossen und Funktionäre, kann nur durch Vergebung und Versöhnung, wenigstens Duldung geschehen.

Transparent von Demonstrierenden.

Nie ist jemand über unseren Gartenzaun gestiegen, den unsere Mitarbeiter repariert und abschließbar gemacht hatten. Doch sicher hat nicht dieses kleine Hindernis die Menschen von unserem Hause ferngehalten, sondern die geistige Waffe des Gespräches und des christlichen Zeugnisses. Das war in Lindow ganz anders. Acht Wochen später wechselten Honeckers dorthin, wo in einem staatlichen Ferienobjekt eine bessere Versorgung und medizinische Betreuung zu erwarten war. Aber schon am nächsten Tag baten Honeckers, zu uns zurückkehren zu dürfen. Die Bevölkerung aus der Umgebung von Lindow hatte sich gegenseitig aufgewiegelt und schrie nun: »Wenn Honecker bis morgen nicht weg ist, stürmen wir das Haus.« So kamen sie zurück und blieben noch zwei weitere Wochen bei uns, bevor sie Anfang April im sowjetischen Lazarett in Beelitz bei Berlin sicheren Schutz und gute medizinische Betreuung fanden.

Schon nachdem wir Honeckers begrüßt und mit ihnen Abendbrot gegessen hatten, kam ein Anruf von einem Kirchgemeinderat aus Thüringen. Sie hätten im Radio gehört, dass Honeckers in unserem Pfarrhaus Unterkunft gefunden hätten. Dagegen wollten sie protestieren. Manche von ihnen hätten schwere Nachteile im Sozialismus erlitten. Einigen sei auch der gewünschte Beruf verschlossen worden. Und nun nähme die Kirche den auf, der ihnen die Karriere verdorben habe. Das fänden sie empörend. Ich erklärte, warum wir das taten und dass auch wir uns hatten überwinden müssen. Wir baten aber, unser Tun zu respektieren, weil wir meinten, damit ihrem und unserem Herrn zu folgen. Und tatsächlich, vom anderen Ende hörte ich: »Na, wenn Sie meinen, das so tun zu müssen, dann wollen wir das respektieren.« Die nächsten Tage und Wochen waren mit derlei Begegnungen und Gesprächen, aber auch wüsten Beschimpfungen angefüllt und überfüllt.

Meist ging meine Frau mit immer neuem Freimut an den Zaun zum Gespräch, während ich von der Arbeit in unserem Werk gefordert wurde. Es war für uns Ostdeutsche ja die Zeit großer Umbrüche. Frau Honecker wischte, während draußen geschimpft wurde, bei uns zu Hause die Treppe. Einmal frei geworden von ihrem Ministeramt, war sie überhaupt nicht so arrogant, wie man uns vorher gewarnt hatte. Als ich am Morgen nach Honeckers Aufnahme in mein Büro kam, saßen dort schon zwei Reporter der »Bild-Zeitung«. Jede Einzelheit wollten sie wissen. »Sie beten doch bei Tisch?«, fragten sie.

Ich: »Ja, selbstverständlich«.

Die Reporter: »Hat Honecker mit gebetet?«

Ich: »Ich pflege meine Gäste beim Beten nicht zu beobachten.«

Am nächsten Tag stand in der Bildzeitung: »Holmer hat gebetet – Honecker hat Amen gesagt«, nach meiner Erinnerung unter der Überschrift: »Honi lernt beten.« Obgleich ich Honeckers versicherte, dass ich das nie sagen würde und sie mir auch glaubten, wirkten sie doch danach bei Tisch zurückhaltender. Nach einigen Tagen schufen wir für Frau Honecker die Gelegenheit, oben selbst zu kochen, damit sie ihrem Mann Krankenkost machen und sich nicht nach unserer Essenszeit richten musste. Mit der Zeit entwickelte sich zwischen Honeckers und uns ein gewisses persönliches Verhältnis. Man kann nicht zehn Wochen mit Menschen unter einem Dach wohnen und einander fremd bleiben, zumal wenn man von außen bedrängt wird. Wo Vergebung geschehen ist, wird der Weg frei zu einem normalen Verhältnis. Einen besonders intensiven Dienst tat in dieser Zeit meine Sekretärin, Frau Pflanz, die den täglichen Packen an Briefen durchlas, sortierte und mir gegebenenfalls zur Beantwortung vorlegte. Diese Arbeit ging weit über den Feierabend hinaus. Die größte Bedrängnis kam von der Presse beziehungsweise von Radio und Fernsehen. In unzähligen Gesprächen und Interviews sollte ich mich erklären. Das nahm viel Zeit in Anspruch und wurde mit der Zeit auch lästig, manchmal sehr lästig.

Professor Althaus, der Herrn Honecker operiert hatte, hat das Ehepaar nach Lobetal begleitet. Er bat mich, mit Herrn Honecker möglichst täglich an die frische Luft zu gehen. So ergaben sich manche persönlichen Gespräche.

Aber auch bei den Gesprächen mit Presse und Medien versuchte ich immer, einen gewissen geistlichen Akzent zu setzen und etwas von dem weiterzugeben, wie wir als Nachfolger von Jesus mit Benachteiligung und Bedrohung umgegangen waren und wie wir Wut und Ärger bei unserem Herrn abzugeben lernten. So, denke ich, haben wir einen kleinen Teil zur geistigen Bewältigung der DDR-Zeit und zum inneren Frieden in unserem Volk beitragen dürfen.

Hier nehme ich nun auf, was ich oben schon schrieb: Wir suchten immer einen lebendigen Kontakt zu unserem Freundeskreis. Natürlich waren auch unsere Freunde von der Aufnahme des Ehepaares Honecker bei uns sehr bewegt, verwundert, gelegentlich auch irritiert und verärgert. Wir erhielten in den zehn Wochen ihres Aufenthaltes bei uns an 3 000 Briefe, viele ablehnende und empörte, aber auch viele zustimmende. Eine Bekannte rief an: »Ihr müsst euch mal öffentlich äußern. Hier bei uns diskutieren die Menschen sehr erregt. Beim Schlachter und im Konsum meinen Leute: Das muss ja ein ganz ›roter Pastor‹ sein, dass er die aufnimmt. Schreib doch mal was dazu.« So habe ich die Gelegenheit genutzt und im Freundesbrief Lobetals vom Februar 1990 dazu Stellung genommen. Dort schrieb ich:

Liebe Freunde,

In der letzten Zeit haben wir eine große Menge an Post erhalten. Viele Menschen haben uns ihre Zustimmung, andere aber auch ihre Verärgerung über unser gemeinsames Wohnen mit Honeckers kundgetan. Vielleicht wundern Sie sich, wenn ich Ihnen sage, dass ich (fast) alle Stellungnahmen verstehen kann. Manche haben ja wirklich sehr Schweres erlebt, und die Erinnerung daran kommt immer wieder hoch. Doch haben wir auch umgekehrt erfahren: Unsere Gesprächspartner begannen auch uns zu verstehen, wenn wir nur Gelegenheit hatten, unsere Sicht gründlich darzulegen. Wir sind überzeugt: Dieses gegenseitige Gespräch ist ein notwendiger Vorgang bei der Bewältigung unserer Vergangenheit. Deshalb erlaube ich mir, Ihnen meine Erklärung an unsere Freunde zuzusenden, auch auf die Gefahr hin, dass Sie vielleicht schon einiges davon kennen:

1. Wir sind durch unsere Kirchenleitung um die Aufnahme gebeten worden. Sie teilte uns mit, dass es den staatlichen Behörden nicht möglich war, das Ehepaar in ihrem Bereich unterzubringen.

2. Mit der Aufnahme bei uns greifen wir in keiner Weise in das juristische Verfahren gegen Herrn Honecker ein und treffen auch kein Urteil über ihn. Das steht dem Gericht zu.

3. Erich Honecker hat ab 31.1.90, dem Tag, an dem er Wandlitz verlassen musste, kein Zuhause mehr, ist also obdachlos. Außerdem ist er nach zwei Operationen krank und 77 Jahre alt. Wohnungen, die ihm angeboten wurden, konnten ihm keine sichere Unterkunft gewähren.

4. In Lobetal steht eine Nachbildung Jesu Christi, wie er die Menschen einlädt und ihnen zuruft: »Kommt her zu mir alle, die ihr mühselig und beladen seid. Ich will euch erquicken.« Pastor von Bodelschwingh hat diese Plastik aufstellen lassen und seinen Mitarbeitern zugerufen: »Dass Ihr mir keinen abweist!« Wir sind von unserm Herrn aufgefordert, ihm nachzufolgen und uns all derer anzunehmen, die mühselig und beladen sind – seelisch und körperlich –, besonders aber derer, die obdachlos sind. Wir sehen uns zu dieser Entscheidung aber auch verpflichtet durch Jesu Vorbild im Blick auf seine Einkehr bei dem Zöllner Zachäus, durch sein Gebot der Feindesliebe und dadurch, dass er uns angeleitet hat zu beten: »Vergib uns unsere Schuld, wie wir vergeben unseren Schuldigern.« Das beten wir jeden Sonntag. Wir sind überzeugt, diese Anweisung Jesu für seine Jünger ist auch für uns verbindlich. Wir wollen ja nicht nur christliche Reden führen, sondern auch nach Jesu Vorbild handeln.

5. Es geht durch die Aufnahme bei uns niemandem ein Pflegeplatz verloren oder eine Wohnung, die wir für Pfleger verwenden könnten. Honeckers sind bei uns privat untergebracht worden. Doch wird diese Entscheidung von den leitenden Mitarbeitern Lobetals und von der Mehrheit unserer Bewohner mitgetragen.

6. Unsere Familie hat diesen Schritt nicht getan aus Sympathie mit dem alten Regierungssystem. Von unseren 10 Kindern haben wir für 8 einen Antrag auf den Besuch der Erweiterten

Oberschule gestellt. Keines von ihnen wurde angenommen trotz guter und bester Zensuren. Wir haben jedoch darüber keine Bitterkeit im Herzen, da wir in der Nachfolge unseres Herrn wirklich vergeben haben. Auch haben wir erlebt, dass Gott unsere Kinder auch ohne Abitur freundlich geführt hat.

7. *Bewegend, zum Teil erschreckend ist es für uns, wie hasserfüllt manche Menschen reagieren. Wir halten das für keine gute Ausgangsbasis für einen Neuanfang in unserem Volk. Wir möchten Mut machen zu neuem Denken, ja zu bewusster Liebe.*

8. *Meine Frau und ich halten es für eine verkehrte Sicht der Dinge, wenn jetzt alle Schwächen, alle Fehler und alle Verbrechen der vergangenen Epoche auf einen Menschen geworfen werden. Meine Frau kam oftmals von Elternversammlungen der Schule ganz verzagt zurück und sagte: »Ich war wieder mal die Einzige, die Kritisches gesagt hat. Einige Linientreue fielen über mich her. Die Mehrheit hat geschwiegen.« Wenn wir nicht lernen, die Schuld jeder bei sich zu suchen, werden wir die Vergangenheit nicht bewältigen. Nicht nur Wende, sondern Umkehr ist angesagt. Für Christen heißt das Buße über unser Versagen, ob nun im Blick auf Jugendweihe, Waffentragen, Wahl o. Ä. Auch ich spreche mich nicht frei von jeglicher Kompromissbereitschaft. Und Neuorientierung ist angesagt, für uns Christen Orientierung nach dem Willen Gottes. Nichtchristen könnten vielleicht doch auch den Weg der Liebe und Versöhnung mitgehen, um das Gift des Hasses aus unserem Volk auszustoßen.*

9. *Wir sind überzeugt: Es ist für uns wichtig, dass wir in echter demokratischer Grundhaltung die Überzeugung des anderen respektieren, auch wenn sie unserer eigenen entgegensteht. Wir erbitten von unseren Mitbürgern diese demokratische Respektierung unserer aus Überzeugung unternommenen Entscheidung, ja, wir erbitten Versöhnung, Menschlichkeit und Güte.*

Lassen Sie mich obiger Erklärung eine Beobachtung hinzufügen: In den vielen Gesprächen wurde uns wieder neu deutlich: Vergebung ist kein leichtes Ding. Das Unrecht ist eine Wirklichkeit.

*Und die Erinnerung daran wächst sich in unseren Herzen gar zu
leicht zur Bitterkeit aus und trennt uns voneinander. – Angesichts dessen wird mir Gottes Vergebung noch viel größer. Auch
für ihn war es nicht leicht zu vergeben. Seine Heiligkeit verlangt
ein gerechtes Gericht und Strafe für unsere Sünden. Nie könnte Gott »einfach so« vergeben, denn er ist absolut gerecht. Um
Vergebung zu ermöglichen, warf er unsere Sünde und Strafe auf
Jesus, seinen Sohn. Nun ist der Weg zur Vergebung frei. Sie wird
jedem gewährt, der ihn darum bittet, jedem! In diesen Tagen hat
mir wieder neu vor Augen gestanden, wie viel es Gott gekostet
hat, mir meine Schuld zu vergeben. Die Freude darüber gibt mir
Kraft, meinen Mitmenschen zu vergeben. Und wie Vergebung
durch Gott auch Frieden mit Gott bedeutet, so schafft die Vergebung zwischen uns Menschen auch Frieden zwischen uns und
ein neues Miteinander.
Das ist es, was unser Volk braucht für die Bewältigung seiner
Vergangenheit und für einen Neubeginn.
Ich grüße Sie mit einem Wort des Propheten Jeremia (22,29): »O
Land, Land, Land höre des Herrn Wort!«*

Ihr U. H.

Auch Frau Honecker gab ich den Freundesbrief zu lesen. Sie sagte nur etwas verlegen: »Das haben Sie gut formuliert.« Honeckers
selbst waren nicht zu Interviews, Verlautbarungen oder öffentlichen Gesprächen bereit. Sie haben sich da völlig verschlossen,
mussten ja auch ihr persönliches Geschick, Krankheit und Heimat-
losigkeit und dann auch noch den Zusammenbruch ihres Lebens-
werkes verkraften.

Professor Althaus, der Herrn Honecker operiert und ihn zu uns
begleitet hatte, bat mich, dass ich doch möglichst jeden Tag mit
ihnen an die frische Luft gehen möge. Herr Honecker sei wirklich
sehr krank. Da die Nieren nicht mehr gut arbeiteten, solle man
alle Aufregung von ihm fernhalten. Stress und hoher Blutdruck
könnten zu einem schnellen Ende führen. So gingen das Ehepaar
Honecker und ich, wenn der Abend kam und keine Journalisten
oder Fernsehkameras in der Nähe waren, oft miteinander um den
See oder wenigstens ein paar Runden ums Haus. Auf politische

Gespräche ließen Honeckers sich nicht ein. Lediglich die große Enttäuschung über seine Genossen ließ er durchblicken, die nun alle Schuld von sich weg auf ihn zu wälzen suchten. Gorbatschow hielt er für einen Verräter des Sozialismus, von dessen historischer Notwendigkeit er nach wie vor überzeugt war. Auch auf Glaubensfragen ließ Herr Honecker sich kaum ein. Meist unterhielten wir uns über persönliche und familiäre Fragen, wie etwa über seine Gefangenschaft im Zuchthaus Brandenburg und die von dort befohlenen Aufräumarbeiten im bombenzerstörten Berlin. So ging uns der Gesprächsstoff nicht aus. Ein etwas tiefer gehendes Gespräch aber ist mir noch in Erinnerung.

Ich sagte: »Herr Honecker, die Wiedervereinigung Deutschlands ist kein Zufall.« Er: »Wieso?«

Ich: »Wir sind 1949 in zwei Staaten geteilt worden. 1989 wurden wir wiedervereinigt. Das sind genau vierzig Jahre. Diese Zeitspanne ist in Gottes Heilsgeschichte eine fest umrissene Periode der Demütigung, der Läuterung und der Besinnung. Offenbar hat Gott unserm Volk dieses verordnet wegen all der Verbrechen im Dritten Reich.«

Er: »Nun gut, wenn Sie das so sehen...«

Ich hatte gehofft, er würde doch auch sein deutsches Herz entdecken und sich ein wenig über die Wiedervereinigung freuen. Aber in dieser Richtung äußerte er keine Freude. Er hing wohl doch zu sehr am sozialistischen System. Doch bin ich sicher, dass er über etliche der von mir aufgeworfenen Fragen noch tiefer nachgedacht hat. Er hatte ja im Gefängnis Moabit und in der langen Krankheitsphase danach noch viel Zeit. Mir war natürlich wichtig, ihm deutlich zu machen, dass die Weltgeschichte letztlich nicht von Menschen gemacht wird, sondern von dem Herrn aller Herren und dem König aller Könige, dem alle Gewalt gegeben ist im Himmel und auf Erden und der die Welt mit fester Hand zu seinem Ziel führt.

Ein Erlebnis aus dieser Zeit hat mich besonders berührt: Meine Frau und ich waren zu einem Fernsehinterview in den Südwestdeutschen Rundfunk eingeladen. Im Studio saßen etwa 25 Personen dabei und hörten zu. Nach dem Interview kam ein Mann mit seiner Frau auf mich zu. Voll Zorn und Bitterkeit sagte er:

»Sie haben kein Recht, dem Honecker zu vergeben. Sie haben ja nichts durchgemacht. Aber ich war zum Tode verurteilt. Dann wurde ich zu 15 Jahren Zuchthaus begnadigt. Fünf Jahre saß ich in Bautzen, bevor ich freigekauft worden bin. Was ich da durchgemacht habe, können Sie sich nicht vorstellen!« Ich antwortete: »Dass ich gar nichts durchgemacht habe, stimmt nicht. Ich wurde auch mit Gefängnis bedroht. Und alle meine Kinder kamen trotz bester Leistungen nicht auf die Oberschule. Aber das glaube ich, dass ich mir Ihre Leiden kaum vorstellen kann. Ich habe aber Honecker nicht vergeben, was er Ihnen angetan hat, sondern nur, was ich selbst durchmachen musste. Was er Ihnen angetan hat, müssen Sie ihm selbst vergeben.« Und dann schaute ich ihm in sein wütendes Gesicht und sagte weiter: »Und wenn Sie Honecker nicht vergeben, frisst die Bitterkeit Ihres Herzens Sie auf.« Der Mann überlegte einen Augenblick und sagte dann: »Sie haben recht. Ich muss vergeben – und ich will vergeben.« Mit warmem Herzen verabschiedete ich mich von diesem Mann. Ich spürte: Vergebung ist eine Entscheidung, ein Willensakt. Sie ist dann besonders akut, wenn es um ernste Verletzungen geht. Sie reinigt das Herz von Zorn und Bitterkeit und Selbstmitleid, ja, auch vom Hass. Wenn aber diese seelischen Krankheitserreger im Herzen bleiben und das Denken und Fühlen beherrschen, dauert es nicht lange, bis ein Mensch krank ist, seelisch und körperlich. Wer Wut und Bitterkeit im Herzen festhält, behält Gift in seiner Seele. Mir wurde deutlich: Das betrifft nicht nur diesen Mann, sondern uns alle. Erbschaftsstreit, Familienkrach, Zerwürfnisse zwischen Freunden können nur beseitigt werden durch Vergebung. Und die ist oft schwer, gerade dann aber besonders wichtig. Ich begriff: Darum hat Jesus so unerbittlich gesagt: »Wenn ihr den Menschen nicht vergebt, wird euch euer himmlischer Vater eure Verfehlungen auch nicht vergeben.« Ich bin in jenen Tagen oft gefragt worden, wie ich »so leicht« vergeben könnte. Ich antwortete dann: »Wer täglich aus Gottes Vergebung lebt, der kann auch vergeben.« Mit der Vergebung meiner Schuld durch Jesus beginnt es. Wer nicht vergeben kann, soll Gottes Vergebung für sich selbst suchen. Und wer vergeben kann, soll das auch tun. Gottes Vergebung nimmt weg, was zwischen Gott und mir steht. Und unsere Vergebung nimmt weg, was zwischen uns und unserem Nächsten steht. Frieden mit Gott und Frieden untereinander ist die Folge. Und damit ist der Weg frei auch zum Frieden mit sich selbst. Vergebung ist Gottes Heilmittel für Seele und Leib und für unser Miteinander.

Manche fragten mich, was Honeckers eigentlich für Menschen seien. Und sie wunderten sich, wenn ich sagte, wir hätten sie als ganz normale, sympathische Leute erlebt. Stets stand er auf und gab uns freundlich die Hand, wenn wir Post hochbrachten oder sie ans Telefon bitten sollten. Es war nichts Arrogantes oder Brutales in seinem Wesen. Übrigens habe ich mir schon vor der Wende gratuliert, dass nicht Breschnjew oder Ceausescu unser Staatsoberhaupt waren. Natürlich fragt man sich, wie man damit die Schüsse an der Mauer, die übervollen Gefängnisse und die rigorosen Reisebeschränkungen vereinbaren kann. Meine Erklärung: Honecker war nicht grausam, aber bis zum Fanatismus überzeugt von der Richtigkeit des Sozialismus und von der Notwendigkeit, ihn auf jeden Fall zu verteidigen. Der Sozialismus ging ihm über alles. Dafür hatte er von Jugend auf gekämpft und auch gelitten. In seiner Jugend hatte er ja auch tatsächlich noch im Saarland die harten ausbeuterischen Arbeitsbedingungen der Bergarbeiter erlebt. Leider hatte er dann in der Sowjetunion Stalins Staatssicherheitsapparat kennengelernt. Dieser war in der DDR von der sowjetischen Besatzung und von Walter Ulbricht übernommen. Honecker hat diese Methoden wohl nie hinterfragt. Aber er hat sie auch nicht so rigoros angewandt wie seine Vorgänger. Das redet Schuld und Schande der DDR-Sicherheitsmethoden keineswegs klein, sollte aber doch gesehen werden. Es hätte schlimmer kommen können durch einen harten, grausamen Menschentyp. Auch die »Raffgier«, die ihm nach der Wende viele empörte Bürger anlasten wollten, hielt sich wohl in Grenzen. Jedenfalls haben viele Menschen nach dem Mauerfall Wandlitz besucht und gemeint: Das Haus Honeckers ist überhaupt nicht protzig. Viele Unternehmer und höhere Beamte in Westdeutschland stellten ihn in dieser Hinsicht weit in den Schatten. Auch Frau Honecker war, nachdem sie ihr Ministeramt los war, wieder ein ganz normaler, umgänglicher Mensch. Wir stehen noch heute, wenn auch locker, brieflich in Verbindung.

Wir erhielten bezüglich der Aufnahme von Honeckers fast 3000 Briefe.

Hier beispielhaft einige negative, aber auch positive Reaktionen aus der Bevölkerung.

AUSZUG AUS EINEM BRIEF VOM 01.02.1990

»Als Erstes möchte ich Ihnen danken für Ihre Menschlichkeit gegenüber der Familie Honecker. Ich bin nur eine einfache Rentnerin, war nie in einer Partei und habe nach meinem 18. Lebensjahr jede Beziehung zur Kirche abgebrochen. Aber das wird jetzt anders. Ich bin so froh, dass es noch Menschen wie Sie gibt.«

BRIEF VOM 28.02.1990

»Wir sind die katholischen Schüler der Klasse 7a und 7b am Gymnasium. In der Zeitung haben wir gelesen, dass Sie das Ehepaar Honecker bei sich aufgenommen haben. Das hat uns sehr beeindruckt und wir gratulieren Ihnen dazu. Wir haben sofort gespürt: Das ist eine christliche Tat (im Unterricht sprechen wir gerade über Schuld und Vergebung). Wir hoffen, dass Sie gute Zuschriften bekommen haben, die Ihnen Mut machen. Das wollen wir auch tun – Ihnen Mut machen.«

AUSZUG AUS EINEM BRIEF VOM 13.04.1990

»Ich habe Ihr Rundschreiben in mehreren Kirchengruppen ökumenischer und evangelischer Art übersetzt und ich kann nur sagen, dass dadurch allerhand Fürbitte für Sie ausgelöst wurde, was hoffentlich die negative Reaktion in Ihrem eigenen Land etwas ausgleicht. Ihre Einstellung, dass einem Menschen – einerlei wie unbeliebt –, der krank und obdachlos ist, geholfen werden muss, ist bestimmt ganz im Sinne Christi. Er hat doch immer wieder betont, dass Liebe zu denen, die uns nahestehen, nichts besonderes Christliches ist, und hat sich selbst viel mit Menschen befasst, die gewissermaßen der Abschaum der Gesellschaft waren. – ›Wer unter euch ohne Sünde ist, der werfe den ersten Stein.‹ Es ist traurig, dass Sie auf solch humanitäre Handlung hin, die Ihnen und Ihrer Frau bestimmt nicht leicht gefallen ist, so viel Ablehnung und Mangel an Verständnis erleben müssen. Von außen gesehen kann man das nur damit erklären, dass die DDR-Bewohner sich in einer Situation befinden, in der Lebenswerte plötzlich total verändert sind und keiner zur Zeit recht weiß, was gut oder schlecht, richtig oder falsch ist.«

AUSZUG AUS EINEM BRIEF VOM 13.03.1990

»Werter Herr Holmer!

Es fällt mir schwer, Ihnen zu schreiben und meine Gedanken zu äußern, die mich im Zusammenhang mit Erich Honecker beschäftigen. Ich verstehe nicht – bei aller christlichen Nächstenliebe –, dass Sie E.H. aufgenommen haben. Auch Ihre Stellungnahme dazu im Fernsehen am 11.03.1990 kann ich nicht verstehen. Mit meiner Meinung bin ich nicht allein. Dem schließen sich meine ganze Familie, ein großer Bekanntenkreis sowie ein Großteil meiner Parteifreunde an. Wir sind nicht damit einverstanden, dass Sie dem E.H. Aufenthalt gewähren und überlegen uns, ob wir noch weiterhin in der Kirche bleiben sollten. Dazu folgende Überlegung: Warum hat sich die Kirche eines solchen Menschen wie E.H. angenommen? Es wäre doch wohl zunächst Sache seiner Familie gewesen, sich um ihn zu kümmern. Der Begriff ›christliche Nächstenliebe‹ (oder Schutz des Schwachen) scheint mir im Fall H. völlig fehl am Platze. Hat H. je danach gefragt, was aus seinem Volk geworden ist? Hat er je Reue gezeigt für seinen Mauerbau, für den Schießbefehl an der Grenze (der Tote, Verkrüppelte mit sich brachte und viel Leid erzeugte), für die Methoden seines Ministeriums für Staatssicherheit und … und … und …? Ich selbst bin Opfer dieser Willkür, verbrachte wegen ›NICHTS‹ Jahre im Gefängnis, wurde bei Verhören durch die Leute des MfSt. geschlagen, seelisch und moralisch drangsaliert. Meine Familie hat in dieser Zeit – eigentlich bis jetzt – Schlimmes ertragen – und mich nicht verlassen. Mir wurde entsprechend meinem Urteil Berufsverbot (ich war Oberförster) auferlegt, ich wurde von meiner Haftentlassung an (1956) überwacht und hatte die letzten Schwierigkeiten mit dem MfSt. erst 1986. Trotzdem kenne ich keinen Hass gegen H., andere Machthaber und das gesamte Machtsystem. Aber Recht und Gerechtigkeit müssen sein. In diesem Sinne hätte H. und die anderen Mitschuldigen nie aus der Haft entlassen werden dürfen. Wozu gibt es Krankeneinrichtungen im Strafvollzug? Warum nicht gleiches Recht für alle? Dabei soll man bedenken, dass unter der Regie von H. bei seinen Opfern kaum Rücksicht auf Haftfähigkeit genommen wurde. ...

So aber geht es nun mit H. und seinen Genossen wirklich nicht. Ihre Entscheidung dazu, werter Herr Holmer, hat der Kirche leider sehr geschadet. Man kommt jetzt zu der Schlussfolgerung, dass es im christlichen Glauben arge Widersprüche gibt. So heißt es u.a. im Alten Testament ›Auge um Auge, Zahn um Zahn‹ und dann beten wir ›Vergib uns unsere Schuld, wie auch wir vergeben unseren Schuldigern‹. Ich kann das Gebet nicht mehr sprechen, wenn Sie sich in einer solchen Art und Weise für H. einsetzen. Sie hätten ihn nicht aufnehmen sollen. Es hätte gereicht, wenn Sie für ihn gebetet hätten, ihn zur Reue überzeugt hätten und wenn Sie ihn in einem Pflegeheim besucht hätten, wenn er dorthin eingewiesen worden wäre. Ich will über H. nicht im ›Vorab‹ richten oder ihn überhaupt verurteilen. Das ist Sache eines ordentlichen Gerichts, sofern es für seine Anklagepunkte überhaupt Gesetze gibt. Gegen die Menschlichkeit hat er allerdings Verbrechen begangen, die von dem Volk der DDR nicht hingenommen werden können ....«

AUSZUG AUS EINEM BRIEF VOM 08.05.1990

»...Leider hat die Aufnahme Honeckers bei nachweislich verfolgten Menschen, ja sogar Christen, fatale, traurige Spuren hinterlassen, die wir mit der Begründung Ihrer Unwissenheit verwischen möchten und zu entschuldigen versuchen. Vielleicht haben Sie und Ihre Lieben tatsächlich nicht gewusst, dass Sie den »Zweiten Hitler« in Ihre Obhut genommen haben.

Der verehrte und sehr gnädige Pastor v. Bodelschwingh hat niemals den Gedanken gehabt, einem solchen Verbrecher der Volksunterdrückung Schutz und Obdach zu gewährleisten. Mit den Zurufen an seine Mitarbeiter ›Dass ihr mir keinen abweist!‹ hat er doch nicht den leibhaftigen Teufel gemeint! H. wäre niemals obdachlos nach einer Wohnungsräumung geworden, denn seine treuen Schergen hätten ihn und seine ›liebe Frau‹ – die kaum zusammengelebt haben – gern aufgenommen. Der Nervenarzt ... hätte die beiden sehr gern in seinen Gewahrsam genommen; in der damaligen Folterpsychiatrie ... hätten die Diktatoren-Eheleute ihren gebührlichen Platz gefunden. Dieser ärztliche Nervenklinik-Direktor war – nach Aussagen des Pflegepersonals – selbst ein Despot und bemächtigte sich, eine große Anzahl unschuldiger Christen nach nationalsozialistischen Modellen ›verrückt‹ zu machen, Menschen, die ganz normal waren! ...

Dass H. von der unmenschlichen Behandlungsweise der sog. Nervenklinik gewusst hat, ist nachweisbar. Er hat darüber hinaus Anordnungen durch die STASI erteilen lassen, die zur Abschreckung Kritik übender Bürger hinter diesen Mauern ›gesunden‹ sollten. Unter Walter Ulbricht war es noch eine reguläre, dem Gesundheitswesen unterstellte, staatliche Einrichtung....«

Honeckers kamen nach dem Asyl bei uns ins sowjetische Lazarett in Beelitz und wurden einige Monate später von dort nach Moskau ausgeflogen. Ein bis zwei Jahre später wurden sie von Moskau ausgewiesen und nach Deutschland ausgeliefert. Da die Kommunisten in Chile unter Pinochet verfolgt waren und die DDR vielen von ihnen Asyl geboten hatte, gewährte nun Chile den Honeckers Asyl.

Rechtsanwalt Wolff, Erich Honecker und Uwe Holmer. Honeckers wollten sich nie filmen lassen, hier ist einmal jemandem ein Blick durch den Zaun gelungen.

Frau Honecker durfte gleich von Moskau aus dorthin reisen. Herr Honecker kam in Deutschland in Untersuchungshaft. Doch auch er durfte schließlich wegen gesundheitlich begründeter Haftunfähigkeit nach Chile ausreisen, wo er einige Monate später verstarb. Im Gefängnis in Berlin-Moabit haben meine Frau und ich ihn noch einmal besucht. Es hat uns schon bewegt, als er von seiner Krankheit erzählte und dann sagte: »Und dann kommt ja wohl auch bald die Zeit, wo ich diese Erde verlassen muss.« Ich war erstaunt über diese nicht materialistische Formulierung. Später schrieb ich ihm: »Ich möchte Ihnen bezeugen, dass es danach weitergeht. Und es kann im Frieden mit Gott weitergehen durch die Vergebung Jesu.« Kein Mensch, sondern nur er selbst könnte sagen, ob ihm das noch hilfreich war. Aber mir hat es wieder deutlich gemacht: Angesichts des Todes gibt es wohl keinen absoluten Atheisten.

In Moabit war es auch, dass ich Herrn Honecker sagte: »Ich glaube, der Sozialismus hat einen Fehler gemacht.«

Er: »Wieso?«

Ich: »Der Sozialismus hat gemeint, der Mensch ist gut. Man muss nun nur noch die Verhältnisse ändern und die Ausbeutung beseitigen. Dann wird alles gut. Aber wir haben doch auch an der Geschichte der DDR gesehen, dass es mit diesen äußeren Veränderungen noch nicht gut wird. Der Mensch ist ein Egoist. Jesus sagt: Der Mensch ist ein Sünder. Er hat die Herzen verändern wollen. Und wenn die Herzen zum Guten verändert werden, werden auch die Verhältnisse gut. – Sie haben mich gelegentlich gefragt, was ich tue. Jesu Ziel ist auch mein Ziel: Dass die Herzen verändert werden zur Nächstenliebe, zur Wahrhaftigkeit hin.«

Er antwortete nur: »Nun, wenn Sie das so meinen...«

Ich: »Ja, das glaube ich.« –

Später habe ich gedacht: Ein bisschen habe ich ihm auch unrecht getan. Denn dies ist ebenso der Irrtum anderer Ideologien, aber auch der Weltanschauung des modernen Liberalismus und Humanismus. Man denkt, der Mensch sei gut und werde glücklich durch die Änderung der äußeren Verhältnisse. Anfangs habe auch ich gemeint: Jetzt, wo Deutschland wieder vereinigt wird, wird es wunderbar bei uns werden. Jedoch, obgleich wir uns vor Freude in den Armen gelegen haben, von beiden Seiten der Mauer her, ist es dann doch nicht so schön geworden, wie wir zunächst dachten. Auch bei uns hat der Egoismus so viel verdorben. Auch heute noch ist der Mensch ein Egoist und Sünder. Auch heute braucht er Umkehr und eine Veränderung zu Selbstlosigkeit und Liebe hin. Der Westen rief: »Besitzstandswahrung!« Der Osten: »Gleiches Geld für gleiche Leistung!« Jeder wusste: Der Aufbau Ostdeutschlands kostet viel Geld. Bezahlen sollten es möglichst die andern. Um die Forderungen beider Seiten zu erfüllen, hat der Staat einen Riesenberg von Schulden auf sich genommen und uns alle damit arm gemacht, wenn auch auf hohem Niveau. Ich war erschrocken, als ich nach der Wende die Höhe der Gehälter und Honorare vieler Akademiker und führenden Leute in der Wirtschaft erfuhr. Die große Schere zwischen Arm und Reich hat mich bedrückt. Und sie wächst noch. Das war in der DDR nicht so krass. Nun aber gehen Leute, die einen guten Verdienst haben, auf die Straße, um mehr Lohn zu erzwingen, auch auf die Gefahr hin, dass Kollegen entlassen werden müssen. Erich Honecker hat mir mehrfach gesagt: »Die Leute werden sich noch wundern. Der Kapitalismus hat eine Raubtiernatur.« Ich glaube, an diesem Punkt hatte er recht, wenngleich das natürlich noch viel deutlicher vom real existierenden Sozialismus gesagt werden muss. Man denke nur an die Enteignung und sogar die »Liquidierung« der »Kulaken«[7] in der Sowjetunion und die Beraubung der Geschäftsleute, der Handwerker und der Fabrikbesitzer in der DDR. Dies alles macht deutlich: Die Raubtiernatur liegt nicht in irgendeinem System, sondern im Menschen! Damit will ich keineswegs die Systeme gleichsetzen. Es gibt schlechte und bessere gesellschaftliche Systeme, in denen die Raubtiernatur des Menschen deutlichere Grenzsetzungen erfährt. Auch ich lebe lieber in der freien Marktwirtschaft. Sie sollte aber eine »soziale« sein. Diese hat in Deutschland eine gute Tradition, deutlicher als in vielen anderen Ländern. Aber mit weniger Egoismus könnte sie auch in Deutschland besser funktionieren. »Der Kapitalismus hat eine Raubtiernatur« – ganz besonders krass sieht man das heute an etlichen Machthabern in Afrika, aber ebenso in Russland, wo die freie Marktwirtschaft Millionen von Bettlern und eine Menge von hartherzigen Millionären, sogar Milliardären hervorgebracht hat. Wir haben wenigstens noch Reste von sozialer und christlicher Verantwortung für das Gemeinwohl. Aber auch Deutschland hat, auf die Mehrheit gesehen, die Tugend der Genügsamkeit und der Nächstenliebe verloren. Deshalb bleibe ich dabei: Die Herzen müssen verändert werden. Und ich will das Meine dazu beitragen. Wer sich von Gott abwendet, hat nichts mehr über sich als nur sich selbst, sein eigenes Ich. Deshalb hat die schwindende Gottesfurcht erfahrungsgemäß das Anwachsen des Egoismus zur Folge. Wo aber Gott ins Zentrum eines Menschenlebens tritt, muss der Egoismus weichen. Damit ist die Aufgabe eines Predigers und Seelsorgers klar. Immer wieder habe ich es erlebt: Erst Gott macht den Menschen zum Menschen, wie er sein soll. Denn er gibt Sinn und Freude, Verantwortung und Zuversicht, Liebe und Fürsorge ins Herz.

Als unsere Gäste sich von uns verabschiedeten, sagten wir: »Frau Honecker, Herr Honecker, wir beten für Sie.« Höflich bedankten sie sich. Was in ihnen vorging – und wie wir das empfanden –, darüber redet man nicht. Dass zwei Menschen sich dem Schutz unseres Pfarrhauses anvertraut hatten – auf keinen Fall wollten wir dieses Vertrauen enttäuschen. Nie mehr haben wir seitdem mit kaltem Herzen von Honeckers gesprochen.

Ein Sohn von uns war noch im September 1989 über Ungarn nach Westdeutschland geflohen. Nach der Wende besuchte ich ihn dort und erzählte, dass wir angefragt worden seien, ob wir das Ehepaar Honecker bei uns im Pfarrhaus aufnehmen würden. Er schaute mich an, als ob er prüfen wollte, ob bei mir noch alles stimmt, meinte aber dann: »Vater, das ist unglaublich, einfach fantastisch.« Ja, wirklich: »Gott ist der rechte Wundermann, der bald erhöhn, bald stürzen kann.« Ich sage das ohne die geringste Genugtuung und ohne jeden Triumph. Triumphieren kann nur der Eine, der gesagt hat: »Mir ist gegeben alle Gewalt im Himmel und auf Erden.« Aber wunderbar ist, was unter uns geschah. Alle haben dies Wunder der Wiedervereinigung Deutschlands gesehen, aber nur wenige haben es als Gottes Wundertun erkannt und ihm gedankt. Wer es aber erkennt, der singt mit dem ganzen Gottesvolk: »Du machst fröhlich, was da lebt, im Osten wie im Westen« (Psalm 65,9).

Die Wiedervereinigung brachte für uns Ostdeutsche sehr viel Schönes – und auch einiges Notvolle. Alle Gehälter wurden drastisch erhöht. Ein solides Auto, ja, sogar ein eigenes Haus war für viele von uns plötzlich nicht mehr Utopie. Die Kehrseite aber war: Um die deutlich höheren Löhne zu bezahlen, mussten viele Betriebe und Behörden Personal entlassen, auch die Kirche. Plötzlich wurden viele Menschen arbeitslos, die durchaus gern noch arbeiten würden. Auf denen, die in Arbeit blieben, lag nun ein starker Arbeitsdruck. Gewiss, das Arbeitssystem in der DDR war uneffektiv. Aber das westliche System empfinde ich auch als krank, krank durch die Jagd nach immer mehr Wohlstand und den Kampf um mehr Lohn. Es ist bis heute hin ein Jammer um die vielen Arbeitskräfte, die müßig am Markt stehen und in Resignation oder sogar Alkoholismus landen! Mäßigere Löhne würden Betrieben und Sozialdiensten mehr Spielraum geben für die Einstellung von neuen Arbeitskräften. Aber, wer das äußert, erfährt wütenden Protest – weithin auch wieder aus Egoismus.

In der *Diakonie* allerdings war das zunächst nicht unser Problem. Wir brauchten keinen Mitarbeiter zu entlassen, konnten im Gegenteil hier und da noch einstellen, denn die Förderung sozialer Aufgaben geschah zunächst im vereinigten Deutschland in großzügiger Weise. Gelegentlich bedrückte uns jedoch das Auftreten westdeutscher Fachleute und Beamten, die unsere Arbeit begutachteten und uns aufhelfen wollten. Wir hatten ständig gebaut, um die Wohn- und Pflegesituation unserer Heimbewohner und die Unterbringung unserer Mitarbeiter zu verbessern. Das geschah unter den schwierigen Bedingungen des Sozialismus. Manchmal mussten wir Material aus weit entfernten Orten der DDR »organisieren«. Da halfen dann persönliche Beziehungen.

In unserer Außenstation Dreibrück zum Beispiel wohnten unsere behinderten Männer noch in Baracken, die aus der Zeit der Arbeiterkolonien stammten. Der Hausvater hatte nun in großartigem Einsatz ohne staatliche Hilfe, nur mit »Feierabendkräften«, ein festes zweistöckiges Haus von etwa 30 m Länge gebaut und schöne 2-Bett-Zimmer eingerichtet. Es war ein großer Fortschritt in unserer Wohnkultur. Als aber unsere westdeutschen Partner das Haus besichtigten, mussten sie uns leider sagen, die Zimmer entsprächen nicht der Heimmindestbauverordnung, waren also nach westlichem Maßstab unbrauchbar. Die Heimaufsicht würde sie wohl nicht lange als ordentliche Heimplätze anerkennen. Nun gut. So war es eben. Und es wurde ja dann auch sehr bald mit staatlichen Mitteln neu und entsprechend aufwendig gebaut. Wenn dann aber einzelne Gutachter als »Fachleute« auftraten, die uns erst Fachwissen und ordentliches Arbeiten meinten beibringen zu müssen, dann konnte einem schon mal die Freude über die Wende getrübt werden. Übrigens ist das Heim in Dreibrück inzwischen wieder abgerissen worden und hat einem sehr viel schöneren Platz gemacht. Eigentlich haben uns ja auch nicht die für uns neuen westdeutschen Gesetze geärgert, sondern nur das arrogante Auftreten mancher »Fachleute«. Wer aber klug ist, gibt der Traurigkeit schnell den Laufpass und erkennt die Chancen der neuen Verordnungen zum Wohnen von behinderten und alten Menschen und anderer Bestimmungen. Wir haben es wirklich gut. Nie soll uns selbstverständlich werden, was uns mit der Wende geschenkt worden ist. Jedes Dorf und jede Stadt hat neue Häuser. Das Telefon ist uns selbstverständlich geworden, glatte Straßen, sauberes Wasser und reine Luft ebenso. Wohl dem, der danken und sich freuen kann!

10. Abschied von Lobetal

Die Hoffnungstaler Anstalten in Lobetal waren von Anfang an eine selbstständige diakonische Einrichtung innerhalb des Verbundes der »v. Bodelschwinghsche Anstalten Bethel« bei Bielefeld. Das war so, bis die Teilung unseres Landes diese Zusammengehörigkeit unterbrach. Auf der ideellen und persönlichen Ebene jedoch blieben wir mit Bethel die ganze Zeit hindurch verbunden. So schlug die Leitung Bethels den Hoffnungstaler Anstalten vor, sich Bethel wieder anzuschließen. Sie legte uns auch gleich einen in Bethel erarbeiteten Entwurf für eine neue Satzung als Grundlage für unsere Vereinigung vor. Wir haben in den Jahren der Trennung viel Gutes durch Bethel erfahren, auch finanziell. So hatte ich keinen Zweifel daran, dass die Mitgliederversammlung des Vereins Lobetals die neue Satzung beschließen würde. Diese Satzung beeinträchtigte aber die Selbstständigkeit Lobetals sehr. Vor allen Dingen würde sie die Leitungsstruktur grundlegend verändern und auch meine Kompetenzen drastisch beschneiden. Einzelne Mitarbeiter meinten, mir in diesen Tagen den guten Rat geben zu sollen, man müsse auch lernen, Macht abzugeben.

In der Tat, ich hatte in Lobetal viel »Macht«. Mir war vom Vorstand sogar eine notarielle Generalvollmacht für das gesamte Werk erteilt worden. Ich habe damals öfter gedacht: »Wenn die wüssten, wie gern ich die Macht abgebe!« Es war ja auch viel Mühe und Belastung mit dem Auftrag verbunden, das Zusammenleben und -arbeiten von 1 200 Heimbewohnern und über 600 Mitarbeitern ordnend zu begleiten. Ich denke aber, dass ich nie machtbesessen war. Es war mir eine Hilfe, dass ich keineswegs willkürlich leiten durfte, sondern den Vorstand über mir hatte. Immer wieder einmal machte ich mir klar: Leiten ist Dienst. Aber ein schwacher Leiter wollte ich nicht sein. Schwache Leiter sind arme Leute. Und die »Macht« auf vier Leute aufzuteilen, wie die neue Satzung es vorsah, birgt die Gefahr in sich, dass Rivalität und Uneinigkeit die Leitungstätigkeit ineffektiv machen. Solange ich meinen Auftrag hatte, wollte ich auch die nötige »Macht« dazu. Dieses Prinzip gilt natürlich für alle Leiter. Wenn jemand ein Heim leitet, braucht er dafür die nötige Leitungsvollmacht. Sonst ist er ein schwacher Leiter und das Heim ist arm dran. Vier Leute an einem Steuer – das war nicht mein Ding. Schon als kleiner Junge hatte ich dafür eine eindrückliche Lektion erhalten:

Mein Vater hatte mich auf seinem Fahrrad mitgenommen und war mit mir einen schmalen Wiesenweg entlanggefahren. Ich hatte einen Baum auf uns zukommen gesehen und hatte mit aller Kraft gegengelenkt. So landeten wir beide sehr unsanft im Graben. Da mein Vater einhändig gefahren war – in der anderen hatte er eine Dose mit Farbe, auch die landete mit uns beiden im Graben –, gab es hinterher natürlich noch eine eindrückliche Auseinandersetzung. Diese Fahrt habe ich mein Lebtag nicht wieder vergessen. Merke also: Mehrere Leute an einem Steuer – das geht meist nicht gut und gibt leicht mancherlei Auseinandersetzungen, auch in einem diakonischen Werk.

Als daher die Mitgliederversammlung die neue Satzung angenommen hatte, fühlte ich mich frei, Lobetal wieder zu verlassen. Um Lobetal selbst hatte ich nicht allzu viel Sorge, denn es hatte und hat noch einen guten Stamm von bewusst christlichen Mitarbeitern. Sie geben diesem diakonischen Werk das Gepräge und eine gewisse Krisenfestigkeit. Als dann noch klar wurde, dass ich in Oberkirchenrat Ziegler einen von uns allen geschätzten Nachfolger bekommen würde, begann ich schon, mich auf meinen neuen Dienst zu freuen.

Eingang von Lobetal

11. Serrahn

Auch um mich und meine Familie hatte ich keine Sorge. Denn schon einige Zeit vorher hatte ich meinem Freund Heinz Nitzsche in Serrahn im Kreis Güstrow in Mecklenburg zugesagt: »Wenn ich Rentner werde, komme ich zurück nach Mecklenburg und helfe dir bei deinem Dienst an alkoholkranken Menschen.« Er war mein Schüler an der Bibelschule in Falkenberg gewesen, war dann von der »Evangelischen Arbeitsgemeinschaft zur Abwehr der Suchtgefahren« nach Mecklenburg delegiert und dort vom Diakonischen Werk als Referent für die Arbeit an suchtkranken Menschen eingestellt worden. Als Dienstwohnung war ihm das leer stehende Pfarrhaus in Serrahn gegeben worden. Während er nun durchs Land zog und in den Städten Mecklenburgs Begegnungsgruppen für Alkoholkranke aufbaute – Kirchgemeinden und Landeskirchliche Gemeinschaften boten ihm dafür die Räume –, fand er immer auch schon Menschen, die auf der Straße saßen. Durch ihren Alkoholmissbrauch hatten sie ihre Arbeit verloren, meist auch Familie und Wohnung. Er sagte zu ihnen: »Komm mit, bei mir kannst du wohnen.« So entstand in Serrahn spontan und ungeplant, einfach aus der Not heraus, eine Wohngemeinschaft für Alkoholkranke. Als er dann ein Jahr später heiratete, bekam diese Männerwirtschaft nun auch wohnliche Wärme und familiäre Atmosphäre. Fünf Kinder wurden dem Ehepaar Nitzsche geboren.

Die Familie und die alkoholkranken Gäste wohnten beieinander. Mancher begriff damals überhaupt erst, was Familie heißt. Und wie es oft so ist: Menschliche Nähe öffnet das Herz für die Botschaft der Bibel. Am Familientisch lernten sie, die Bibel zu lesen, zu beten und zu singen. Mancher hat hinterher bezeugt: »Ich ging auf meine Knie oder an den See und betete: ›Gott, ich erlebe hier Menschen, die ebenso kaputt waren wie ich. Nun glauben sie an dich und brauchen nicht mehr zu trinken. Wenn du da bist, mach es auch mir gewiss und rette mich.‹« Manche, ja viele, haben es erlebt: Solch ein Gebet aus verzweifelter Tiefe ist der Urschrei des Menschen zu Gott. Der schafft Verbindung mit Gott und öffnet das Herz für seinen Geist und seine Kräfte. Mancher Arzt stellte mit Verwunderung fest, dass Patienten aus Serrahn zurückkamen, die einmal »hoffnungslose Fälle« waren und jetzt nicht mehr tranken. So begannen Ärzte, die Arbeit heimlich zu unterstützen, denn die Partei wollte diese Arbeit nicht. Sie schrieben Patienten krank, damit sie in Serrahn Hilfe finden konnten. Das war in DDR-Zeiten möglich.

Nach und nach wurde die Arbeit dieses »Diakonischen Zentrums« in ganz Mecklenburg und darüber hinaus bekannt. Zu den Jahresfesten kamen Hunderte. Auch Behinderten- und Jugendrüstzeiten, ja, auch Studentenrüstzeiten konnten in Serrahn durchgeführt werden. Denn Serrahn ist idyllisch am Krakower See gelegen. Die Junge Gemeinde von Mecklenburg hatte in den 60er-Jahren den ehemaligen Schweinestall des Pfarrhofes zu einem kleinen »Rüstzeitheim« ausgebaut. Die staatlichen Stellen hatten es zwar gleich nach Fertigstellung gesperrt. Mit der Zeit wurde es aber doch, zunächst für Körperbehinderte, dann schließlich auch für andere diakonisch-missionarische Rüstzeiten, in Gebrauch genommen. »Freizeiten« durften wir nicht durchführen. Freizeitgestaltung war das Privileg der Staatsjugend. »Rüstzeiten« jedoch, die sich mit der Bibel und kirchlichen Themen befassten, hat man uns zugestanden, zunächst in der Hoffnung, dass diese für Jugendliche zu wenig attraktiv sein würden. Doch haben wir uns über mangelnde Beteiligung von Jugendlichen und Studenten nicht beklagen müssen, denn junge Leute sind durchaus interessiert an der Bibel, wenn sie lebensnah und aktuell ausgelegt wird. Dass diese Rüstzeiten im Umfeld einer Suchthilfeeinrichtung stattfanden, hat etlichen jungen Leuten den Blick für die Suchtkranken geöffnet. Für manchen wurde dies ein Anlass, hier mitzuhelfen oder sich an seinem Heimatort um Alkoholkranke zu kümmern. Missionarische und diakonische Arbeit hat sich immer gegenseitig befruchtet. Heute steht auf dem Pfarrhof an der Stelle des von der Jungen Gemeinde gebauten schlichten Rüstzeitheimes ein schönes neues Freizeit- und Gästeheim.

Pfarrhaus Serrahn – hier begann die Hilfe für Suchtkranke
unter den schlichten Bedingungen der DDR.

Ich hatte von Falkenberg und Lobetal aus immer schon Kontakt
mit dieser schönen diakonischen Arbeit in meinem Heimatland
gepflegt. Wo Menschen zum Glauben kommen, schlägt mein
Herz. Der Partei allerdings war dieses aufblühende diakonisch-
missionarische Werk ein Dorn im Auge. Dass Kirche ihre Mauern verlässt und in die Gesellschaft hineinwirkt, das war ganz
gegen den Willen der Partei. Sie schickte Heinz Nitzsche eine
Vorladung nach Güstrow. Er informierte den Landespastor für
die Diakonie, Pastor Braune. Er ließ Heinz Nitzsche nicht allein
in Güstrow antreten, sondern ging mit. Die Partei verlangte eine
Beendigung dieser »illegalen und nicht genehmigten« Arbeit, die
der Kirche nicht zustehe. So etwas sei nicht Aufgabe der Kirche. Pastor Braune jedoch bestand darauf: Diakonische Arbeit
mit Suchtkranken ist ureigener Auftrag der Kirche Jesu Christi
und kann von uns keineswegs aufgegeben werden. Und siehe da,
die Partei gab nach! Von wegen »die Kirche hat mit dem Staat
geklüngelt«! Sie hat ihm oft und kräftig widerstanden. Dass

das Erfolg hatte, war nun sicher nicht allein das Verdienst der Kirche. Es lag wohl auch daran, dass der Staat zu viele andere Sorgen hatte und nicht auch noch einen offenen Kampf mit der Kirche riskieren wollte. Wir aber sahen darin die Macht Gottes, der es fügte wie bei Nehemia in Jerusalem (Nehemia 6,16): »Den Feinden entfiel der Mut.«

Ehepaar Martina und Heinz Nitzsche.

Gott gab noch mehr: Bei dem Gespräch in Güstrow war der Leiter einer LPG anwesend, die ganz in der Nähe von Serrahn lag. Dieser rief Heinz Nitzsche am nächsten Tag an und fragte, ob seine Leute nicht bei ihm in der Landwirtschaft arbeiten wollten. Er brauche Arbeitskräfte. Das war die Lösung für manche Probleme in Serrahn. Nun waren die Betreuten den Tag über beschäftigt und bekamen ein Gehalt, von dem sie ihren Aufenthalt bezahlen und noch etwas sparen konnten. Heinz Nitzsche ließ sich zusagen, dass kein Alkohol am Arbeitsplatz getrunken werde. Und so ging es los! Auf diese Weise musste die Vorladung in Güstrow zur Konsolidierung der Arbeit in Serrahn dienen.

Durch die Entwicklungen in Lobetal war ich nun schon drei Jahre vor meinem Rentenbeginn frei und fragte Heinz Nitzsche an, ob er mich schon jetzt gebrauchen könne. Er war froh, konnte mir auch gleich seine Wohnung überlassen, da er gerade in ein Eigenheim eingezogen war. Die Landeskirche stellte mich wieder als Pastor an, wenn ich auch vom diakonischen Zentrum Serrahn bezahlt wurde. So begann ich meinen Dienst in Serrahn am 1. April 1991. Hier aber herrschte nach der Wende eine große Unsicherheit, wie es in Zukunft mit der Suchtarbeit weitergehen würde. Die landwirtschaftlichen Produktionsgenossenschaften waren unmittelbar nach der Wiedervereinigung aufgelöst und unsere Betreuten sofort entlassen worden. Wie sollten wir nun die etwa 25 Männer beschäftigen? Und wie sollten wir die Arbeit finanzieren? Wir waren froh, dass das Sozialamt in Güstrow uns übergangsweise für jeden Betreuten 50 DM pro Tag überwies. Aber das war nur vorübergehend. Suchtarbeit in Gesamtdeutschland soll Therapie und Rehabilitation sein. Deshalb verlangt der Gesetzgeber, dass sie von den Rentenversicherungen bezahlt wird. Erhielte ein Alkoholkranker keine Therapie, würde er über kurz oder lang der Rentenkasse zur Last fallen. Nach einer erfolgreichen Therapie dagegen besteht Aussicht, dass er wieder arbeiten und in die Rentenkasse einzahlen kann. Also soll die Rentenversicherung die Therapie bezahlen. Wir standen nun aber plötzlich vor der Frage: Wird unsere bewährte, aber schlichte Arbeit die Anerkennung der Rentenversicherung finden? Sollen wir sie überhaupt suchen? Besteht nicht die Gefahr, dass wir durch die staatlichen Vorgaben unser geistliches Profil verlieren?

Heinz Nitzsche machte mich offiziell zum Leiter dieser Einrichtung für etwa 25 Suchtkranke. Innerbetrieblich ordneten wir es so, dass er die Arbeit mit den Alkoholkranken beibehielt, ich aber die Verwaltung und Verhandlung mit den Behörden übernahm. Sehr unsicher standen wir vor der Entscheidung, ob wir wie bisher eine Wohn- und Lebensgemeinschaft von Christen mit alkoholkranken Menschen bleiben wollten oder ob wir uns das Ziel stellten, eine Rehabilitationseinrichtung und »Suchtklinik« für Alkoholkranke zu werden. Als Lebensgemeinschaft zur Entwöhnung vom Suchtmittel Alkohol hatten wir uns bewährt. Da waren wir sicher und anerkannt. Sollten wir das nicht einfach weitermachen? Damit würden wir uns aber selbst beschränken, keine Tagessätze von der Rentenversicherung erhalten und uns allein von Spenden abhängig machen. Das ist besonders schwer in unserem Mecklenburg, in dem es nur eine begrenzte Zahl von aktiven Christen und potenziellen Spendern gibt. Für eine von den Rentenkassen finanzierte Rehaklinik aber fehlten uns grundlegende Voraussetzungen. Unsere Betreuten lebten alle unter einem Pfarrhausdach. Jeden Winkel hatten wir ausgebaut. Wir hatten keinen Arzt und keinen Psychologen, und unsere bisherigen Mitarbeiter müssten noch eine Zusatzausbildung machen. Aber wir hatten vor der Wende eine gute Arbeit mit Suchtkranken in Mecklenburg getan – sollte das gar nichts zählen?

Also erschien ich eines Tages bei der BfA, der Bundesversicherungsanstalt für Angestellte. Ich bat um Anerkennung als Entwöhnungs- und Therapieeinrichtung und Zusage der Finanzierung. Den Ausdruck »Suchtklinik« wagte ich gar nicht in den Mund zu nehmen. Eine Sachbearbeiterin führte das Gespräch mit mir. Dieses Gespräch verlief etwa so: Ich erklärte, wer wir seien und dass wir um Hilfe zum Aufbau einer Suchtkranken-Entwöhnungs-Einrichtung bäten.

Die Dame: »Ja, wir haben schon Informationen über Sie. Aber Sie sind einfach zu primitiv. Wir können Sie nicht anerkennen.«

Ich: »Ja, wir wissen, dass wir vieles ändern und Neues beginnen müssen. Aber wir waren zu DDR-Zeiten die Einzigen in Mecklenburg, die solche Arbeit taten. Dafür wünschen wir schon eine gewisse Anerkennung und wollen uns nicht einfach an die Seite schieben lassen. Bitte geben Sie uns Zeit, dass wir einen christlichen Arzt suchen und einen Psychologen. Wir wollen auch bauen. Aber dazu brauchen wir Ihre Hilfe.«

Die Dame: »Sie haben so viele Ärzte in Ostdeutschland. Da werden Sie doch wohl einen finden. Auch sollte solch eine Einrichtung möglichst durch einen Arzt geleitet werden.«

Ich: »Ja, aber die meisten Ärzte sind über FDJ, Jugendweihe und Staatskonformität an uns vorbei etwas geworden. Nun sollen die wieder an uns vorbei die Leitung haben? Wir suchen einen christlichen Arzt. Aber die Leitung soll wie bisher von einer theologisch ausgebildeten seelsorgerlichen Persönlichkeit getan werden.«

Sie: »Was heißt hier ›christlicher Arzt‹? Ihr Christentum können Sie sowieso vergessen. Das hat in der Therapie nichts zu suchen. Sie können freiwillige Bibelstunden anbieten, aber mehr nicht.«

Ich: »Mein Christentum vergessen? Das hat nicht einmal Honecker von mir verlangt, was Sie jetzt von mir verlangen. Unser Christentum ist uns kein unnötiges Beiwerk, sondern therapeutische Kraft. Das werden wir nie aufgeben.«

Vielleicht war meine Reaktion ja auch ein wenig heftig gewesen. Wir kamen jedenfalls nicht überein. Ich war enttäuscht, hatte ich doch gedacht, dass wir nun mit unseren westdeutschen Landsleuten vereinigt seien, von denen 80 % der Bevölkerung in der Kirche sind. Da hatte ich ein wenig mehr Anerkennung für unseren Widerstand in der DDR und für unseren Einsatz für sozial Schwache erwartet. Trotzdem war ich nicht niedergeschlagen und verzagt. Denn ich war mit Heinz Nitzsche und unseren Mitarbeitern einig: Lieber wollten wir auf die Anerkennung und eine sichere Finanzierung verzichten, als dass wir unser christliches Profil aufgeben. Und lieber wollten wir in bescheidenem Rahmen arbeiten und den Menschen weiterhin die Kräfte anbieten, die von Gott ausgehen, als dass wir ohne christliches Profil groß würden. Zwei bis drei Wochen später meldete sich die Landesversicherungsanstalt (LVA), die Rentenversicherung für Arbeiter, bei uns an. Sie waren wohlwollend, schienen von dem Gespräch bei der BfA zu wissen und wollten uns offensichtlich eine Chance geben. Im Gespräch nach dem Rundgang legten wir unsere Position dar. Der Leiter versicherte uns, dass er uns helfen wolle, das Werk zu erhalten. Er sagte: »Selbstverständlich können Sie Ihr christliches Profil behalten. Sie müssen uns nur zugestehen, dass wir auch andere, nicht christliche Rehabilitationseinrichtungen unterstützen. Damit ist dem Gesetz Genüge getan, dass jeder Suchtkranke wählen können soll, wo und wie er Hilfe erfahren will.« Unsere Antwort war: »Genau das wünschen wir. Wir möchten nicht einen einzigen Klienten aufnehmen, der nur zu uns kommt, weil es nichts anderes gibt. Nur Freiwilligkeit hat Aussicht auf Erfolg.« Die LVA hat uns dann Hilfe und Finanzierung zugesagt. So konnten wir einen gläubigen Psychologen suchen und einen Arzt. Auch konnten wir die Zusatzausbildung unserer bisherigen Mitarbeiter zu Gesprächs- und Arbeitstherapeuten in die Wege leiten. Die Arztfrage war nicht ganz so brennend, da uns ein gläubiger Arzt, Dr. Martin Bertow, bereits Jahre hindurch ärztlich begleitete.

Die neue Rehaklinik, hier noch ohne Außenanlagen.
Im Hintergrund unsere Kirche.

Die LVA hat uns auch ein neues Klinikgebäude finanziert. Im Jahr 1995 konnte das Haus bezogen werden. Die Klinik hat 42 Plätze. Zum Gesamtwerk gehört außerdem eine SOS-Station mit etwa 17 Plätzen. Hier können Menschen aufgenommen werden, die alles verloren haben und auf der Straße sitzen, und zwar sofort und ohne Vorbedingungen. Mit der SOS-Station verbunden ist eine Suchtberatungsstelle. Sie hilft dem Betroffenen, die Papiere in Ordnung zu bringen, die Versicherungsfragen zu klären und gegebenenfalls einen Antrag für eine Therapie in der Klinik zu stellen. Sobald der

Betroffene seine Verhältnisse mit dem Sozialamt oder der Arbeitsagentur geklärt hat, hat er auch ein gewisses Einkommen, von dem er seinen Aufenthalt wenigstens teilweise bezahlen kann. Für den Rest bitten wir unsere treuen Freunde und Spender um Hilfe. Auch zwei Nachsorge-Sozialeinrichtungen mit über 30 Plätzen gehören zu unserem Werk. In ihnen wohnen Menschen, die noch keine Arbeit oder keine Wohnung haben oder noch eine Zeit der Festigung benötigen. Dieser Verbund der verschiedenen Arbeitszweige ist aus dem Willen entstanden, möglichst keinen Menschen ohne Hilfe zu lassen. Durch diesen Verbund bekommt die Hilfe für Suchtkranke eine gewisse Nachhaltigkeit. Das Gesamtwerk nennt sich »Diakonisches Zentrum Serrahn e.V.« Unsere Mitarbeiter sind größtenteils gläubige Christen. In den Tagesplan eingefügt ist täglich ein halbstündiges Gruppengespräch, genannt »Biblisch orientierte Lebenshilfe«. Früher nannten wir das »Andacht«. Der Tagesplan ist von der LVA bestätigt. Und damit ist die biblisch orientierte Lebenshilfe für alle verbindlich. Das ist natürlich nur möglich, weil alle Bewerber freiwillig kommen. In der Klinik wird außerdem täglich vor dem Kaffeetrinken eine freiwillige Bibellesezeit mit Gebet angeboten.

So bin ich sehr dankbar, dass Gott mich in den letzten drei Jahren meiner Dienstzeit gebraucht hat, um die Suchtarbeit in Serrahn mitzugestalten und den modernen Gesetzen anzupassen. Eine Zeit lang war es fraglich, ob uns das gelingen würde.

Ich frage mich selbst: »Wie kommt es, dass ich als typisch bürgerlicher Christ so tief in die Arbeit für Alkoholkranke hineingezogen worden bin? Gewiss, als Leiter der Bibelschule in Falkenberg hatte ich einen wesentlichen Anteil an der Ausbildung von Mitarbeitern der »Evangelischen Arbeitsgemeinschaft zur Abwehr der Suchtgefahren«. Offenbar hat die AGAS gespürt, dass ich das von Herzen gern tat. Trotzdem war ich erstaunt, dass ich nach der Wende von dem neu gegründeten Blau-Kreuz-Verein (Ost) in Abwesenheit in den Vorstand und gleich zum stellvertretenden Vorsitzenden gewählt worden bin. Nach der Vereinigung unseres ostdeutschen Vereins mit dem Blauen Kreuz in Deutschland (West) wurde ich dann gleich auch in den Vorstand des gesamtdeutschen Werkes gewählt.

Aber was mir einfach für diese Arbeit das Herz abgewonnen hat, ist eine Person: *Heinz Nitzsche* und, nachdem ich sie beide trauen durfte, auch seine Frau Martina. Schon als Bibelschüler war kein Alkoholkranker vor ihm sicher. Er sprach sie auf der Straße an. Er suchte sie zu Hause oder in der Gaststätte auf. Er lud sie in die Suchthilfe-Begegnungsgruppe ein. Er vermittelte Betroffenen die Teilnahme an einer »Besinnungswoche«. Und wenn sich einer von ihm losriss und er ihn laufen lassen musste, so steckte er ihm wenigstens noch eines unserer guten Traktate in die Tasche, versehen mit der Anschrift eines Helfers.

Noch während seiner Bibelschulzeit musste Heinz Nitzsche als Wehrpflichtiger zur Armee. Er wollte nicht den gewissen Schutzraum der »Bausoldaten«, sondern meldete sich zur regulären Truppe, um den harten Jungs möglichst nahe zu sein. Doch schon nach wenigen Tagen wurde er zu den Bausoldaten versetzt. Einen Missionar unter den Soldaten konnte man nicht gebrauchen. Offenbar meinte man, unter den Bausoldaten könne er weniger »Schaden« anrichten.

Heinz Nitzsche war von Beruf Autoschlosser und durfte deshalb auch gelegentlich in der Bibelschule unser Dienstauto fahren. Eines Tages fuhren wir beide von Falkenberg in das 10 km entfernte Eberswalde, um eine Gruppe von Bibelschülern abzuholen, er im Dienstwagen, ich im privaten Auto. Weil der Zug eine längere Verspätung hatte, gingen wir noch einmal durch die Stadt. Plötzlich stieß er mich an: »Da!« Auf der anderen Straßenseite torkelte ein Betrunkener. Heinz Nitzsche ging auf ihn zu und sprach ihn an. Ich ging weiter in Richtung Bahnhof, in meinen Gedanken mit dem Unterrichtsstoff des nächsten Tages beschäftigt. Ich setzte mich in den Mitropa-Wartesaal und machte mir Notizen. Nicht lange danach kam Nitzsche mit dem Betrunkenen in den Mitropa-Raum. Sie setzten sich an meinen Tisch und sprachen miteinander. Heinz hatte inzwischen seine Bibel hervorgeholt und zeigte ihm: »Wen der Sohn Gottes frei macht, der ist recht frei. Das gilt auch dir!« Ich war in Gedanken bei meinem Unterricht. Da stieß Heinz Nitzsche mich an: »Sehen Sie, typisch: Arbeit kaputt, Familie kaputt. Nun hat man ihn auch aus der Wohnung rausgeworfen. Sein einziger Trost ist der Alkohol.« Gleich darauf fiel ihm ein: »Gestern hat in Schmiedeberg im Erzgebirge eine Besinnungswoche begonnen. Würdest du da teilnehmen?«, fragte er den Mann.

Der Betroffene: »Meinetwegen.«

Heinz Nitzsche nun zu mir: »Für den ist die beste Hilfe die Besinnungswoche in Schmiedeberg.«

Ich: »Ja:«

Er: »Aber wie kommt er dahin?«

Ich: »Weiß nicht.«

Er: »Darf ich ihn hinbringen? Allein kommt er nicht an, er hat ja nicht mal Reisegeld.«

Ich: »Ausnahmsweise dürfen Sie ihn begleiten.«

Er: »Darf er in meinem Zimmer übernachten?«

Ich: »Ja.«

Er: »Die Zugverbindung ins Erzgebirge ist schlecht. Ich würde erst am übernächsten Tag zurückkommen können. Darf ich das Auto nehmen?«

Was soll man da sagen? Ich wusste zwar, dass ich mich am nächsten Tag in unserem Hausvorstand würde »rechtfertigen« müssen, dass ich wieder mal reichlich gutmütig gewesen war. Solche Beurlaubungen sind ja nicht gerade günstig für einen effektiven Unterricht. Aber Heinz hatte mir wieder einmal das Herz abgewonnen. So konnte ich nur zu meiner Rechtfertigung sagen: »Heinz Nitzsche ist dadurch nicht zwei Tage unterwegs, sondern er ist morgen Abend wieder da.« Kann man da anders, als einen solchen Bruder lieb haben?

Heinz Nitzsche hat etwas Mitreißendes. Wie er mir das Herz abgewonnen hat, so auch meinen Ältesten. Es war wohl kurz nach seiner Bibelschulzeit. Er fuhr zu einer Konferenz der AGAS und nahm unsere drei ältesten Söhne mit, die damals etwa 14, 13 und 12 Jahre alt waren. Als sie zurückkamen, verkündeten sie: »Wir haben unterschrieben!« (nämlich eine Selbstverpflichtung, keinen Alkohol zu trinken). Sie trinken aus Solidarität mit Suchtkranken bis heute keinen Alkohol. Unser Markus ist später dann als Pastor längere Zeit Leiter der AGAS in der DDR gewesen und hat nach der Wende die Vereinigung mit dem Blauen Kreuz in Deutschland vollzogen.

Vieles habe ich von Heinz Nitzsche für die Suchtarbeit gelernt. Aber ich habe ihn auch weinen gesehen, wenn ein Betroffener in einem Rückfall alles zerschlug, was er mühevoll aufgebaut hatte. Gelegentlich sagte er dann – und es klang Hoffnung durch das Mitleiden hindurch: »Der muss noch weiter runter. Der Leidensdruck muss noch stärker werden, bis er erkennt, dass er sich selbst nicht helfen kann, bis er Hilfe von außen, von Gott und Menschen, annimmt.« Heinz Nitzsche ist der typische Pionier. Großes hat er geleistet. Das Werk in Serrahn ist sein Werk und das seiner Frau, wenngleich er natürlich weiß, dass es Gottes Werk ist. Diese nun größer gewordene Arbeit aber zu verwalten war nicht so sehr sein Ding. Denn zur Leitung eines größer gewordenen Werkes gehört nun mal ein gewisser Sinn für Bürokratie mit Finanzverwaltung und zum Teil langatmige Verhandlungen mit den Behörden. Schon vor der Wende hatte er nach dem Osten geschaut und viele russische Bibeln verteilt, sich dafür auch eine Nacht lang einsperren lassen, zunächst bei den Russen, die ihn dann der Stasi übergaben.

Als daher die Türen nach dem Osten aufgingen, nahm er Kontakt zu christlichen Gemeinden in Russland und in der Ukraine auf und motivierte sie, sich um suchtkranke Menschen zu bemühen. Wo er Gehör fand, half er, Häuser zur Entwöhnung und Unterkunft von Suchtkranken zu erwerben. Kern und Kraft seiner Arbeit aber ist das Wort Gottes und das Lied, das zu Jesus ruft. So besucht er mit diesen einheimischen Christen die Suchtabteilungen der staatlichen psychiatrischen Kliniken und die Gefängnisse. Dort verkündet er die Botschaft von Jesus, die innere Kraft und innere Freiheit vermittelt, und bietet Hilfe für Entlassene an. Einige Häuser in Russland und der Ukraine laufen inzwischen selbstständig. In Mariupol am Asowschen Meer (Ukraine) hat er sich inzwischen einen Stützpunkt geschaffen, mit einer soliden Arbeit dort und einer Ausstrahlung ins Land hinein. Mittlerweile hat er die Leitung von Serrahn abgegeben. Er hat den tüchtigen, in Sozialfragen erfahrenen Prediger und Betriebswirt Reinhard Jahn als Leiter gewinnen können. Und heute ist Heinz Nitzsche mit seiner Frau Martina vollzeitlich in Mariupol tätig. Diese Arbeit in der Ukraine ist nun ein Arbeitszweig des Diakonischen Zentrums in Serrahn geworden. Es gibt ein Buch über Serrahn mit dem Titel »Bis zum letzten Tropfen«[8] (Brendow-Verlag). Darin berichten Alkoholkranke, wie sie durch Gottes Handeln in Serrahn frei wurden und wie ihr Leben neu wurde. Aber weiter gibt es keinen Bericht über Nitzsches und ihre Arbeit. Deshalb ist es mir wichtig, hier einmal etwas länger über sie zu erzählen. Und so erlaube ich mir, noch Auszüge eines Berichtes anzufügen, den ich nach unserer Reise zum Jahresfest 2007 in Mariupol geschrieben habe:

Freitag, 31.08.2007:

Liebe Kinder, Enkel und Freunde, heute kamen wir aus Mariupol nach fast drei Tagen Fahrt (eine Tour 2 450 km) zurück. Ich hatte ja erst Bedenken, ob ich mir die Reise zumuten könnte. Aber nun bin ich doch sehr froh, dass ich mitgefahren bin und es recht gut geschafft habe. Es war ein gutes und großes Erleben... Zum Äußeren: Mariupol liegt am Asowschen Meer, idyllisch schön, aber durch viel Industrie sehr stark luftverschmutzt. Wir hatten meist Temperaturen um 40 Grad... Auch das Wasser war warm, aber ziemlich dreckig. Anlass zu unserer Fahrt war das Jahresfest der Ukraine-Arbeit des Diakonischen Zentrums, die vom Ehepaar Nitzsche geleitet wird...

Nitzsches hatten alles in bewährter Weise vorbereitet und schufen uns einen sehr instruktiven schönen Aufenthalt. Die Einladung, die Heinz weit gestreut hatte, wurde sehr gut angenommen. So kamen in dem großen Kinosaal wieder gut 600 Menschen zusammen. Wie bei allen Zusammenkünften, die Nitzsches organisieren, bildeten Gottes Wort, das Gebet und die Gemeinschaft den Schwerpunkt. Und wieder wurde deutlich: Diese göttlichen Kräfte schaffen eine Verbundenheit der Christen aus verschiedenen Gemeinden, die sehr wirkungsvoll ist. Es war eindrücklich zu sehen, dass es eine ganze Reihe von kleineren Rettungshäusern in der Ukraine gibt, einige durch Heinz und Martina, andere unabhängig von ihnen entstanden. Zu ihnen allen hält Heinz Kontakt und fördert Austausch und Zusammenarbeit... Neben ihrer Arbeit an Suchtkranken und der Anleitung anderer für diese Arbeit unterstützen Nitzsches ein Heim für Waisenkinder, verkündigen die frohe Botschaft Kindern und Jugendlichen, kümmern sich um Kranke und Sterbende. Sie haben eine Gemeindearbeit begonnen, die sie nach und nach in die Hände Einheimischer legen.

Drei Dinge haben mich bei diesem Besuch besonders bewegt:

1. Nitzsches tun in der Ukraine nicht nur selbst eine solide Suchtarbeit, die Geist, Seele und Leib umfasst. Sie leiten Einheimische an, die Sucht- und Gemeindearbeit zu tun. Damit wirken sie in die Weite und Länge über ihr Umfeld und über ihre Lebenszeit hinaus.

2. Am Vortag vor dem Jahresfest hatte uns der Chefarzt der Nervenklinik in das Krankenhaus eingeladen. Tief bewegt hat mich die Dankbarkeit, mit der der Arzt von der Zusammenarbeit mit Nitzsches berichtete. Nicht nur das. Er erzählte auch von der inneren Einstellung, die er durch Heinz gelernt und übernommen hat. Dass der Mensch eine innere Neuorientierung braucht, um gesund zu werden und frei von der Sucht, ja, dass er als Arzt solche Umwandlung erfahren hat, dass ihm das Gebet für die Patienten und für sich selbst wichtig geworden ist – das war so bewegend zu hören. Er nimmt Heinz alle Patienten ab, für die er um Aufnahme bittet. Ja, wie Heinz nimmt auch er Patienten, die keine Geldmittel oder Krankenversicherung haben, auf. Bei dem Besuch führte er uns durch die Klinik. Wie war es schön, die Betten und Einrichtungsgegenstände zu sehen, die Heinz aus Deutschland dorthin transportiert hat. Die ganze Klinik macht einen einladenden Eindruck. Man spürt, das Personal will es den Patienten schön machen. Vieles hat Dr. Djadschenko selbst renoviert, zusammen mit einigen Patienten. Hier wird nicht auf die Behörden geschimpft. Hier wird angepackt, zum Wohle der Mitmenschen. Besonders haben wir uns gefreut: Beim letzten Jahresfest in Serrahn haben wir für die Reparatur der Klinikdächer gesammelt. Jetzt sind alle Dächer der verschiedenen Gebäude schön gedeckt. Unsere Opfer bewirken dort etwas!

3. An jedem Montagabend besuchen Nitzsches Mannschaft und einige Glieder der Baptistengemeinde das Obdachlosenasyl. Diesmal war ich dabei. Ich war tief erschüttert über das, was ich sah. Wir fuhren in den asphaltierten Hof einer ehemaligen größeren Werkstatt o. Ä. ein. Auf einigen Holzbänken saßen ein paar Menschen mit leerem, ödem, auch wirrem Blick, wohl alle alkoholisiert. In einem Schuppen stand zwischen lauter Gerümpel an der Tür ein altes Eisenbett. Statt

einer Matratze nur Lumpen. Auf ihnen saß ein Mann mit zitternden Knien, ein Fuß mit Lumpen verbunden. Er bat um neue Bettwäsche. Doch unsere Mitarbeiterin Beate wusste, die würde umgehend in Alkohol verwandelt werden. So sagte sie ihm, sie wisse ein Heim, in dem kein Alkohol getrunken werde. Wenn er dorthin wolle, könne sie ihm helfen. Das zog ihn aber nicht. So blieb er sitzen. Er muss den ganzen Tag auf seinem Bett sitzen, weil er nicht mehr laufen kann. Dort bekommt er ein wenig zu essen und zu trinken. Kein Mensch nimmt ihn hoch. So macht er alles unter sich. Ähnlich ist es bei drei anderen Männern, die den ganzen Tag in ihrem Rollstuhl sitzen, einer ohne Beine. Keiner nimmt sie hoch. Keiner pumpt Luft in die Bereifung. Die Mitarbeiter des Heimes waren nicht zu sehen. Sie sollen ebenfalls resigniert und antriebslos sein. Der einzige »Trost« ist offenbar der Alkohol. Ein »Bewohner« im Rollstuhl wurde von einem »Mitbewohner« auf den Hof gefahren, an einen Tisch. Der Rollstuhlfahrer zitterte am ganzen Leib vom Alkohol. Als das Zittern schlimmer wurde, holte der Begleiter ein Gefäß mit Wasser und goss es ihm über den Kopf. Das Wasser lief herab auf Tisch und Hose, aber es »half«. Es war warm. Wir konnten die Begegnung mit etwa 15 Obdachlosen – die anderen waren unterwegs – auf dem Hof halten. So brauchten wir nicht ins Haus zu gehen. Es soll dort fast unerträglich sein. Ich bin nicht hineingegangen. Das war sicher ein Mangel und doch war ich froh, dass es mir erspart blieb... Der Pastor der Baptistengemeinde hält eine biblische Ansprache, zeigt den Weg aus der Sucht auf und es werden einige Lieder gesungen. Die Bewohner können zum Teil mitsingen. Normalerweise erhalten sie eine kräftige Suppe. Diesmal gab es Brot und Wurst, auch etwas zum Mitnehmen. Welche Hilfe sind da die Hilfslieferungen aus Deutschland! Nach etwa 1,5 Stunden gingen wir. Ich war froh. Der Anblick war mir fast unerträglich. Nicht wirklich helfen zu können, einfach zuzusehen, wie diese Menschen, zum Ebenbild Gottes geschaffen, in Dreck, Alkohol und Hoffnungslosigkeit versinken – das ist schwer... Am Abend sagte Heinz: »Ich habe einer sterbenden Frau, die dort völlig nackt auf dem Eisenbett im Flur *lag, eine Decke besorgt. Am nächsten Tag war sie wieder weg.« Männer und Frauen liegen dort in einem Raum. Heinz vermittelte der Sterbenden ein Bett im Krankenhaus. Aber er muss es bezahlen. Als ich das Haus verließ, war ich tief deprimiert. Hier ist keine Hilfe mehr möglich! Hier bleibt nichts als zuzusehen, wie Menschen versinken!*

Aber dann war ich wie erlöst, als Heinz am Abend sagte: »Deshalb sammle ich doch für mein nächstes Projekt. Ich brauche einen Raum für Sterbende. Wir müssen unser ›Zentrum für humanitäre Hilfe‹ kaufen, in dem wir jetzt nur einige Räume gemietet haben. Dann hätte ich einen Raum für Sterbende. Pflegekräfte könnte ich gewinnen.« Aber natürlich braucht er dafür wieder Geld (Es folgte mein Spendenaufruf an Freunde und Familie...).
Natürlich wird Heinz auch den Behörden auf die Nerven gehen, dass sie grundlegend etwas für die Obdachlosen und pflegebedürftigen Alkoholkranken tun. Zugleich muss er aber tun, was er selber tun kann, und wir wollen ihm dabei helfen.
Es ist einfach erstaunlich, wie vielen Menschen Heinz Nitzsche die rettende Liebe von Jesus vermitteln und wie vielen er damit auch aus der persönlichen und sozialen Not heraushelfen konnte. Ich freue mich darauf, im Himmel alle die zu sehen, die durch den Dienst von Ehepaar Nitzsche und seinen Mitarbeitern Kinder Gottes geworden sind und frei vom Alkohol. Man verzeihe mir, dass ich so ausführlich von Heinz Nitzsche geschrieben habe. Ich habe damit zugleich auch von mir geschrieben. Deshalb gehört das hierher.

Ein ganz wichtiger Berater war uns Herr Klaus Kleinschmidt aus Hamburg, gläubiger Christ und Mitarbeiter bei der LVA Hamburg. Aus Freude an der geistlichen Ausrichtung unserer Arbeit hat er uns nicht nur bei der Umgestaltung unseres bescheidenen Werkes in eine Suchtklinik beraten. Er hat uns auch konkret gezeigt, wie wir unsere Verwaltung gestalten und die Reha-Berichte schreiben sollten. Oft hat er uns besucht. Das war für uns Hilfe und Ermutigung zugleich. Ich bezweifle, ob wir es ohne ihn geschafft hätten. Solche selbstlosen Helfer haben die Wiedervereinigung unseres Landes wesentlich gefördert.

12. Sigrid geht heim

Meine Sigrid, 1994, gelähmt, aber dennoch getrost, mit ihrem »Pfleger«.

Ich blende zurück in die Jahre 1992/1993. Damals stand ich also mit Nitzsches und mehreren Mitarbeitern fröhlich im Dienst des Diakonischen Zentrums. Unsere Aufgabe war die Umgestaltung des Zentrums von einer schlichten, aber wirkungsvollen Sucht-hilfeeinrichtung unter DDR-Verhältnissen zu einer anspruchsvolleren, den Gesetzen Westdeutschlands entsprechenden modernen Suchttherapie mit Klinik, Vorsorge und Nachsorge. Im Jahr 1994 würde mein Ruhestand beginnen. Ein wenig freute ich mich schon auf die Zeit als Rentner. Ich wollte zwar weiter nach Bedarf im Werk mitarbeiten, aber ich würde endlich auch einmal Zeit haben, mit meiner Frau Reisen zu unternehmen – in die Welt und vermehrt auch zu Kindern und Enkeln. Nach den Jahren der Begrenzung in der DDR durch Mauer und Stacheldraht und nach dem Eingebundensein in die Aufgabe der Kindererziehung würden wir nun einmal mehr Zeit haben für die eheliche Zweisamkeit. Durch die Wende stand uns ja plötzlich die ganze Welt offen! Für einen DDR-Bürger ein fantastischer Gedanke! Aber auch in den ersten Jahren nach der Wende waren wir noch fest eingebunden in die Arbeit mit ihren Umbrüchen in Lobetal und Serrahn. Nun winkte der Ruhestand.

Aber dann wurde meine Sigrid im Februar 1993 nach zwei Hüftoperationen plötzlich gelähmt. Der Krankentransport brachte sie in die 80 km entfernte Klinik nach Neubrandenburg. Nun waren alle Träume dahin! Aber unsere Liebe reifte in dieser Zeit der Krankheit zu großer emotionaler Nähe aus. Ich hätte für sie bis ans Ende der Welt laufen können! Aber wenigstens beten konnte ich für sie. Das tat ich lange und intensiv. Und wenn Gott mein Beten auch nicht so erhörte, wie ich es mir so sehr gewünscht hatte, so half er uns doch, im Glauben getrost und zuversichtlich zu sein. Und wenn ich auch nicht für sie bis ans Ende der Welt lief, fuhr ich nun an jedem Abend die 80 km hin und wieder zurück und reichte ihr das Abendbrot. Denn auch ihre Arme waren teilweise gelähmt, und so war es der einzigen Abendschwester der Station eine Hilfe, dass ich da war. Welche Freude war uns das an jedem Abend! »Ach«, sagte sie dann schon mal, »ich wollte doch so gerne noch mal nach Norwegen und du nach Israel!« Und doch trösteten wir einander: »Im Himmel ist es schöner als in Norwegen und in Israel.« Wenn ich sie allerdings tagsüber besuchte, fand ich es ärgerlich, dass mich die Schwestern nach alter DDR-Manier (Materie ist alles – Gefühl ist nichts) aus dem Zimmer schickten, wenn sie meine Frau umlagern wollten. Das war später in der Rehaklinik Langensteinbach im Schwarzwald sehr viel natürlicher und schöner. Dort beteiligte man mich an der Versorgung und Pflege, sodass ich es später zu Hause ganz allein konnte.

Die Lähmung schien zunächst wieder zurückzugehen, sodass meine Frau nach einem Jahr schon wieder mit Unterstützung ein paar Schritte tun konnte. Wenn man gesund ist, ahnt man nicht, welch große Hilfe es ist, wenigstens mit eigenen Beinen zur Toilette gehen zu können! Dann aber kam die Entzündung im Rückenmark zurück und damit auch die Lähmung. Mehrfach musste sie ins Krankenhaus. Ende November 1994 war sie dann so schwach, dass sie wie eine Sterbende wirkte. So holten wir sie nach Hause.

Unsere Tochter Christine war mit ihrem Mann und ihren vier Kindern zu uns gezogen, und so konnten wir die Bedenken des Arztes zerstreuen und die Pflege zu Hause übernehmen. Als Krankenschwester durfte unsere Tochter auch Infusionen geben. Da hatten wir noch einmal sechs besonders schöne Wochen zu Hause. Wir stellten das Pflegebett meiner Frau in unser großes Wohnzimmer. Ich rückte abends meine Couch daneben. Sie lebte noch einmal auf, besonders nachdem auch Kornelius, unser Jüngster, heimkam, der von seinem Zivildienst in Brasilien beurlaubt worden war. Was kann menschliche Nähe bewirken! Und was hat man in dieser Lage für wertvolle Gespräche. Natürlich war der Gedanke an den Tod nicht mehr abzuweisen. Aber er war uns nicht schrecklich. Es waren Gespräche angesichts des nahenden Abschieds. Da konnte ich zum Beispiel zu Sigrid sagen: »Ich will meine Frau lieber durch den Tod verlieren als durch Ehebruch und Scheidung. Durch eine Scheidung stirbt auch die Liebe und man verliert alles. Der Tod aber trennt uns nur für eine gewisse Zeit. Die Liebe bleibt und auch die Verbundenheit.« Von ganzem Herzen stimmte sie mir zu. Das ist Trost angesichts des Sterbens. Es ist erstaunlich, wie natürlich man darüber reden kann, wenn man weiß, die gemeinsame Heimat ist im Himmel. Wir hatten noch ein besonders schönes Weihnachtsfest. Aber gleich danach ergriff die Lähmung nun endgültig auch beide Arme. So konnte sie sich selbst nicht mehr die kleinste Handreichung tun. Als dann um Silvester/Neujahr eine Lungenentzündung dazukam, spürten wir, dass Gott sie zu sich holen würde. Am letzten Tag saßen wir mit allen Kindern und Schwiegerkindern um ihr Bett herum. Es waren geheiligte Stunden. Sie selbst und wir alle wussten: Jetzt geht es heim. Ihr »Guter Hirte«, der sie mit 19 Jahren gerufen und dem sie ihr Leben anvertraut hat, lässt sie gerade jetzt nicht im Stich. Dieses Wissen schuf einen wunderbaren Frieden. Alte Lieder, Ewigkeitslieder, wurden lebendig. Wir beteten und lasen Bibelworte. Wir sprachen miteinander. Wir segneten sie. Und so ging sie am 3. Januar 1995 heim.

Im Blick auf die ganze Zeit mit ihr gratuliere ich mir: Wohl dem Mann, der eine Frau hat, die gerne Frau und Mutter ist! Sie war glücklich in ihrem Stand und hat uns davon abgegeben. Im Blick auf die Gebetskämpfe der letzten Monate wurde mir klar, was ich zwar längst wusste, mir nun aber bewusst machte: Gott will nicht immer, was wir wollen: ein langes, angenehmes Leben. Er will, dass wir am Ziel ankommen und dass wir möglichst viele mitbringen. Das wurde Sigrid geschenkt. Es war ein erfülltes Leben. Und es bleibt der Dank!

13. Rentenbeginn, Witwerstand

Ein Jahr vor dem Sterben meiner Frau war ich Rentner geworden. Eine Anfrage, ob ich nicht noch weiter arbeiten könne, hatte ich im Blick auf meine gelähmte Frau natürlich ablehnen müssen. Nach Sigrids Tod war ich nun allein. Nein, allein war ich nicht. Ich lebte mit meiner Tochter, ihrem Mann und den vier Enkelkindern in unserem relativ großen Hause. Das war mir eine große innere Hilfe.

Kurz vor Sigrids Tod war ihre 92-jährige Mutter nach einem Oberschenkelhalsbruch aus ihrer gepflegten Wohnung ins Krankenhaus und dann in ein Pflegeheim gekommen. Das war sehr schwer für sie, denn nun sollte ihre Wohnung aufgelöst werden. Nichts außer ein paar Kleinigkeiten konnte sie mitnehmen. Als wir sie nach dem Tod meiner Frau besuchten, waren wir tief bewegt. Was war aus dieser selbstbewussten, gepflegten Frau geworden! In diesem Pflegezimmer sollte sie die letzte Lebensstrecke verbringen? Ein Pflegebett mit Krankenhaus-Nachttisch für jede der beiden Bewohnerinnen, ein Tisch für beide; zwei Stühle, zwei Rollstühle, ein Kleiderschrank (mehr ein zweiteiliger Spind), der die Waschecke verdeckte, ein paar Haken an der Wand und einige Bilder! Ich erinnere mich nicht, noch mehr in dem Zimmer gesehen zu haben. Wir waren erschüttert, wie dort die institutionalisierte Pflege aussah. Pflege ja, Wohnung gleich null. Gewiss, es mag anderswo etwas wärmer und wohnlicher sein. Auch wird ein alter Mensch anspruchsloser. Aber dies zu sehen, war schwer für uns. So luden wir sie ein, zu uns zu ziehen, und sie nahm die Einladung an. Man sollte nicht glauben, wie viel innerer Gewinn in solchem Miteinander von Jung und Alt, von Schwach und Stark für alle Beteiligten liegt. Was die Familie dem Menschen bietet, kann keine öffentliche Fürsorge leisten. Obgleich meine Schwiegermutter, unsere Oma, uns früher wegen der Glaubensunterschiede immer ein wenig distanziert begegnet war, wurde uns nun auch zu ihr eine schöne familiäre Nähe geschenkt. Alte und Junge haben einander in der Familie etwas zu geben. Wir hatten den Eindruck, dass sich unsere Oma auch dem christlichen Glauben weiter öffnete. Ganz friedlich ist sie etwa zwei Jahre später bei uns zu Hause eingeschlafen.

14. Christine, meine zweite Frau

Als ich eineinhalb Jahre lang Witwer gewesen war, traf ich wieder einmal Christine Lander, die Witwe meines Freundes und Mitdozenten Pfarrer Friedrich-Karl Lander in Falkenberg. Sie war die älteste Schwester meiner Schwiegertochter in Bülow, wo mein Sohn Johannes Pastor ist. Ihr Mann war schon 1986 im Alter von 35 Jahren verstorben. So hatte sie in großer Tapferkeit und Treue ihre fünf Kinder aufgezogen. Nun war sie schon über zehn Jahre Witwe, und ich war eineinhalb Jahre Witwer. Im Gespräch kam uns die Frage, ob wir wirklich jeder für sich allein alt werden oder ob wir nicht doch noch gemeinsam weiterwandern sollten. Sie war schon in Falkenberg als Vikarsbraut »Schülerin« an unserer Bibelschule gewesen. Ich hatte die beiden getraut, und wir vier Eheleute waren eng befreundet gewesen. Auch das Leid der Familie hatten wir mitgetragen, den plötzlichen Kindstod ihres kleinen Johannes und das lange Leiden und Sterben ihres noch so jungen Mannes. Bei der Beerdigung beider durfte ich uns Gottes Wort zusagen. Das alles hatte uns sehr zusammengeschlossen. Wir hatten Hochachtung voreinander und mochten uns gern. So war das gegenseitige Sichverstehen von uns beiden Verwitweten eigentlich kein Problem, eher zunächst für unsere Kinder. Obgleich sie 22 Jahre jünger ist als ich, kamen wir doch zu der Entscheidung, dass wir es wagen wollten, miteinander durchs Leben zu gehen. Ich ließ mich noch auf gesundheitliche Unbedenklichkeit untersuchen. Und so haben wir am 28.12.1996 geheiratet. Ich könnte mir denken, dass damals mancher über uns gesagt hat: »Die sind verrückt.« Vielleicht hätten wir das auch gesagt, wenn wir es von anderen gehört hätten. Aber es gibt persönliche Lebensführungen. Und die nahmen wir nun auch für uns in Anspruch.

Bevor wir uns zu einer zweiten Ehe entschließen konnten, war mir aber eines noch wichtig. Ich sagte zu meiner jetzigen Frau: »Ich möchte gern mit dir mein Leben teilen und mit dir alt werden. Aber mir ist beim Sterben meiner Sigrid etwas wichtig geworden, das ich als Geschenk empfinde: Ich bin ewigkeitsnäher, sterbensbereiter geworden. Das möchte ich nicht wieder verlieren.« Es lebt sich besser, wenn man zum Sterben bereit ist, weil man erlebt hat, wie ein geliebter Mensch im Frieden stirbt. Mir war bei Sigrids Sterben etwas aufgeleuchtet von der Welt Gottes, die uns in diesem umtriebigen Leben oft so fern scheint. Diese Erfahrung der Nähe Gottes ist offenbar ein Segen, den der erfährt, der einen lieben Menschen betend im Sterben begleitet.

Inzwischen sind wir nun schon wieder zwölf Jahre verheiratet und danken Gott jeden Tag füreinander. Da muss ich nun aber bekennen, dass mich diese Welt doch schon wieder ganz schön gepackt hat. Gern möchte ich noch ein wenig auf dieser Erde leben, Christine und meinen Kindern zuliebe und auch um des Dienstes am Evangelium willen, aber auch überhaupt. Trotzdem hoffe ich, dass mir etwas von der Bereitschaft für die himmlische Welt mitten im irdischen Leben geblieben ist. Ja, eigentlich macht die Freude über das Zuhause bei Gott das Leben hier trotz Alter, Krankheit und Tod vor Augen erst schön.

Für uns beide war klar: Wenn schon, dann soll es auch eine richtige, von der Gesellschaft bestätigte und von Gott gesegnete Ehe sein. In unserem Fall hat die Heirat nicht mal einen finanziellen Nachteil gebracht. Christine verlor zwar ihre Witwenrente. Sie ist ja auch keine Witwe mehr; die Witwenrente steht ihr also nicht zu. Es wurde uns aber zugesagt, dass ihre alte Witwenrente wieder auflebt, wenn ich sterbe. Sie kann dann sogar wählen, ob sie die Witwenrente von ihrem ersten Mann bekommen möchte oder die von mir. Die Witwenrente von mir wäre sicher günstiger, da ich ja länger gearbeitet habe als ihr erster Mann. Ich schreibe das deshalb, weil viele Verwitwete eine offizielle Heirat wegen finanzieller Nachteile scheuen.

Da Christine ein Haus in Falkenberg hatte und sie dort mit zwei der Schule noch nicht ganz entwachsenen Kindern lebte, zog ich von Serrahn mit dorthin. Ich hatte ja bereits 16 Jahre lang in Falkenberg gelebt und gewirkt. Inzwischen sind aber alle Kinder von Christine aus dem Haus. So haben wir beide uns entschlossen, wieder nach Serrahn zu ziehen. Hier fühlen wir uns im Kreis der Mitarbeiter des Diakonischen Zentrums rundum wohl. Mein Sohn Markus ist in unserer Kirchgemeinde Pastor. Unser Haus liegt dicht am schönen Krakower See. Im Sommer springen wir direkt vom

Bett ins Wasser. Und gesundheitlich haben wir noch keine wesentlichen Einschränkungen.

Christine und Uwe Holmer.

Ich hätte mir früher wohl selbst nicht vorstellen können, dass ich nach einer so glücklichen ersten Ehe noch einmal eine zweite Frau von Herzen und uneingeschränkt lieben könnte. Das ist wohl auch natürlich. Ebenso hätte ich mir, solange Sigrid noch lebte, sicher nicht denken können, dass ich jemals eine zweite Frau lieben und zugleich die Liebe zu meiner ersten Frau fest im Herzen behalten könnte. Aber es ist möglich. Die Erinnerung an die Jahre der ersten Ehe, an alles, was Gott uns an reichem Erleben geschenkt hat, und die Liebe über den Tod hinaus ist als Schatz in meinem Herzen geblieben. Trotzdem kann ich noch einmal wieder mit der gleichen Wärme und Dankbarkeit lieben wie früher. Nun macht mir meine zweite Frau meine Liebe auch nicht schwer. Sie meint das Gleiche von mir. Weil sie auch meine erste Frau geschätzt und geliebt hat und ich ihren Mann, reden wir oft von ihnen – mit Freude und Dank. Ein Vergleichen kommt nicht infrage. Wir spüren auch keine Versuchung dazu. Meine zweite Frau ist anders, übrigens nicht allzu sehr. Aber sie ist ebenso kostbar und liebenswert. Unsere Freunde spüren uns unser herzliches Miteinander ab. Auch unsere Kinder sind nach anfänglichen Irritationen froh über unseren Stand. Und wo liegt die Ursache für unser herzliches Miteinander? Ich zögere nicht zu sagen: dort, wo zwei Menschen ihr Leben unter die Herrschaft Jesu gestellt haben, wo sie gemeinsam auf sein Wort hören, wo sie miteinander beten. Dort wächst dann auch in ihnen als »Frucht des Heiligen Geistes Liebe, Freude, Friede, Geduld, Freundlichkeit, Güte, Treue, Sanftmut und Selbstbeherrschung«. So werden Menschen reife, anpassungsfähige Persönlichkeiten. Das ist die wichtigste Voraussetzung für eine harmonische Ehe.

15. Enkelkinder

Als ich vor Jahren irgendwo evangelisierte und mit Eifer Menschen in die Nachfolge Jesu rief, dachte ich: Das müssten meine Enkelkinder auch hören. Also luden wir für den Sommer zu einer fünftägigen Enkelkinderfreizeit nach Bülow am Malchiner See ein, wo mein Sohn Johannes Pastor ist. Wir Älteren wohnten im Pfarrhaus. Die Enkel, zum Teil mit ihren Eltern, zelteten auf der Pfarrwiese unter den weit ausladenden Zweigen der großen Buche. Diese Enkelkinderfreizeit ist inzwischen zum Höhepunkt des Jahres geworden. Klar ist: Morgens wird eine intensive, möglichst anschauliche Bibelarbeit gehalten, meist mit anschließendem Gruppengespräch. Ziel ist auch hier: Vertraut euer Leben dem Guten Hirten an, der euch sicher zur ewigen Heimat führt. Zunächst dachte ich, ich müsste auch für ein gutes Nachmittags- und Abendprogramm sorgen. Aber das läuft inzwischen fast von selbst. Eine Tochter denkt sich meist ein Geländespiel oder etwas Ähnliches aus. Im Übrigen aber spielen die Enkelkinder begeistert miteinander. Auf dieses rege Miteinander freuen sie sich immer schon das ganze Jahr über.

Uns Älteren schenkt diese Freizeit auch einmal Gelegenheit zu einer etwas intensiveren Begegnung. Wir müssen nur sehen, dass kein Kind beim Baden, Segeln, Rudern und dergleichen in Gefahr gerät. Abends sitzen wir am Lagerfeuer. Aber wir spüren: Die Zeit geht dahin. Die großen Enkelkinder können schon nicht mehr alle dabei sein, weil sie im Ausland sind oder im Berufsleben stehen. Das aber macht diese Begegnungen noch wichtiger. Wir wollen die Jahre nutzen, solange es »gelegene Zeit« ist. Dabei wird mir immer wichtiger: Vater und Mutter sein ist ein »Amt«. Gott erwartet von den Eltern, dass sie das Glaubensgut der Bibel an die nächste Generation weitergeben. Zum Beispiel heißt es in 5. Mose 6,6f.: *Diese Worte, die ich dir heute gebiete, sollst du zu Herzen nehmen und sollst sie deinen Kindern einschärfen und davon reden, wenn du in deinem Hause sitzt...* Wenn Eltern das versäumen, wächst eine Generation auf, die fern von Gott ist und fern von dem Wissen um die Verantwortung vor ihm.

»Kinder sind eine Gabe des Herrn«, Psalm 127,3.

Wir erleben zur Zeit etwas von diesem Verlust an innerer Kraft in Kirche und Volk. Die Großeltern stehen unter dem gleichen Auftrag wie die Eltern. In ihrer Enkel-Großeltern-Beziehung liegt eine besondere Chance. Wenn zum Beispiel ein Enkelkind der Großmutter zu Füßen sitzt und bittend sagt: »Oma, hoffentlich musst du noch nicht bald sterben«, kann sie von ihrem Rheuma erzählen oder aber auch von ihren Erfahrungen mit Gott und davon, dass sie um das Zuhause im Himmel weiß und deshalb auch im Alter froh und getrost ist. Solch ein Wort der Großmutter vergisst das Kind im ganzen Leben nicht. Es geht tiefer in das Herz als das Wort eines Pastors. Dadurch, dass Christine fünf Kinder und fünf Schwiegerkinder hat und ich noch einmal die doppelte Anzahl, ist der Kreis der Familie natürlich sehr groß. Denn zu den zweimal fünfzehn Kindern kommen noch 8 Enkelkinder bei Christine und 47 Enkelkinder bei mir. Auch die ersten Urenkel sind bereits da beziehungsweise kündigen sich an. Freunde meinen oft, da könne man nicht mehr durchblicken. Aber jedes Kind und jedes Kindeskind hat einen deutlichen Eindruck in meiner Seele gemacht. Das vergisst man nicht. Allerdings, Frauen haben dafür einen besseren Sinn. Ich frische die Namen auf, indem wir viel von ihnen sprechen. Wenn der Name eines Enkelkindes aufklingt, leuchtet das Bild dieser kleinen, sich mehr und mehr entfaltenden Persönlichkeit vor meinem inneren Auge auf. Wunder des menschlichen Gehirns!

16. Leben im Ruhestand

Die lebendige Hoffnung aller Christen, die ich seit meiner Bekehrung in mir habe, und die Ewigkeitsnähe, die ich am Sterbebett meiner ersten Frau erfuhr, sollen mich jedoch keineswegs zur Weltflucht verführen. Das bin ich schon meiner zweiten Frau und meinen Kindern schuldig. Ich möchte gern in der spannungsreichen Haltung jedes Christen leben: bereit für den Himmel – fit für das Leben in dieser Welt.

Apropos »fit«! Ich bin so dankbar, dass ich nicht geraucht habe. Unser Vater hat geraucht, bis zum Ende hin. Er ist zwar 73 Jahre alt geworden, aber in den letzten 15 Jahren seines Lebens hatte er eine sehr viel geringere Lebensqualität als die Nichtraucher. Schon wenn wir nur fünf Minuten durch unseren Ort gingen, sagte er: »Da ist eine Bank. Lass uns mal ein wenig sitzen. Es sticht in den Fußsohlen wie mit Nadeln.« »Opa, das ist das Rauchen.« Aber dann kam ein entschiedenes, emotionales »Nein«! Wir wissen ihn im Himmel. Aber dass er die Nikotinsucht nicht überwunden hat, trotz seines deutlich christlichen Lebenswandels, gehört sicher nicht zu seinem Ruhmesblatt. Uns fünf Kindern ist das erspart geblieben. Das hilft sicher mit, fit zu sein in dieser Welt.

Ich denke dreißig Jahre zurück. Damals war ich schnell ermüdet, hatte öfter einmal eine Migräne und fast ständig Zahnfleischentzündungen. Viele Zähne mussten mir gezogen werden. Dann aber las ich ein Buch über gesunde Ernährung. Darin wurde gewarnt vor dem Verzehr von zu viel Zucker, Fett und zu stark ausgemahlenem Mehl. Mit anschaulichen Beispielen wurde auf die Bedeutung von Vitaminen, Obst, Gemüse und Vollkornnahrung hingewiesen. Wir beachteten das für unsere Ernährung, ohne es zu übertreiben. Nach einiger Zeit stellte ich fest: Ich habe gar keine Migräne mehr. Das Zahnfleischbluten hat völlig aufgehört, und ich fühle mich viel gesünder. Wenn ich jetzt nach Altersbeschwerden gefragt werde, kann ich nur sagen: Ich kenne kaum nennenswerte.

Nun bin ich schon über ein Jahrzehnt lang Rentner. Da denke ich an manches Gespräch zurück, in dem Ältere mir sagten: »Is nix, Herr Paster, wenn man olt ward« (es ist nichts, wenn man alt wird). Selbst in der Bibel heißt es ja schon: Es kommen die bösen Tage, da du sagen wirst: »sie gefallen mir nicht« (Prediger 12,1). Aber auch da finde ich gleich wieder viele Gründe zur Dankbarkeit, zum Beispiel für den medizinischen Fortschritt in unserer Generation. In der Jugendzeit wurde meine Lungenkrankheit erfolgreich therapiert. Als es mit dem Sehen schwierig wurde, bekam ich eine bezahlbare Brille. Mein Gebiss haben die Techniker wieder voll funktionsfähig gemacht. Und als meine Hauptschlagader zu platzen drohte, wurde ich erfolgreich operiert. Das alles hat mit dazu beigetragen, dass ich es durchaus auch schön finde, alt zu werden.

Ich bin nun nicht mehr so stramm eingebunden in die Alltagsgeschäfte eines Leiters. Ich genieße es, dass ich gemütlich mit meiner Frau beim Frühstück sitzen und mit ihr Gottes Wort lesen kann. Zeit zum Bibellesen und Beten nahm ich mir früher auch immer. Aber das Frühstück verlief doch oft recht hektisch.

Nun kann ich manche Probleme des Lebens und Glaubens in größerer Ruhe durchdenken. Auch im Alter müssen wir nicht geistig unfruchtbar und antriebslos werden. Wohlmeinende Ratgeber sind zwar der Ansicht, ich tue immer noch zu viel. Dem kann ich insofern eine gewisse Zustimmung nicht versagen, als ich selbst sehe, dass ich eigentlich zu wenig Zeit für meine Kinder und Enkel habe. Aber da hoffe ich auf Besserung in absehbarer Zeit. Großvater- und Großmuttersein ist schön und wichtig. Meine Frau und ich möchten keineswegs, dass das zu kurz kommt.

Weil aber der Mensch nicht vom Brot allein lebt, sondern von einem jeden Wort, das aus dem Mund Gottes kommt, ist es uns wichtig, dass dieses Wort Gottes gesagt wird, auch über die Familie hinaus. Das bleibt mein Auftrag, solange ich kann. Es ist mir eine große Freude, dass auch mir das Wort von Dr. de Boor gilt: »Das ist das Schöne, dass wir nie ganz unnütz sind.« Bei meiner ersten Frau erlebte ich: Nützlich und hilfreich zu sein ist sogar noch bis zum Ende hin möglich. Wie viel hat sie uns gegeben an Freundlichkeit, Dank und Fürbitte!

So darf auch ich nun noch mancherlei geistliche Dienste tun. Wenn ich in Serrahn bin, halte ich an drei Tagen der Woche Andachten, genannt »Biblisch orientierte Lebenshilfe«. Es soll das Markenzeichen unseres Werkes bleiben, dass wir innere Kräfte im

Menschen zu mobilisieren suchen, Kräfte, die von Gott ausgehen und vom Hören auf sein Wort. Immer wieder haben wir es erlebt: Das Gebet gibt eine starke innere Kraft gegen die Sucht. Vor Gott wahrhaftig zu werden ist mehr, als nur Menschen etwas zu versprechen. Und nach einem Rückfall neu zu beginnen ist wirksamer, wenn man weiß, ich bin vor Gott verantwortlich für mein Tun, wirksamer, als wenn man nur neue menschliche Vorsätze fasst. Christsein heißt, in Gottes Gegenwart zu leben. Wenn ein Mensch das praktiziert, wird sein Leben von Wahrheit und Kraft erfüllt. Gewiss, viele packen den Neuanfang vor Gott nicht. Manche packen ihn nur halb und machen sich und anderen das Leben immer noch schwer. Aber die, die beginnen, unter der Führung Jesu zu leben, bekommen eine ganz neue Lebensqualität und bringen Licht in ihre Umgebung hinein. Es ist wunderbar für eine ganze Familie, wenn einem Menschen ein solcher Neuanfang geschenkt wird. Welch ein tief bewegender Anblick ist es beim Jahresfest, wenn die, die inzwischen länger als ein Jahr von der Knechtschaft des Alkohols frei sind, aufgefordert werden, nach vorn auf die Bühne zu kommen und Psalm 40 zu lesen (»Er zog mich aus der grausigen Grube, aus lauter Schlamm...«). Und wenn sie dann das Lied singen: »Jesu Liebe kann erretten, seine Hand ist stark und treu. Er zerreißt der Sünden Ketten und macht alles, alles neu!«, wird manches Auge feucht. Die Bühne fasst die vielen nicht. Doch auch denen, die es noch nicht gepackt haben, wollen wir die Hoffnung stärken. Mancher braucht mehrere Anläufe.

Mit diesem Ziel halten wir hier in Serrahn auch jährlich eine oder zwei Besinnungswochen. Sie sind für Menschen mit Suchtproblemen gedacht, also nicht nur für Suchtkranke, sondern auch für Angehörige, Freunde und Freigewordene. Immer wieder geschieht es dann auch, dass Suchtkranke ihr Leben unter die gute Herrschaft von Jesus stellen und frei werden von der Zerstörungsmacht des Alkohols. Andere lernen, besser mit suchtkranken Angehörigen umzugehen oder auch Suchtkranken verständnisvoller zu helfen.

Natürlich ist es eine Herausforderung, Menschen Gottes Hilfe anzubieten, die mehrheitlich nie eine Bibel in der Hand hatten. Da muss man schon anschaulich und interessant reden, muss lebensnahe Beispiele suchen, muss darlegen, welche Perspektive sich dem Menschen bietet, wenn er sein Leben der Führung Gottes anvertraut, muss ermutigen, ein neues Verhältnis zu den Angehörigen zu suchen, das auf Vergebung und Liebe gegründet ist. Als ich neulich von der Andacht zurückkam, dachte ich: Welch ein Vorrecht ist es, wöchentlich etwa 70 Menschen das Angebot Gottes nahezubringen, von denen die meisten bisher ganz fern von Kirche, Bibel und Glauben waren. Welcher Prediger oder Pastor hat solche Gelegenheiten?

Ich leite jährlich je eine 10-tägige Bibelfreizeit in Bad Blankenburg und in Serrahn. Bei den Freizeiten findet das geistliche Leben der Teilnehmer (die oft schon im Rentenalter sind) gute Nahrung im Bibelgespräch. Hier kann man Sorgen loswerden. Hier geschieht Reinigung der Herzen. Hier wird die Seele hell und froh. Hier wird der Mensch auf das Ziel hin ausgerichtet. Hier wird er innerlich gestärkt, die Mühen des Alters mit Zuversicht zu tragen. Und hier entstehen Freundschaften, die nicht einsam werden lassen. Es ist uns wichtig, dass auch der alte Mensch geistig rege und lebendig bleibt.

Gern übernehme ich auch immer noch Predigtvertretungen. Dadurch, dass die Pastoren heute weit größere Pfarrbezirke haben, gewinnen die Rentner noch an Bedeutung. Überhaupt gilt ganz allgemein für alle Arbeitsgebiete: Was wäre Deutschland ohne seine Rentner! Und doch liegt hier noch ein großes Potenzial an Hilfskräften brach. Wem es gelingt, rüstige Rentner zur ehrenamtlichen Mitarbeit in Familie, Kirche, Diakonie und Gesellschaft zu ermutigen, der tut einen wichtigen Dienst an der Gesellschaft und auch an den Rentnern selbst. Noch einmal möchte ich Dr. de Boor zitieren: »Das ist das Schöne, dass wir nie ganz unnütz sind.«

Auch der Osten Europas und der ehemaligen Sowjetunion lässt mich noch nicht ganz los. Schließlich ist ja die ehemalige DDR regional und historisch eine gewisse Brücke zwischen Ost und West. Früher fuhr ich nach Kasachstan, kürzlich in die Ukraine. In den letzten Jahren flog ich regelmäßig einmal jährlich nach Kirgisistan. Für dieses Land schlägt mein Herz. Denn dort ist neben dem geistlichen Aufbruch, der den Baptisten geschenkt wurde, auch eine Bewegung unter den Lutheranern neu aufgebrochen. Ein russlanddeutsches Ehepaar ließ sich aus Deutschland zurückrufen, um als Missionare in ihrem kirgisischen Heimatdorf zu wirken. Dort sind viele Menschen zum lebendigen Glauben gekommen, die nun Mitarbeiter in dem kleinen Altersheim und in der Leitung einer ganzen Reihe von kleineren lutherischen Gemeinden im ganzen Land sind. Wo Menschen bewusst gläubige Christen werden, gibt es Mitarbeiter! Aber diese Mitarbeiter brauchen für ihren Dienst eine geistliche Zurüstung. Denn sie sind »Laien« ohne jede theologische Ausbildung. Doch Missionar Eichholz, der inzwischen zum Bischof berufen wurde, ruft sie das ganze Jahr über zu Besprechungen und zur Zurüstung zusammen. Auch die Liebenzeller Mission hat dort erste Schulungskurse durchgeführt und inzwischen drei Missionare dorthin ausgesandt. Durch meinen Unterricht an der Bibelschule in Falkenberg habe ich besonders in der Schulung von Verkündigern auf der mittleren theologischen Ebene eine gewisse Erfahrung und da besonders in der biblischen und praktischen Ausbildung. So biete ich dort die Auslegung der Hauptschriften des Neuen Testaments als Kurs an und gebe Unterricht in der Predigtlehre. Diese biblische, praxisorientierte Ausbildung ist ja der Urgemeinde sehr nahe.

Es ist uns ein Vorrecht, nicht nur den Kontakt mit diesem tapferen, fleißigen Bischofsehepaar zu pflegen. Auch die Bruderschaft mit Juri, dem bekehrten alten Genossen mit seiner zerlesenen Bibel, ist uns wertvoll. Ebenso ist uns die Gemeinschaft mit dem jungen Brüderpaar, deren Vater sich totgetrunken hat, deren Mutter aber durch den Glauben an Jesus vom Alkohol frei geworden ist, eine Freude. Beide waren selbst alkoholkrank und »Knastbrüder«, sind nun aber bekehrt und wurden zu Gemeindeleitern berufen. Welch ein Wandel hat sich durch die Bekehrung zu Jesus in dieser Familie vollzogen! Menschen, die früher eine Last für ihr Volk waren, sind jetzt zu Helfern ihrer Mitmenschen geworden. Auch wenn ich an die anderen knapp 20 Teilnehmer unseres Unterrichts denke, kann ich nur mit Tersteegen singen: »O wie lieb ich, Herr, die Deinen, die dich suchen, die dich meinen; oh wie köstlich sind sie mir!« Ja, es ist schön, Rentner zu sein und nicht mehr so viel leiten, regeln, verwalten, bauen und finanzieren zu müssen. Stattdessen darf ich jetzt mehr das tun, wozu ich berufen bin: Gottes Wort verkündigen, das Leib und Seele gesund macht.

17. Rückblick

Aber es ist nicht wegzudiskutieren: Jetzt bin ich alt. Ich komme mir vor wie ein Wanderer, der nach Hause geht und schon ein ganzes Stück auf der letzten Wegstrecke fortgeschritten ist. Da bleibt der Wandersmann dann auch schon mal auf einer Anhöhe stehen und schaut sinnend zurück.

Eben solch eine Verschnaufpause will ich mir nun auch noch gönnen. Dabei sehe ich die Gegenwart mit den Augen eines Menschen, dessen Erinnerung noch bis in die 30er-Jahre des vorigen Jahrhunderts zurückreicht. Der Mensch ist ja das einzige Wesen auf Gottes Erdboden, das in der Lage ist, über sich selbst und sein Umfeld nachzudenken. Er kann sich auch ändern. Ja, er kann sogar auch ein klein wenig seine Umwelt verändern durch das, was er redet, tut und schreibt. Insofern ist die Fähigkeit, sich zu erinnern, eine gute Gabe Gottes. Sie hilft uns, Weg und Ziel bewusster in den Blick zu nehmen.

Der überragende Eindruck in meinem Rückblick ist der Dank:

- Ich denke da etwa an das Pferd, dem ich mich als achtjähriger Junge von hinten näherte und das seine beiden eisenbeschlagenen Hinterhufe über meinen Kopf hinweg ausschlug. Als ich später Lobetal leitete und unsere geistig behinderten Heimbewohner sah, dachte ich manches Mal: Es ist Gottes Gnade, dass ich hier Mitarbeiter und nicht Betreuter geworden bin, wenn ich es überhaupt lebend überstanden hätte.
- Ich denke auch an eine Dienstfahrt. Ich trat morgens bei stürmischem Wetter auf die Haustreppe. Mein Fahrer öffnete gerade das Gartentor, um vor das Haus zu fahren. Ich ging noch einmal in die Wohnung zurück, hatte irgendetwas vergessen. Als ich wieder die Haustür öffnete, konnte ich nicht heraus, weil eben in diesem Augenblick unsere große Blautanne mit ihren vielen starken Ästen vom Sturm auf die Haustreppe geschleudert worden war. Da wäre für mich überhaupt kein Platz mehr gewesen.

- Ich denke an ein gefährliches Überholmanöver bei Nebel mit meinem voll besetzten Familienauto, das um Haaresbreite noch glimpflich abging. Noch heute verursacht es mir Albträume, wenn ich daran denke, was hätte passieren können, wenn ich das entgegenkommende Auto frontal gerammt hätte – und ich wäre schuld gewesen! Seitdem fahre ich deutlich vorsichtiger. – So manche Bewahrung habe ich vergessen, und so manche habe ich wohl gar nicht als solche erkannt. Zurückblicken macht dankbar.

- Ich denke zurück an meine Jugendzeit. Mit 17 Jahren baute ich mir ein Radiogerät. Wie war ich nach dem Krieg scharf auf alte Funkgeräte der Wehrmacht und der Luftwaffe, die ich ausschlachten konnte! Elektrische Widerstände, Transformatoren, Kondensatoren bestimmten damals mein Denken. Besonders war ich auf der Suche nach Radioröhren aus den Funkgeräten. Tagelang trieb ich mich auf dem ehemaligen Flugplatz herum. In der Nacht träumte ich von diesen Dingen. Und dann war mein Gerät endlich fertig. Aber eine Unvorsichtigkeit mit dem Schraubenzieher bei der »Endkontrolle« bewirkte einen Kurzschluss des Hauptwiderstandes und zwei Röhren brannten durch. Wie habe ich mich geärgert! Ich musste lange sparen, um mir einen Ersatz zu kaufen. Das Radiogerät funktionierte und tat seine Dienste, bis die Eltern und Geschwister in den Westen flohen. Mir aber hatte dieses Missgeschick die Lust am Radiobasteln genommen. Wie bin ich heute froh darüber. Denn nun kam die Schule wieder mehr in den Blick. Unter dem Ansporn meines Freundes wurde ich fleißiger und machte schließlich ein ordentliches Abitur. Als ich um diese Zeit herum auch mein Leben unter die Führung von Jesus stellte, war mir klar, dass ich Verkündiger des Wortes Gottes werden sollte. Heute denke ich: Ein Radio- und Elektronikmechaniker hat einen guten Beruf. Und auch er kann ein reich erfülltes Leben führen. Aber wenn ich in meiner Wohnung die veralteten Radio-, Video- und Plattenspielgeräte sehe, die sich im Laufe der Zeit angesammelt haben und die ich eigentlich entsorgen müsste, da sie nur Platz wegnehmen, denke ich doch: Wie gut, dass ich die meiste Zeit meines Lebens nicht in vergängliche Sachen, sondern in Menschen investieren durfte und in die Verkündigung von Gottes

Wort. Denn das wird mir mit zunehmendem Alter immer klarer: Nichts in der ganzen Welt gibt unserm Leben ein so gutes Gepräge und eine so frohe Zuversicht wie das Wort Gottes. So hat es wohl schon jeder einmal erlebt: Worüber ich früher untröstlich war, hat sich später als gut herausgestellt. Wie gut, wenn man Gott die Führung seines Lebens überlässt!

- Und dann ist da noch ein ganz kurioses Erlebnis. Ich war Student in Jena und besuchte meine Braut, die mit ihrer Mutter in Rostock wohnte. Nach dem Mittagessen sagte meine künftige Schwiegermutter zu meiner Braut: »Du legst dich jetzt im Wohnzimmer schlafen.« Sie musste sich nach einer Krankheit erholen. Und zu mir gewandt sagte sie in scherzhaft befehlendem Ton: »Und auf dich habe ich ein Attentat vor.« Ich erwiderte: »Da bin ich aber gespannt.« Sie ordnete an: »Du könntest einmal die linke Schublade in der Waschkommode aufräumen. Da liegen schon seit dem Umzug Schrauben, Nägel und Werkzeuge drin, aber auch viel Zeug, das nicht mehr zu gebrauchen ist. Schaff doch mal das Brauchbare in den Keller, und das andere kann dann weg.« Ich öffnete die Lade und sah unter allerlei Eisenzeug einen Bolzen. »Was ist denn das für ein Ding, das sieht beinahe aus wie ein Zünder«, sagte ich. Meine Schwiegermutter trat heran und meinte: »Ein Zünder, so etwas haben wir nicht.« Ihr Mann hatte früher Motoren in Fischerboote eingebaut. – Der Bolzen hatte einen Splint. Ich zog ihn heraus. Da knallte das Ding und begann zu zischen. Ich ließ ihn natürlich sofort fallen, aber auf dem Boden zischte er weiter. Ich rief: »Schnell, weg hier«! Wir waren gerade mal zwei Meter gelaufen, da explodierte das Ding. Es riss das halbe Bein der Kommode weg und ein faustgroßes Loch in den Fußboden. Es war also wirklich ein Zünder gewesen, glücklicherweise ein Zeitzünder. Ich aber schaute am Abend meine Hände an und dankte Gott, dass sie noch dran waren, dass es also nur ein »Attentat« mit einem zeitverzögerten Zünder gewesen war. Da ich mir das Ding vor den Bauch gehalten hatte, hätte ein Sofortzünder mich auch umbringen können. Des Rätsels Lösung: Nach dem Krieg hatte die russische Armee das Haus meiner Schwiegermutter besetzt. Als die Familie wieder einzog, wurde das Haus gesäubert und die vielen Hinterlassenschaften der Soldaten ausgeräumt. Dieses kleine Ding hatte man offenbar übersehen. Da ich schon den Verdacht auf einen Zünder hatte, hätte ich ihn natürlich nicht so naiv öffnen dürfen.

- Ich denke auch zurück an unsere Autofahrten mit der Familie. Sie stärkten uns immer das Gefühl der Zusammengehörigkeit. Wir sangen viel oder erzählten. Manchmal trug uns der gerade von Karl May begeisterte Sohn im Auto das eben von ihm gelesene Buch vor, etwa den »Alten Dessauer«. Aber manchmal war die Fahrt auch so lang, dass alles vor sich hindöste. Dann sagte einer der Jungen: »Papa, erzähl von früher.« Wenn die Kinder so zwischen 8 und 12 Jahre alt waren, wollten sie besonders gern »von früher« hören. Gewiss, ich hatte gelegentlich aus der Zeit meiner Kindheit und Jugend erzählt, auch von meinen Eltern und Großeltern. Und doch tut es mir leid, dass ich öfter mal sagte: »Mir fällt nichts ein«, und dass auch ich dann vor mich hindöste. Denn eigentlich liegt eine große Chance darin, wenn die Kinder fragen. Später sind sie meist nicht mehr so erpicht darauf, alte Geschichten zu hören. Ich hätte mehr in meiner Erinnerung kramen und erzählen sollen, wie es in meiner Kindheit bei den Großeltern in Heide in Schleswig-Holstein war und warum ich so gern, meist mit meinem Bruder Hans-Günther, in den Ferien dort war und wie viele Geschwister unser Vater und unsere Mutter hatten, was also die Onkel und Tanten machten und wo sie wohnten. Sie lebten ja alle »im Westen«, konnten also nur vom Hörensagen bekannt werden. Wie sonst sollen Kinder ein Verhältnis zu ihrer Familie bekommen?

Ich hätte weiter erzählen sollen, wie es im Krieg war und als die Amerikaner unser Land besetzten, die uns ganze Stangen von Zigaretten schenkten und uns unbedacht zum Rauchen ermunterten, warum ich dann aber bald wieder damit aufhörte. Und dann waren ja die Russen gekommen und wir hatten Gute und Böse unter ihnen kennengelernt. Und wir haben viel gehungert. Auch von der Hitlerjugend hätte ich ihnen erzählen sollen, wie der »Dienst« dort Spaß machte, weil wir eine »gute Kameradschaft« pflegten und Geländespiele machten und Sommerlager mit Ernteeinsätzen durchführten, in Scheunen schliefen und wie lange Märsche uns herausforderten. Selbst dass ich als 15-Jähriger bei Fliegeralarm mit Stahlhelm in die Stadt kommen musste, um als Melder zur Verfügung zu stehen, war mir interessant erschienen und machte mich »wichtig«. Aber dann hätte ich auch erzählen sollen, dass wir schießen lernten und hassen und morden lernen sollten. Ich mag gar nicht zitieren, wie spöttisch man von den Juden sprach und sang. Die Polen und Russen galten nur als minderwertige »slawische Rasse«, und man lehrte uns: »Je mehr davon umkommen, desto besser.« Wir Deutschen, wir »Arier« dagegen seien die »Herrenmenschen«, die von der Vorsehung zum Herrschen bestimmt seien. Da war ich schon tief in innere Konflikte gekommen, vor allem von meinem Elternhaus und vom Kindergottesdienst her oder besser: von der Tatsache her, dass ich doch täglich betete. Das alles passte doch gar nicht zu den Lehren der Bibel, zu dem Gott Abrahams, Isaaks und Jakobs und zu dem Schöpfer der Welt, der jeden Menschen will und alle Menschen gleich liebt. Und dann hätte ich das alles aus meiner heutigen Sicht deuten sollen: dass ich nämlich viel früher hätte Widerstand üben sollen. Und dass das auch für heute gilt: Wo Unrecht geschieht, müssen Christen die Gegenposition vertreten, dürfen nicht schweigen, müssen früh genug Nein sagen. Meine Kinder hätten mich noch besser verstanden. Müsste das nicht eigentlich jeder junge Mensch hören, um zu verstehen, wie schnell man auch heute die Jugend begeistern, aber auch fanatisieren kann? Die Selbstmord-Attentäter von heute sind nämlich von verbrecherischen Ideologen verführte, fanatisierte jugendliche Menschen! Müssten junge Leute dies alles nicht wissen, um zu verstehen, warum wir die Hitler-Lehre von »Rasse und Blut und Boden« zutiefst ablehnen, sowie auch jede andere Ideologie, die auf Hass basiert? Ja, und dann wäre ja auch noch zu berichten gewesen von tapferen Zeitgenossen, die Widerstand leisteten, Juden retteten, Gefangene gut behandelten und für ihre Tapferkeit Not und Tod erduldeten ... Einiges habe ich erzählt. Es hätte mehr, anschaulicher, interessanter sein können! Mein Trost: Auch Großeltern werden noch gehört!

Uwe Holmer mit seinen zehn Kindern – sämtlich Steuerzahler – von einer Mutter, die »wenig gearbeitet« hat und darum nur eine geringe Rente zu beanspruchen hatte. Ihr Kommentar: »Ich habe meine Kinder doch nicht wegen des Geldes.«

Wir haben aber auch erfreulich schöne Erlebnisse gehabt: »Kinder, morgen habe ich um 14 Uhr in Neuenhagen die Gemeinschaftsstunde zu halten, kommt ihr mit? Dann könnten wir die Posaunen mitnehmen und vor dem Haus blasen.« Meist kamen sie gern mit und auch ich freute mich. Das hatte dann auch den Vorteil, dass es fast nie hieß: »Papa ist ja kaum zu Hause.« Für die Kinder war es eine Abwechselung – die Autofahrt, das gemeinsame Blasen und auch das Wissen: Wir werden gebraucht. Bei der Predigt hörten sie zu. Mir war es ein zusätzlicher Antrieb, anschaulich zu reden, das Gesagte mit Beispielen greifbar zu machen. Oft sangen wir dann auch noch ein mehrstimmiges Lied. So wurden die Kinder meine Mitarbeiter für eine lebendige Gemeinschaftsstunde. Freude kam auf. »Predigen haben wir bei Papa gelernt«, sagten sie später einmal, als sie schon Pastoren waren. Und dann ging es fröhlich nach Hause. Dort wartete man schon mit Kaffee und Kuchen auf uns. Wenn Menschen mich fragen, wie sie ein gutes Verhältnis zu ihren Kindern bekommen, so sage ich aus Erfahrung: Nehmt sie als Eltern in euer Leben mit hinein. Wenn es ein fröhliches Leben ist, lassen die Kinder sich gern mit hineinnehmen.

Christine Holmer und ihre fünf Kinder und Schwiegerkinder
machen die Großfamilie komplett.

Übrigens: Auch das gehörte zur DDR-Wirklichkeit: Es gab dort recht gute Musikschulen mit relativ günstigen Gebühren. Ein Freund von uns, Jürgen Stautmeister, gab in der Musikschule Ludwigslust Blasunterricht. Später wurde er Posaunenwart der mecklenburgischen Kirche. Unsere Kinder fuhren wöchentlich die 18 km zu ihm per Bus, gelegentlich auch per Fahrrad, und ließen sich unterrichten. Oft geht es im Leben nur darum, Chancen zu erkennen und Chancen zu nutzen. Es sollte in der DDR zwar alles in den Dienst des Sozialismus gestellt werden, auch die Kultur, aber es gab immer noch einige Räume, wo auch Christen sich entfalten konnten. Unsere ältesten Kinder fingen mit etwa 7 Jahren an, ein

Blasinstrument zu spielen. Als wir im August 1967 von Leussow nach Falkenberg zogen, haben wir dort den ersten Sonntag mit Posaunenliedern begrüßt, meine Frau und ich und unsere damals 9-, 10- und 11-jährigen Jungen.

18. Nachdenken über mein Volk

Mir steht vor Augen, dass ich meinen Weg nicht allein gegangen bin, sondern auch mit meinem Volk. Ich bin von ihm geprägt worden und habe es mit geprägt, wenn auch nur zu einem kleinen Teil. Ich vergleiche die heutige Zeit mit der vor 70 Jahren. Wie viel hat sich in diesen Jahren verändert. Wie viel ist besser geworden an Wohlstand und äußerer Verschönerung des Lebens.

Aber wie viel haben wir auch verloren an geistigen Werten, an innerer Schönheit und Verlässlichkeit der Menschen. In meiner Kindheit gingen etwa 90 % der Kinder in den Konfirmandenunterricht. Wenn am Palmsonntag die Konfirmation sein sollte, lasen wir Kinder eifrig die Tageszeitung, denn dort war die Liste aller Konfirmanden abgedruckt. Und dann zogen wir durch die nähere und weitere Nachbarschaft und brachten den Konfirmationsfamilien eine Gratulationskarte. Das geschah nicht ganz selbstlos, denn in jedem Haus bekamen wir ein Stück Kuchen oder mehrere. So war die Konfirmation ein Stadtereignis. Gewiss, das war weithin nur traditionelles Christentum. Aber immerhin, in der »Preisterstun'n« (›Preister‹ ist Plattdeutsch und heißt Priester oder Pastor) wurde Luthers Katechismus gelernt mit den Zehn Geboten, dem Glaubensbekenntnis und noch etlichen Bibelworten und christlichen Liedern. Wenn auch bald danach vieles davon zur Seite gelegt und vergessen wurde, die kurz formulierten Zehn Gebote wusste fast jeder sein Leben lang, wenigstens dem Inhalt nach. Und damit wusste er auch, was gut und böse, was hilfreich und zerstörerisch für das Miteinander der Menschen ist. Und das Gewissen wurde geweckt. Ja, in manchem Herzen wurde das theoretische Wissen aus Kindergottesdienst und Konfirmandenunterricht erst später unter den Lasten und Prüfungen des Lebens zur eigenen Glaubenserfahrung. Manchem wurde es zur Orientierung im Leben, zum Trost im Leiden und zur Hoffnung im Sterben. Besonders im Dienst an Suchtkranken habe ich es erlebt, dass Menschen sich eher bekehrten und vom Alkohol frei wurden, wenn sie früher schon einmal durch die Großmutter oder den kirchlichen Unterricht etwas von Jesus gehört hatten, als wenn sie von Bibel und Gebet überhaupt nichts kannten.

Nun ist inzwischen über Ostdeutschland der Sturm des marxistischen Atheismus und Materialismus hinweggefegt. Und Westdeutschland hat die Studentenrevolution erlebt mit ihrem Kampf gegen die Ordnungen von Staat, Kirche und Familie.

In Ostdeutschland wurde die Schule missbraucht, um schon die Kinder auf die »wissenschaftliche Lehre« des Atheismus sowie auf den »Historischen und Dialektischen Materialismus« zu trimmen. Durch die atheistische »Jugendweihe« bekam das alles noch eine zum Bekenntnis erhobene Verfestigung. Heute spüren wir, dass Atheismus und Materialismus für den Menschen eine geistig-seelische Verödung zur Folge haben.

Westdeutschland wurde nach dem Zweiten Weltkrieg eine wunderbare Freiheit geschenkt, nach der wir Ostdeutschen mit großem Verlangen ausschauten. Aber diese Freiheit verkehrten viele zur Disziplinlosigkeit. Sie wurde missbraucht zur egoistischen Lebensgestaltung. »Selbstverwirklichung« und »antiautoritäre Erziehung« hießen die Schlagworte. Später, in der Wende, kam dann noch das ebenfalls egoistische Schlagwort »Besitzstandswahrung« dazu, was hieß: Die Wiedervereinigung ist gut, soll mich persönlich aber möglichst wenig kosten.

Dadurch, dass meine Eltern und Geschwister in Westdeutschland wohnten, durfte ich in den letzten beiden Jahrzehnten der DDR bei besonderen Gelegenheiten wie schweren Unfällen, Krankheiten, hohen Geburtstagen oder Jubiläen zu ihnen reisen, natürlich ohne meine Frau und Kinder, damit immer genügend Anreiz vorhanden war zurückzukommen. Bei solch einem Besuch sagte ich zu einer Bekannten: Wie sind eure Städte schön! Eure Straßen sind sauber, eure Häuser sind modern und gepflegt und eine Bahnfahrt bei euch ist wunderbar ruhig und bequem. Ich erwähnte noch die guten Autos und die schnellen Telefonverbindungen und meinte dann: »Wie habt ihr es gut!« »Ja«, sagte sie, »aber in den Häusern ist viel Not.« Da schaute ich mir die Gesichter an, besonders die der älteren Kinder und Jugendlichen. Und ich sah wenig Freude und Zufriedenheit. Ich war erschrocken, dass sie allen Reichtum für völlig selbstverständlich nahmen und ich keinerlei Dankbarkeit für diesen hohen Lebensstandard spürte. »Null Bock« nannten sie ihre innere Verfassung. Ich erkannte die Armut des rein materialistischen Denkens – auch in Westdeutschland – und der Jagd nach immer mehr und immer Neuem. Der alte Liedvers ging mir durch den Sinn: »Sie suchen, was sie nicht finden in Liebe und Ehre und Glück, und sie kommen belastet mit Sünden und unbefriedigt zurück.« Da bin ich irritiert, aber ganz willig zu meinen Lieben in die DDR zurückgekehrt. Lange habe ich nach dem Grund dafür gesucht, dass unser Volk in dem Maße, in dem es reich wurde, sich auch von Gott abgewandt hat. Ich verstehe es immer noch nicht. Aber ich beginne zu begreifen, dass es bei uns genau so geschieht, wie es der Apostel Paulus an seinen Mitarbeiter Timotheus (1. Timotheus 6,8-10) schreibt: »*Wenn wir aber Nahrung und Kleider haben, so wollen wir uns daran genügen lassen. Denn die reich werden wollen, die fallen in Versuchung und Verstrickung und in viele törichte und schädliche Begierden, welche die Menschen versinken lassen in Verderben und Verdammnis. Denn Geldgier ist eine Wurzel alles Übels; danach hat einige gelüstet, und sie sind vom Glauben abgeirrt und machen sich selbst viel Schmerzen.*«

Wie haben wir unser ganzes deutsches Vaterland geliebt! Wir Ostdeutschen noch besonders deshalb, weil man uns zwingen wollte, Westdeutschland als Ausland anzuerkennen und unsere Verwandten als Ausländer. Als die Wiedervereinigung dann kam, war es ein Wunder vor unseren Augen. Wir haben geweint vor Freude. Aber bald danach spürten wir: An inneren Werten und an tragender Kraft hatten wir einander wenig zu bieten. Ich spüre sehr deutlich die innere Armut unseres Volkes und möchte mit Fritz Reuter sagen: »Du bist krank mein Heimatland, du bist krank!« Auch mit Heinrich Heine möchte ich klagen: »Denk ich an Deutschland in der Nacht, dann bin ich um den Schlaf gebracht.«

Ich muss noch etwas tiefer nachsinnen über die 80 Jahre meines Lebens und die nachhaltigen Veränderungen in unserem Volk. Die schwersten und gefährlichsten Jahre waren die des Nationalsozialismus und des Krieges. Wir Ostdeutschen haben uns danach mit dem Sozialismus herumschlagen müssen. Westdeutschland aber hatte die Chance eines Neuanfangs in Freiheit und Wohlstand. Der wirtschaftliche Aufschwung war ein faszinierendes Phänomen. Aber mitten im Schwung des Aufbaus zeigte sich, dass da etwas fehlte: innere Orientierung, Lebenssinn und Verankerung des Menschen im Ewigen. Das Leben blieb dem Irdischen verhaftet. Ein im Diesseits sich erschöpfendes Leben aber steht ratlos vor den wichtigen Fragen der Zukunft: Lebenssinn, Tod und Ewigkeit. Vor lauter Aufbauschwung blieb die Elterngeneration ihren Kindern die Antwort auf die Frage nach Sinn und Ziel des Lebens schuldig. Das Christentum war für die Mehrheit des Volkes zu einer unwirklichen und unwirksamen Tradition geworden. Die Antwort der Bibel auf die Fragen des Lebens wurde beiseitegeschoben. Doch eine Alternative zu den verloren gegangenen Antworten der Bibel fand man nicht, weil es sie nicht gibt. So entließ man die Jugend ins Leben hinein ohne Orientierung.

Und dann kam die Studentenrevolution der 60er-Jahre. Sie war eine Reaktion auf den Verlust von Glauben und Sinn in den Ländern des ehemals »christlichen Abendlandes«. Sie war Reaktion, aber nicht Antwort. Sie lebte vor allem von der Negation: »Weg mit dem bürgerlichen Mief!« »Macht kaputt, was euch kaputt macht!« Ihre Ablehnung der Autoritäten und ihre »antiautoritäre Erziehung« beschrieben, wogegen sie waren. Ihr Programm der gottvergessenen Selbstverwirklichung aber bot dem Menschen keinen Sinn, sondern machte ihn sich selbst zum Sinn. So wurde die Selbstverwirklichung zur Religion. Sie machte das Ich, das »Selbst« zum Gott. Damit aber bleibt der Mensch bei sich selbst und dreht sich immer nur um sich. Jeder Bezug zu einer höheren Macht, zu Gott, zum Schöpfer wird geleugnet. Der Sinn des Lebens verkümmert zum Streben nach Genuss und Freude und Spaß. Da nun aber »jeder sich selbst der Nächste« ist, gerät der wirklich Nächste, der Mitmensch aus dem Blick. Selbstverwirklichung, konsequent gelebt, wird purer Egoismus und macht den Nächsten zum Rivalen.

Von dieser auf die eigene Selbstentfaltung bedachten Ideologie her musste die Studentenrevolte Staat, Kirche und Familie als störende Begrenzung der freien Persönlichkeit sehen. Sie wurden als Instrumente zur Unterdrückung des Menschen empfunden. Deshalb sollten sie bekämpft werden.

Der Kampf gegen den *Staat* geschah auf unterschiedlichen Ebenen und durch unterschiedliche Gruppen. Die »Außerparlamentarische Opposition« unternahm den Kampf gegen die demokratische

Struktur des Staates. Die »Rote Armee Fraktion« bekämpfte die tragenden Kräfte des Staates mit Waffengewalt. Doch für diesen selbstmörderischen Kampf fanden sie nicht genügend Mitkämpfer im Volk. Und da der Staat sein Machtmonopol einsetzte, scheiterte dieser Kampf, obwohl er im Innern noch kräftig nachwirkt.

Zu diesem Kampf der 68er gegen den Staat gehört auch die Unterwanderung der Schulen und Universitäten mit dem Programm der »antiautoritären Erziehung«. Wer Eltern und Erzieher diffamiert, wer ihnen die Autorität abspricht, wer in den Kindern den Geist des Widerspruches anstachelt, der macht eine gute Erziehung und Bildung schwer. Die PISA-Studie zeigt es. Auch die Jugendkriminalität hat hier eine ihrer Wurzeln. Vielleicht hat man das nicht gewollt. Aber mit diesem Programm begann der Niedergang des bisher hohen Bildungsniveaus unseres Volkes und die Unfähigkeit vieler Jugendlicher, auf die Herausforderungen unserer Zeit mit einem genügenden Kenntnisstand zu reagieren.

Als ich Schulanfänger in Wismar war, hatte unsere Klasse mit 30 Schülern einen Lehrer. Er hat fast alle Fächer selbst unterrichtet, kannte alle Schüler genau und brauchte keinen Helfer. Disziplin war damals fast kein Problem. Ein kurzer Brief an meine Eltern, »Uwe muss mehr lesen üben«, genügte, um dieses Problem zu klären. Meine Mutter zu Hause nahm sich täglich ein paar Minuten Zeit, und lesen war sehr bald keine Hürde mehr. Heute dagegen brauchen einzelne Schulen einen Sicherheitsdienst auf dem Schulgelände. Ein Lehrer klagte, er benötige die Hälfte seiner Zeit, um die Schüler zur Ruhe zu bringen und Mitarbeit zu erreichen. Deutschland war einmal eine führende Bildungsnation. Heute sind wir im internationalen Vergleich nur knapp mittelmäßig. Für unsere Wirtschaft brauchen wir ausländische Fachkräfte, weil wir zu wenige gut ausgebildete Schulabgänger haben. Ja, es hat sich viel verändert in den letzten Jahrzehnten. Und jeder von uns hat dazu beigetragen. Da ist es ja schon gut, wenn man den Negativtrend wenigstens zu bremsen versucht. Oder besser positiv: Wir sollten unseren Kindern und Enkeln in Friedensgesinnung, Disziplin und Fleiß ein gutes Beispiel sein. Wir sollten unruhig werden, wenn wir sie ihre Zeit vergeuden sehen und sollten sie anregen zur Entfaltung ihrer guten Gaben. Gewiss, die »antiautoritäre Erziehung« hat sich als Unsinn erwiesen, weil es keine Erziehung ohne oder gar gegen die Autorität gibt. Aber es sind Nachwirkungen geblieben, die die gesunde Entwicklung unserer Kinder hindern und den Frieden zwischen den Generationen belasten.

Der Kampf gegen die *Kirche* verlief einfacher. Man ignorierte oder diffamierte sie. So gelang es, weite Teile der Jugend von der Kirche fernzuhalten und sie der Orientierungskraft der Bibel zu berauben. Luther und die Reformatoren hatten den biblischen Zehn Geboten unter anderem auch einen »politischen Nutzen« zugeschrieben, einen heilsamen Einfluss auf die Gesellschaft. Wer Vater und Mutter ehrt, wer nicht tötet und die Ehe nicht bricht, wer nicht lügt und nicht stiehlt, trägt zum inneren Frieden im Volk bei. Doch nicht nur die Zehn Gebote, das »Gesetz«, sondern vor allem das Evangelium ist eine große Wohltat für jedes Volk – wenn es geglaubt und gelebt wird. Es wirkt Frieden und Freude, Verantwortung und Nächstenliebe, Wahrhaftigkeit und Vertrauen im Herzen jedes Menschen, der sich ihm öffnet.

Ganz sicher hätten wir hellere und frohere Gesichter bei Jung und Alt, wenn wir wieder auf den hören würden, der Glauben und Liebe und Hoffnung schenkt. Ich vergleiche unsere Zeit mit der früheren, die auch nicht ideal war. Ohne Zweifel: Mit der wachsenden Entfremdung von Gott hat unser Volk in den letzten Jahrzehnten viel verloren!

Das gegen die *Familie* gerichtete Programm der 68er allerdings hat geradezu katastrophale Veränderungen in der Gesellschaft gebracht. Als ich Kind war, war es normal, dass eine Mutter ihr Kind selbst erzog. Die Entwicklung ihrer Kinder war es ihr wert, eigene Bedürfnisse zurückzustellen und sich der Erziehung ihrer Kinder zu widmen. Gewiss, auch damals lief schon vieles in der Erziehung schief. Aber die Geborgenheit im Kleinkindalter und das Gespräch am Familientisch waren doch noch ziemlich weit verbreitet. Erst der Emanzipationsbewegung ist es gelungen, die Arbeit der Hausfrau und Mutter als »Heimchen«-Mentalität zu diffamieren. Heute ist das inzwischen modern – aber immer noch dumm. Auch scheint sich dahinter eine große Portion von ideologischer Blickverengung und schlechtem Gewissen der Meinungsmacher zu verbergen. Es ist doch nun wirklich wissenschaftlich erwiesen, dass die Erziehung, vor allem im Kleinkindalter, am besten zu Hause gelingt. Die enge, naturgegebene Bindung des Ungeborenen, des Neugeborenen und des Kleinkindes an die Mutter schafft eine Erziehungsbasis, die durch nichts zu ersetzen ist. In den ersten drei Lebensjahren wächst im Kind ein Urvertrauen zum Leben, welches die Grundlage für eine stabile Persönlichkeit ist. Bei mangelnder emotionaler und persönlicher Zuwendung aber entwickelt das Kleinkind ein fundamentales Misstrauen dem Leben gegenüber, das Unsicherheit in der Seele hervorruft. Gewiss, die kommunale, außerhäusliche Erziehung ist besser als die Vernachlässigung oder gar Verwahrlosung, die manches Kind durch lieblose und unfähige Eltern erfährt. Da ist Krippenerziehung durchaus angebracht. Aber das hebt doch den unbezahlbaren Wert der häuslichen mütterlichen Erziehung nicht auf! Wir haben gern unseren Dorfkindergarten in Anspruch genommen, halbtags und erst ab drei Jahren. Christa Meves, die erfahrene Psychologin, wird nicht müde aufzuzeigen, dass Kinder durch die häusliche Erziehung optimale Chancen zur charakterlichen und intellektuellen Entwicklung haben. Es gibt dafür solide Forschungsergebnisse und viele positive Beispiele. Aber allen Warnungen zum Trotz geben unsere Politiker, angetrieben von Ideologen und dem Block der Medien, immense Summen in das falsche System hinein. Die »3 K«, Kinder, Küche, Kirche, sind Ehrenplätze, weil sie die Zukunft unseres Volkes gestalten! Dabei hatte ich nie den Eindruck, dass meine Mutter sich als »Aschenputtel« fühlte. Sie hatte ihre Mutteraufgabe aus Liebe zu ihrem Mann und zu ihren Kindern angenommen. Liebe ist eine große Kraft!

Unsere heutige Gesellschaft scheint nicht wahrhaben zu wollen, wie viele erfolgreiche Erziehungsarbeit und wie viele ehrenamtliche und soziale Hilfeleistungen von den Hausfrauen, die »nicht arbeiten«, ausgehen, wie viel Hilfe und Trost für Einsame, Alte und Kranke! Gerade Mütter und Hausfrauen tragen wesentlich dazu bei, unserer Gesellschaft ein menschliches Gesicht zu geben.

Die Familie ist der wichtigste Stabilisierungsfaktor für ein Volk. Und die wichtigste Voraussetzung für eine gesunde Familie ist eine liebevolle Ehe. Die Ehe ist das »Nest«, in dem Frau und Mann ihre Gaben entfalten und in dem die Kinder lebenstüchtig werden. Nein, früher war nicht alles besser. Aber eines ist unübersehbar: In meiner Kindheit war die Ehescheidung die Ausnahme. Heute beträgt die Zahl der Scheidungen ein Vielfaches von damals. Und jede Ehescheidung ist eine Ent-Täuschung für mindestens zwei Menschen. Für viele zerbricht damit ihr Lebensglück. Christa Meves sagt: Wenn man die Kinder zerbrochener Ehen fragt: »Was wünschst du dir?«, so antworten weitaus die meisten, »dass Papa wieder zu Mama kommt«. Viele weinen sich abends in den Schlaf, wenn die Eltern in Scheidung leben. Wir sollten uns nie an diese Not in unserem Volk gewöhnen, sondern alles tun, um junge Leute zu Liebe, Ehe und Erziehung zu befähigen! War früher die Armut an Geld groß, so ist es heute die Armut der Herzen, die Armut an Liebe und Treue, an Verlässlichkeit und Wahrhaftigkeit, an der Bereitschaft, sich selbst zu vergessen, um den andern glücklich zu machen.

Nun hat sich inzwischen die Not der Ehen auch strukturell verfestigt und folgenreiche Veränderungen in den Partner- und Familienbeziehungen hervorgebracht. Ihnen allen ist gemeinsam: Verbindlichkeit, Treue und lebenslanges Zusammenbleiben sind nicht mehr gefordert. Jeder kann jederzeit den andern verlassen, was auch immer er ihm versprochen hat. Das Hemmnis eines Scheidungsprozesses ist damit umgangen.

Eheschließung und Trauung dagegen werden inzwischen von vielen jungen Leuten als Einengung der freien Persönlichkeit und als nicht mehr zeitgemäß angesehen. Dabei verkennt man, welch eine Hilfe ein öffentliches Bekenntnis zueinander, das Ja vor dem Standesbeamten – bei Christen auch das Ja vor Gott –, für das vertrauensvolle Miteinander der beiden Eheleute ist. Für eine gute Ehe ist es fundamental, dass jeder Partner dem andern die Gewissheit gibt: Ich stehe zu dir und will auf Dauer bei dir bleiben, in Höhen und Tiefen. Diese Gewissheit kann dort am besten wachsen, wo der andere sich durch ein öffentliches Ja festlegt. Auch Kinder brauchen die Gewissheit, dass ihre Eltern sich nicht die Tür zum Rückzug offengelassen haben. Sie brauchen die Sicherheit, dass sie wenigstens zusammenbleiben wollen.

Weitere Veränderungen im Blick auf die Familie:

- Mit der Ablehnung der Ehe ging die »sexuelle Revolution« einher. Wo die Ehe verworfen wird, braucht man keine Verbindlichkeit mehr, kann man sich auch ohne Liebe und Treue miteinander verbinden. Sexueller Umgang wurde zum jedem jederzeit zugänglichen Spaßerlebnis. Die sexuelle Revolution machte den Partner zum Spaßobjekt. Wenn der Partner keinen Spaß mehr bietet, wechselt man zu einem anderen. Das aber verändert die Persönlichkeit zutiefst. Wer öfter den Partner wechselt, verliert die Bindungsfähigkeit. Vor allem aber: Er hinterlässt seelisch tief verwundete Menschen.

- Auch die Freigabe der Pornografie ist eine Folge der sexuellen Revolution. Pornografie aber zerstört das gesunde Ehe- und Familienbild im Menschen. Sie macht unfähig zu einem harmonischen Familienleben.

- Ebenso ist die heutige Abtreibungspraxis eine Frucht des auf Selbstverwirklichung zielenden Aufstandes gegen die vom Christentum geprägte Gesellschaft. Im Laufe der letzten Jahre wurden etwa 6-8 Millionen Menschen im Mutterleib getötet, die heute junge Hoffnungsträger für unser alterndes Volk sein könnten.

Ja, da stehe ich nun und schaue auf diese Ereignisse der jüngeren deutschen Geschichte, die unser Volk von innen her zersetzen. Und dann schaue ich auf unsere Führungskräfte, auf die Wissenschaftler und Sozialethiker, auf die Philosophen und Juristen, auf die Politiker und Journalisten. Und ich frage mich: Ob sie nicht wissen, was hier schiefläuft? Ob sie nicht sehen, wie unser Volk irregeführt und betrogen wird? Ganz sicher: Unsere Führungsschicht weiß das alles. Die Forschungsergebnisse sind eindeutig.

Aber es ist sehr schwer, ein Volk zu regieren, das nicht mehr nach ethisch-moralischen Leitlinien leben will, sondern das Wohlstand und Spaß an oberste Stelle setzt. Wie soll man gewählt werden, wenn man dem Volk entgegentritt? Also passen die Politiker sich an. Wer um seines Gewissens und um der Wahrheit willen dem Volk widersteht, erntet wütenden Protest, wird nicht wiedergewählt. Unser geliebtes Volk hat in der Mehrheit seinen Gott verworfen, hat nun keinen Kompass fürs Leben mehr und ist orientierungslos geworden. Das beste Beispiel ist die Gesetzgebung zur Abtreibung: Tötung menschlichen Lebens ist verboten, wird aber nicht bestraft. Unsere obersten Richter verlassen das Recht, fügen sich der Straße und verraten das Leben. Ein Volk belügt sich selbst! Ein Volk opfert Millionen seiner Kinder. Unsere Jugend verliert das Unrechtsbewusstsein. Für viele ist aus diesem faulen

Kompromiss längst ein »Recht auf Abtreibung« geworden. Wir sind ethisch-moralisch verdorben. »Du bist krank, mein Heimatland, du bist krank«, sagt Fritz Reuter. »Brot und Spiele« forderte das Volk von seiner Regierung im alten Rom. Historiker sagen, Rom habe in späterer Zeit seine alten Tugenden aufgegeben und sei an Reichtum und innerer Fäulnis zugrunde gegangen. Es sei schließlich eine fette Beute der Eroberungszüge der Völkerwanderung geworden. Wie mag unsere Zukunft aussehen?

Anfang der Siebzigerjahre waren wir wieder einmal in Rostock zu unserm »Treffen der Evangelisation« zusammen, einige Hundert Leute. Die Posaunen bliesen auf dem Vorplatz der Heiligen-Geist-Kirche das Lob Gottes über die Dächer hinweg. Ich hatte den Evangelisationsabend zu halten über das Thema »Jesus Christus ist die Wahrheit«.

Als Einstieg sagte ich: Im Dritten Reich gab es einen Witz. Der lautete: »Was liegt auf der Treppe und lügt? – Antwort: Die Zeitung.« Ich habe dann entfaltet, dass Jesus der »König der Wahrheit« ist und dass man Christ wird, indem man wahr wird vor Gott. Ein Christ, wie Jesus ihn will, ist eine Persönlichkeit, deren Ja ein Ja und deren Nein ein Nein ist. Nach dem Abend kam ein fremder Mann auf mich zu und sagte: »Sie haben gar nicht die Nazis gemeint, sondern uns.« Ich habe in aller Vorsicht gefragt, ob er denn den Eindruck habe, dass man auch auf »unsere sozialistischen Zeitungen« diesen Witz anwenden könne. Natürlich hat er verneint. Worauf ich meinte, dann sei es doch nicht weiter schlimm, wenn man mal so negativ von den Nazis rede. Beide wussten wir, was der andere im Herzen denkt, aber wohlweislich nicht sagt.

Lüge im Nazireich, Lüge im Sozialismus – ob die Lüge auch unsere Gesellschaft durchdrungen hat und bestimmt? Ob wir uns heute vielleicht nicht nur belügen lassen, sondern mehr noch als früher selbst belügen? In der Bibel wird der Teufel der »Vater der Lüge« genannt. Das heißt aber auch: Mit jeder Lüge begeben wir uns auf das Terrain des Teufels. Goethe sagt dazu: »Den Teufel spürt das Völkchen nie – und wenn er sie am Kragen hätte.« Wie bin ich froh, dass Jesus von sich selber bezeugt: *»Ich bin ein König. Ich bin dazu geboren und in die Welt gekommen, dass ich für die*

Wahrheit zeugen soll. Und: Wer aus der Wahrheit ist, der hört meine Stimme.«

Da muss ich an ein Gespräch denken, das ich 1990 mit einem prominenten Vertreter des vergangenen sozialistischen Systems hatte. Ich sagte: »In meinen Augen ist Gorbatschow ein fantastischer Mann.« »Wieso?«, fragte mein Gegenüber. Ich antwortete: »Er hat endlich mal mit dem Selbstbetrug Schluss gemacht. Die gefälschten Erfolgsmeldungen hat er vom Tisch gewischt. Die Wahlen sollten wirklich frei sein und die Wahlergebnisse nicht mehr manipuliert. Und Demokratie sollte endlich auch Demokratie sein.« Leider erntete ich nicht nur ein eisernes, sondern ein eisiges Schweigen.

Für mich hat Gorbatschow jedoch in Folgendem wirklich Größe bewiesen: Er hat das ganze System, das weithin auf Lüge gegründet war, vom Politbüro an bis zu den Arbeitslagern im fernen Sibirien hin, mit der Wahrheit und Wahrhaftigkeit konfrontiert. Schlagworte wie »Perestroika«[9] und »Glasnost«[10] wurden zum Programm und waren Ausdruck seines Kampfes für die Wahrheit. Und siehe da! Die gewaltige, bis an die Zähne bewaffnete Weltmacht brach in sich zusammen.

Für mich waren nicht die bescheideneren Lebensverhältnisse in der DDR das Belastende, sondern die Verlogenheit – die Lüge, dass wir die Mauer als Schutzwall bauen müssten, weil unsere Landsleute in Westdeutschland Feinde des Friedens und eine Gefährdung unserer Sicherheit seien. Die Lüge, dass unsere »freien Wahlen« mit ihrem 99-prozentigen Ergebnis den Willen eines begeisterten Volkes darstellten. Die Lüge der freiwilligen Kollektivierung der Bauern. Die Lüge der gefälschten Erfolgsmeldungen in der Produktion. Die Lüge der angeblichen Volksbegeisterung am 7. Oktober 1989, dem 40. Jahrestag der Deutschen Demokratischen Republik mit ihrem gewaltigen Aufmarsch. Wir waren ein belogenes Volk. Als nun einer kam und der Wahrheit die Ehre gab, brach das ganze System wie ein Kartenhaus zusammen. So schaue ich dankbar zurück und singe in unsere Zeit hinein: »Herr, lass deine Wahrheit uns vor Augen stehn. Lass in deiner Klarheit Lug und Trug vergehn.«

Ich kann aus Erfahrung sagen: Wer sich in Systeme einbauen ließ, die mit Lug und Trug vermischt waren, stand am Ende vor einem sinnlosen und vergeblichen Lebenswerk. Wer sich aber dem König der Wahrheit verschrieben hatte, der durfte zurückschauen auf ein Lebenswerk, von dem er sagen kann: Es hat sich gelohnt, es hat den Mitmenschen geholfen, ich werde es im Tode nicht bereuen. Das galt nicht nur damals. Das gilt auch heute.

Bevor ich nun weitergehe auf der letzten Etappe meines Lebenswegs, will ich mir bei meiner Verschnauf- und Besinnungspause doch noch einen Gedanken gönnen, der für unser Volk von hochaktuellem Interesse ist:

Wie soll es eigentlich weitergehen mit der Integration von Ausländern in Deutschland? Das heißt, sie sind ja weithin keine Ausländer mehr, sondern Menschen mit einem deutschen Pass und einer fremden Kultur und Religion. Gewiss, sie müssen sich integrieren, wenn wir Frieden und ein gesundes Miteinander in unserem Volk haben wollen. Aber können sie das auch? Meine Verwandten begegnen möglichst allen Menschen freundlich, auch allen ausländischen Mitbürgern. So kamen sie auch mit Ali aus der Türkei in nähere Beziehung und Ich dadurch auch. Das ist ja nun schon einmal der erste Schritt zur Integration in unser Volk: die Zugewanderten anschauen und freundlich grüßen. Angenommen, ich fahre nun mit Ali an die Ostsee, um ihm unser schönes Land zu zeigen. Natürlich gehen wir nicht an einen FKK-Abschnitt des Strandes, sondern an einen Textilstrand. Aber, siehe da. Auch hier räkeln sich nackte Leute in der Sonne. Ali wird mir sagen: Ich verzichte auf die Schönheit des Ostseestrandes. Ich verachte die Leute – und ich verachte euer Volk, dass ihr nichts dagegen tut. In diese schamlose Un-Kultur werde ich mich nie integrieren. Auf der Rücktour komme ich auf die Gleichberechtigung unserer Frauen zu sprechen und meine, wenigstens da haben wir etwas zu bieten. Er aber wird mir antworten: In der Frage der Achtung vor den Frauen nehmen wir es gerne mit euch auf. Ihr stoßt euch an unserem Kopftuch als Symbol der Unterwerfung. Aber ihr! Ihr habt die Prostitution zum Beruf gemacht. Pornobilder drängen sich uns überall auf, in der Bildzeitung, in den Zeitschriften, auf der Straße, in entsprechenden Läden. Und im Internet bietet ihr uns schrecklich perverse Unmoral an, nicht nur mir, sondern auch meinen Kindern. Die kann ich nur vor dem Internet und vor engem Umgang mit eurer Jugend und ihrer laxen Sexmoral warnen. Da begreife ich: So kann Integration wohl kaum gelingen. Vielleicht müssen die eingewanderten Staatsbürger sich ändern, aber vor allem müssen wir uns ändern. Gewiss, unsere traditionelle deutsche Kultur muss die prägende Kultur bleiben. Was aber ist mit unserer »Unkultur«? Machen vielleicht wir selbst es den Muslimen schwer oder unmöglich, sich bei uns zu integrieren? Sind wir vielleicht schuld, dass auch in Deutschland die Zahl der gewaltbereiten islamistischen Jugendlichen wächst?

»Kehrt um – so werdet ihr leben«, lautete der Ruf der Propheten. Israel hat sich die Ohren zugehalten und sich damit unter Gottes Gericht gebracht. »Kehrt um«, so lautete die erste Predigt Jesu. Ob wir hören, ob wir es noch schaffen? Zur Buße gehört ein neues Handeln: den Ausländern ins Gesicht sehen, sie grüßen, auf sie zugehen. Zeigen, dass wir nicht ihre Feinde sind, sondern ihre Freunde. Ihnen die Liebe bringen, die Liebe Jesu, die uns selbst gepackt hat. Dazu: treue Eheleute sein mit sauberen Gedanken und einem glücklichen Familienleben – das sollte unser Beitrag zur Integration sein!

Wie war das eigentlich mit dem alten Rom? Die wilden Germanen wollten auch einen Platz an der Sonne und zerschlugen in der Völkerwanderung das ehemals stolze und starke, nun aber in Unmoral verkommene Volk der Römer. Sie entmachteten sie und setzten sich in Italien, im Balkan, in Gallien und Spanien, ja sogar in Nordafrika fest.

Aber dann lernten sie dort das Christentum kennen und wirklich lebendige Christen, die lebten, was sie glaubten. Das überzeugte sie so, dass diese ungehobelten, rauen Germanenstämme Christen wurden. Und damit begann für Europa eine neue, viele Jahrhunderte überdauernde Kulturepoche. Das ist es! Wirkliches, lebendiges Christentum, in Wahrhaftigkeit, Liebe und Treue gelebt, kann jede Kultur verändern und erneuern, auch die islamische, ja, sogar auch die morsche Kultur des »christlichen Abendlandes«. Und das ist nun die Herausforderung für mich und meine christlichen Schwestern und Brüder.

Eine englische Missionarsfrau wurde einmal gefragt, wie es käme, dass ihre Kinder sich so gut entwickelt haben und den Weg des Glaubens mitgehen, ja, den Dienst ihrer Eltern nun auch für sich übernehmen. Sie antwortete: *»Leben Sie Ihr Christsein so revolutionär, dass Ihre Kinder Mühe haben hinterherzukommen, und Sie werden Wunder erleben.«*

Das will ich gern! Ich will nicht klagen über »die böse Welt«. Ich will mich nicht bestimmen lassen von den Maßstäben, die mir die Kulturrevolution der 60er-Jahre vorgibt und die immer noch den Geist der Zeit bestimmt. Nein, ich will mein Leben nach dem Vorbild von Jesus ausrichten, will ein Revolutionär der Liebe sein. Selbstsucht und Hass will ich meiden, ebenso Ausschweifung, Treulosigkeit und Lüge. Ich will Gott lieben und von Herzen seinen Willen tun.

Ich kann es doch klar beweisen, wie gut der Wille Gottes ist: Wenn alle täten, was Jesus uns gelehrt hat, wäre das Leben auf der Erde wunderbar. Wir hätten Frieden unter den Menschen, Treue und Fürsorge in den Familien, glückliche Kinder, Vertrauen und Liebe zueinander, fast schon ein Paradies. Also muss doch gut sein, was Jesus lehrt! Und wenn auch nie alle Menschen tun werden, was Gott will, so kann ich es doch tun – und Sie auch! Und dann wird unser Leben ein Zeichen und Zeugnis der Liebe Gottes sein, und es wird etwas aufleuchten von dem Glück, mit Gott und zu Gott unterwegs zu sein.

19. Ausblick

Mit Gott unterwegs auf der Wanderschaft nach Hause! Es soll mir nicht wichtig sein, dass mein Weg immer leicht ist, sondern dass ich ankomme und möglichst viele mitbringe. Manchmal gönne ich mir schon etwas Vorfreude. Dann singe ich das Lied:

> *Wenn nach der Erde Leid, Arbeit und Pein*
> *ich in die goldenen Gassen zieh ein,*
> *wird nur das Schaun meines Heilands allein*
> *Grund meiner Freude und Anbetung sein.*
> *Das wird allein Herrlichkeit sein,*
> *wenn frei von Weh ich sein Angesicht seh.*

> *Wenn dann die Gnade, mit der ich geliebt,*
> *dort eine Wohnung im Himmel mir gibt,*
> *Wird doch nur Jesus, und Jesus allein,*
> *Grund meiner Freude und Anbetung sein.*
> *Das wird allein Herrlichkeit sein,*
> *wenn frei von Weh ich sein Angesicht seh.*

> *Dort vor dem Throne im himmlischen Land*
> *treff ich die Freunde, die hier ich gekannt.*
> *Dennoch wird Jesus, und Jesus allein,*
> *Grund meiner Freude und Anbetung sein.*
> *Das wird allein Herrlichkeit sein,*
> *wenn frei von Weh ich sein Angesicht seh.*

Wenn ich es einst nicht mehr singen kann, bei meiner Beerdigung, möchte ich, dass meine Lieben und alle Freunde es singen und sich noch einmal vor Augen stellen, wer das Glück meines Lebens war.

Bis dahin aber will ich mir vor Augen halten, dass jeder Mensch mit höchstem Wert geadelt ist, dazu geschaffen, ein Ebenbild

Gottes zu sein, Verwalter für das Eigentum seines Schöpfers hier auf Erden, mit dem Auftrag, diese Erde zu bebauen, zu bewahren und zu pflegen. Über diese Erdenzeit hinaus aber ist jeder Mensch berufen, Gottes Ebenbild zu sein in Ewigkeit, Kind im Haus des Vaters und Teilhaber an Gottes unendlicher Herrlichkeit. Solange der Mensch diese Berufung noch nicht erfahren, solange er sie noch nicht in Anspruch genommen hat, ist er noch »verloren«. Dass ihm diese hohe Berufung überbracht wird, ist der wichtige Auftrag der Boten von Jesus. Diesen Botendienst darf auch ich tun, auch als Rentner. Ich kann nicht anders. Denn:

Gott will, dass alle Menschen gerettet werden und zur Erkenntnis der Wahrheit kommen. (1. Timotheus 2,4.)

Von der Wichtigkeit dieses Dienstes her soll mein Leben bestimmt sein, alle Tage, die mein Herr mir noch schenkt.

In dieser schönen Umgebung der Mecklenburgischen Seenplatte dürfen wir leben und noch immer Gottes Wort verkündigen.

Anhang

GOTT IST DA (s. S. 56)

Wussten Sie schon ...

...dass die Erde von der Sonne rund 150 Millionen Kilometer entfernt ist?
Das ist genau die Entfernung, die Leben auf der Erde ermöglicht. Wäre die Erde weiter von der Sonne fort, würde alles vor Kälte erstarren. Wäre sie näher dran, würde alles vor Hitze vergehen.

...dass die tägliche Umdrehung der Erde nötig ist, damit wir leben können?
Durch sie wird die Erde vor Überhitzung und Unterkühlung bewahrt: Wenn es mittags heiß geworden ist, sinkt die Sonne wieder, und die »Beheizung« hört auf; wenn es morgens kühl ist, geht die Sonne auf, und es wird warm. Auf dem Mond, der zu einer Umdrehung statt 24 Stunden 28 Tage braucht, schwankt die Temperatur monatlich zwischen 100 Grad Hitze und 100 Grad Kälte.

...dass der Mond rund 384 000 km von der Erde entfernt ist?
Wäre er nur halb so weit entfernt oder doppelt so groß, so würde der Flutberg, den er auf der Erde verursacht, so groß werden, dass er bei der täglichen Umdrehung der Erde jeden Tag alle Erdteile überspülen würde, auch die Gebirge.

...dass die Erde einen Durchmesser von 12 700 km hat?
Wäre sie größer, so wäre auf der Erde eine zu große Wassermenge entstanden. Aber nur ein Zehntel Wasser mehr auf der Erde würde alle Erdteile überspülen. Wäre die Erde kleiner, so hätte sie nicht genügend Anziehungskraft, um ihre Atmosphäre und das Wasser festzuhalten, wir hätten also weder Luft noch Wasser.

...dass die Erde täglich von etwa 10 Millionen Gesteinsbrocken bombardiert wird?

Vor diesen Sterntrümmern, die mit einer Geschwindigkeit von 150 000 Kilometern pro Stunde heransausen, schützt uns die Lufthülle. In dieser werden sie abgebremst und durch die Reibung erhitzt, bis sie verglühen und uns das Schauspiel einer Sternschnuppe bieten.

... dass das Wasser eine Ausnahme in den Naturgesetzen bildet, die für unser Leben unbedingt nötig ist?
Alle Stoffe der Erde dehnen sich bei Erwärmung aus und schrumpfen bei Abkühlung zusammen. Nur das Wasser dehnt sich bei stärkerer Abkühlung wieder aus. Dadurch wird es leichter und schwimmt, zu Eis gefroren, immer oben. Nur so kann es die Wassermassen der Erde vor Auskühlung bewahren. Ohne diese Ausnahme im Naturgesetz wären die Weltmeere längst ausgekühlt, und es fehlten wesentliche Voraussetzungen für das Leben.

... dass es ohne Kohlenstoff keine Kunststoffindustrie gäbe, aber auch keine organischen Stoffe und damit kein Leben auf der Erde?
Nur der Kohlenstoff hat in besonderem Maße die Fähigkeit, sich mit anderen Stoffen und auch mit sich selbst so zu verbinden, dass übergroße Moleküle entstehen. Diese sind die Grundstoffe, die »Bausteine« für alle pflanzlichen, tierischen und menschlichen Körper.

... dass der Jahresablauf (Frühling, Sommer, Herbst und Winter) durch die Neigung der Erdachse entsteht und dass diese Neigung mit 23,5 Grad die bestmögliche ist?
Man stelle sich nur einmal dieses wunderbar ausgewogene Weltgebäude vor, in dem es »zufällig« keinen Kohlenstoff oder Sauerstoff gäbe! Dann wäre trotz aller übrigen Lebensbedingungen die Erde tot, kahl und wüst. Genauso wäre es, wenn die Sonnenentfernung, die Mondentfernung, die Erdgröße oder etwas anderes nicht stimmen würde. Angesichts dieser Tatsachen kann ich mir eine zufällige Entstehung dieses zweckmäßigen, schönen, aufeinander abgestimmten Ordnungsgefüges nicht vorstellen.

Mein Nachdenken führt mich zu der Erkenntnis: Diese Welt ist durchdacht von einer Intelligenz, die unseren Geist weit übersteigt. Sie ist geschaffen von einem Wesen, das unendliche Macht hat. Die

Gesetzmäßigkeit einer Uhr deutet auf einen klugen Mechaniker, die Gesetzmäßigkeit dieser Welt auf einen höchst intelligenten und mächtigen Schöpfer.

Wissen Sie, was der Zufall zuwege bringt? Schauen Sie einmal zu, wenn Ziegel von einem Baufahrzeug gekippt werden. Niemals wird zufällig ein Gebäude daraus. Der Zufall bringt kein Ordnungsgefüge hervor, sondern nur ein Durcheinander. Angesichts solcher Tatsachen kann ich mir eine zufällige Entstehung dieser schönen, aufeinander abgestimmten Welt nicht vorstellen.

Und nun behaupte ich mal: In der Tiefe Ihres Herzens glauben auch Sie nicht an den Zufall. In jedem Menschen liegt tief verankert das Wissen, dass er einen Schöpfer hat. Sie merken das daran, dass in uns allen eine tiefe Sehnsucht nach Licht und Ewigkeit, nach Wahrheit und Liebe, nach der göttlichen Welt lebt. Wir sind auf Gott hin geschaffen. Das hebt uns weit über das Tier hinaus. Mit unserem Gewissen sorgt Gott dafür, dass wir ihn nie ganz loswerden.

Wir sind nicht als einsame Wesen hineingestellt in ein kaltes, rätselhaftes Universum! Es ist ein persönliches Gegenüber da, unser Schöpfer, der mit unserem Dasein einen Plan und ein Ziel hat. Er will mit uns in Beziehung treten. Er will unser Leben heilen und es unsagbar reich machen. Ja, er gibt uns Lebenserfüllung durch den Auftrag, unseren Mitmenschen zu dienen.

Und nun gilt: Gott ist Ihnen näher, als Sie denken. Ich fragte einen Mann unserer Gemeinde, warum er sein Kind nicht mehr in die Christenlehre schicke, obgleich er es doch hatte taufen lassen. (Das Parteiabzeichen der kommunistischen SED trug er an der Brust.) Er antwortete: »Ach, wissen Sie, ich war im Krieg. Und was ich da gesehen habe – nein, wenn es einen Gott gäbe, könnte das alles nicht passiert sein!« Ich fragte: »Sie waren im Krieg – waren Sie auch im Trommelfeuer?« Er: »Ja.« Ich sah ihm ins Gesicht und sagte: »Da haben Sie auch gebetet.« Er: »Ja, aber das war aus Angst.« Ich: »Sehen Sie, wo die Angst kommt, wo der Mensch an der Grenze zwischen Leben und Tod steht, da diskutiert er nicht, ob es Gott gibt. Da weiß man ganz tief innen: Er ist da. Und da betet der Mensch.«

Ja, wirklich. Lieber Leser, Gott ist uns allen viel näher, als wir denken. Wir sind ihm nur meist viel zu lange weggelaufen. So ist er uns scheinbar ferngerückt. Und dann kriegen wir mit ihm unsere Probleme. Aber er ist da. Und ganz tief innen wissen wir um ihn. Wenn dann unser Gewissen aufwacht oder wir an die Grenze zwischen Zeit und Ewigkeit kommen, dann diskutieren wir nicht. Dann wissen wir, dass er da ist. Und dann – können wir plötzlich beten. Sie dürfen aber heute schon zu ihm beten. Denn das Gebet ist unsere Möglichkeit, mit Gott in Verbindung zu treten. Unzählige haben praktiziert, was in der Bibel steht: »Wer den Namen des Herrn anrufen wird, der soll errettet werden.« Auch Sie dürfen zu ihm beten. Rufen Sie ihn an. Aber sagen Sie ihm nicht nur: »Ich brauche Hilfe.« Sagen Sie ihm zuerst: »Herr, ich brauche dich! Ich bitte dich, vergib mir meine Schuld (nennen Sie sie ihm). Ich will dir gehören. Ich will dir danken und dir dienen, will auf dich hören und dir gehorchen. Nimm mich an.«

Übrigens, die Bitte »Vergib mir meine Schuld« ist keine Nebensache. Unsere Schuld trennt uns von Gott und belastet unser Gewissen. Das ist so ernst, dass Jesus dafür furchtbar gelitten und alle Schuld bezahlt hat. Und dann hat er uns volle Vergebung zugesagt, wenn wir ihn darum bitten. Tun Sie das, und Gott schenkt Ihnen seinen Frieden in Herz und Gewissen.

Wenn Sie so aufrichtig und von ganzem Herzen Ihr Leben Gott anvertrauen, glauben Sie nur: Er antwortet und macht sich Ihnen gewiss. Bleiben Sie dran. Und Sie dürfen dann auch Ihre anderen Bitten zu ihm bringen, alles, was Sie bewegt.

Lesen Sie die Bibel – Sie ist Gottes Wort.
Lassen Sie sich dabei helfen durch gläubige Menschen.
So entsteht Gemeinschaft. Sie sollen nicht einsam sein.
Suchen Sie sich eine lebendige Gemeinde.
Gehen Sie dahin, wo Sie und Ihre Familie gute Freunde finden.

So kommt Ihr Leben in eine gute Ordnung hinein. So werden Sie immer deutlicher ausgerichtet zu einer frohen, gesegneten Lebensführung, schon hier auf Erden.

Und Sie brauchen den Tod nicht mehr zu fürchten! Denn Sie haben ja eine Heimat, bei Gott im Licht. Sie sind ja auf dem Heimweg. Ein Glanz von dort fällt jetzt schon in Ihre Seele als lebendige Hoffnung und Erwartung. Sie dürfen erleben: Gott ist da. Und er verändert mein Leben. Sie spüren: Es lohnt sich, mit Gott zu leben. Abenteuer der Liebe warten auf Sie. Gott meint es gut mit Ihnen. Er ist Ihnen näher, als Sie denken.

Anmerkungen

1 exegetisch: die Bibelauslegung betreffend (Anm. d. Lektorats)
2 Strittmatter, Eva, Sämtliche Gedichte, Aufbau Verlag, Berlin 2006.
3 in dem Sammelband von Kurzbiografien »Meine Geschichte mit Gott«, Holzgerlingen, Hänssler Verlag, 2000.
4 Prediger 9,10 nach Luther 1912
5 Irmela Hofmann, »Anstiftungen«, Reichelsheim: Offensive Junger Christen, 1988.
6 Margitta Rosenbaum (Hrsg.), »Mit meinem Gott springe ich über Mauern«, Witten: Brockhaus-Verlag 2007, S. 59ff.
7 Großbauern
8 Stephan Volke, »Bis zum letzten Tropfen«, Moers: Brendow Verlag, 1996.
9 Umbau, Umgestaltung
10 Offenheit, Transparenz